T0204269

Président
André Provencher

Directeur de l'édition
Martin Rochette

Auteur
Stéphane Laporte

Conception graphique
Bernard Méoule

Infographie
Francine Bélanger
Nathalie Perreault

Correction d'épreuve
Martine Pelletier
Joanne Trudel

Dépôt légal – 4e trimestre 2003
Bibliothèque nationale du Québec
Bibliothèque nationale du Canada

ISBN 2-923194-01-2
Imprimé et relié au Québec
Impression : Interglobe inc.

Les Éditions

LA PRESSE

1130, Sherbrooke Ouest
Bureau 1040
Montréal (Québec)
H3A 2M8

Téléphone : (514) 904-5537
Télécopieur : (514) 904-5543

*À ma mère, mon père,
mon frère et ma sœur...*

Préface

Je lis Stéphane Laporte depuis sa première chronique dans *La Presse*.

Il est l'humoriste de nos ras-le-bol.

Il les résume d'une façon géniale, avec un humour cinglant et toujours élégant.

Je ris souvent aux éclats en le lisant.

Et parfois, j'ai les larmes aux yeux, quand il nous parle de ses passions, de son enfance, de la vie quoi...

Stéphane, c'est une encyclopédie, et aussi le meilleur ami qu'on puisse avoir.

Les femmes aiment les hommes qui les font rire.

Oh! Dieu! Que je l'aime!!!

Dominique Michel

Le silence de mon père

D ans quelques minutes, je vais appeler mon père. Ça va sonner. Il va répondre :

« Oui allô ! ?

— Bonne fête des Pères, Papa !

— Merci beaucoup...

— Est-ce que tu vas bien ?

— Pas trop mal, toi ?

— Moi ça va bien. Rien de neuf ?

— Non juste du vieux. Toi ?

Moi toujours pareil...

« ... »

Et là, il va y avoir un silence. Comme si on n'avait plus rien à se dire. Mais c'est pas ça. C'est juste notre façon de se parler. Car entre mon père et moi, il y a toujours eu un silence. Pas de chicane. Pas de gros mots. Pas d'éclats. Juste un silence.

Un silence qui vient de loin...

Un silence qui en dit long...

« ... »

Dans le silence de mon père, il y a toute la réserve d'un homme...

Orphelin à 16 ans avec ses 13 frères et sœurs, il a appris très jeune le sens des responsabilités. Et il a pris la vie au sérieux. Trop. Beaucoup trop. En taisant ses audaces. En taisant ses blessures. En les criant silencieusement.

« ... »

Dans le silence de mon père, il y a toute la pudeur de l'amour paternel...

Mon père a fait pour moi tout ce qu'un bon père fait pour son enfant. Il a travaillé fort pour bien me nourrir, bien me loger, bien m'habiller. Il s'est sacrifié pour me payer de bonnes études. Il m'a conduit partout. Il est venu me chercher. Toujours là. Agissant. Sans dire un mot. Petit parleur, grand faiseur. Mon père m'a montré qu'il m'aimait. Sans jamais vraiment me le dire. C'est mieux que l'inverse. Mais cela a bâti un mur entre lui et moi. Le mur du silence. Et ça fait que moi aussi, j'ai de la misère à lui dire toutes les belles choses que j'aimerais lui dire. Alors j'écris. J'écris sur le mur. J'écris des silences.

« ... »

Dans le silence de mon père, il y a tous les vieux souvenirs d'un pôpa et de son gars. Des souvenirs de films muets...

Quand j'étais petit, on regardait le hockey ensemble. Sans dire un mot. Papa sur le divan vert. Moi sur le divan bleu. Quand le Canadien comptait, j'étais seul à crier. Papa ne réagissait pas. Papa ne parlait pas. Le match continuait. En silence. Dans le salon, il n'y avait que la voix de Lecavalier. Et puis au début de la troisième période, enfin, je l'entendais... Je l'entendais ronfler ! Mon père n'a jamais été un grand fan de hockey !

Par contre, moi si j'aime autant le hockey, c'est peut-être à cause des ronflements de mon père. J'avais appris à les traduire. Ces ronrons voulaient dire que mon père était bien avec moi. Comme ceux d'un chat. Un enfant qui sent que son père est bien avec lui n'a pas besoin d'en savoir plus. Il comprend l'essentiel. Le reste, ce n'est que du bruit.

« ... »

Dans le silence de mon père, il y a l'héritage qu'un père laisse à son fils...

Mon père m'a légué la force du silence. Une paisible forteresse. Et je l'en remercie. Souvent, quand je suis au milieu de gens qui parlent pour ne rien dire, je m'y réfugie. Et j'y suis bien. Et je pense à mon papa...

« ... »

Dans le si...

« Veux-tu parler à ta mère ? » Comme d'habitude, mon père brisera son silence avec cette question. Un silence qui aura duré deux secondes. Ou peut-être 73 ans. Ça dépend si on le mesure avec une montre ou avec un cœur.

Et papa me passera maman. Et là, il n'y aura plus de silence ! Ma mère parle plus que Michel Barrette et Janette Bertrand ensemble ! C'est elle qui m'a légué le plaisir de la parole. Le bonheur des mots tout simples.

« T'es gentil d'avoir appelé ton père. Tu ne travailles pas trop, j'espère ? Sais-tu qui j'ai rencontré hier ? »

Assis à côté d'elle, mon père l'écoutera.

Dans quelques minutes, je vais appeler mon père. Ça va sonner. Il va répondre :

« Oui allô ! ?

— Bonne fête des Pères, Papa !

« ... »

Et là, tout de suite, il y aura un énorme silence. Plus tôt que prévu. Et plus long aussi. À cause de cette chronique. Mon père, après avoir lu ça, ne saura pas quoi dire. Et moi non plus. Ce n'est pas grave. Ça fait longtemps que lui et moi, on sait que le silence ça veut dire je t'aime. Bonne fête à tous les papas !

❧

La guerre du golf

En ce dimanche matin du mois de juillet, j'aimerais m'adresser particulièrement à mes amies les dames. Car, de toute façon, il n'y a qu'elles qui me lisent en ce moment, tous les hommes du Québec étant partis jouer au golf!

Mesdames, je compatis avec vous. Je sais le cauchemar que vous vivez. Vous êtes en pleine guerre du golf! Hier soir, votre homme est revenu du club de golf à 20 h pour la septième journée consécutive. Vous lui avez fait jurer qu'aujourd'hui, il n'irait pas golfer. Qu'il passerait au moins une journée de ses vacances estivales avec vous. Vous vous êtes couchées. Et durant le devoir conjugal, votre mari en a profité pour pratiquer les mouvements du bassin conseillés par Lee Trevino. Juste avant d'atteindre l'orgasme, il a crié Fore!

Puis ce matin à 6 h, votre homme s'est réveillé en tremblant. Il avait des spasmes aux poignets et ses épaules bougeaient de gauche à droite. Il était en sueur. Il était en manque. Il avait BESOIN d'aller jouer au golf. Il a essayé de résister, mais c'était plus fort que lui. Il a dû, à son grand regret, renier sa parole et partir en cachette rejoindre ses chums au club de golf. C'était une question de survie. C'était médical.

Vous vous retrouvez encore toute seule. Impuissante. D'habitude, vous parvenez toujours à faire faire à votre mari ce que vous voulez qu'il fasse. Mais là, ça ne marche pas. Ni les crises de larmes, ni la bouderie, ni le *boycott* de toutes les formes de relations sexuelles, moyen normalement infaillible, ne parviennent à avoir raison du maudit golf. Vous vous demandez pourquoi.

Je vais vous expliquer. Étant moi-même l'auteur du livre *Les femmes viennent de Vénus, les hommes viennent du golf*, j'ai résolu ce grand mystère.

L'homme adore le golf pour une seule raison : c'est un monde où sa femme n'existe pas ! C'est le jardin d'Eden avant que Dieu n'opère Adam pour sa côte ! Quand il manque son coup, il n'y a personne pour dire à l'homme : J'te l'avais dit ! Le mot golf est l'abréviation de la phrase *Gentlemen Only Ladies Forbidden*. Ou si vous préférez en français *Gars oubliant leurs femmes*. Comme les esclaves noirs qui se réfugiaient dans les clubs de jazz, l'esclave du couple, l'homme, se réfugie dans les clubs de golf. C'est sa soupape.

Dans le monde mixte, l'homme doit essayer, pour épater la femme, de marcher sur la Lune, de trouver le remède contre le cancer, de peindre la Joconde. Et ce n'est jamais assez. Tandis qu'au golf, pour épater ses chums de foursome, l'homme n'a qu'à mettre une petite balle dans un petit trou. Et lui et ses chums sont heureux ! Et lui et ses chums se trouvent bons !

Les 18 trous terminés, ils s'en vont tous au clubhouse échanger des propos qui correspondent à leurs capacités mentales. Dans le monde mixte, l'homme doit essayer, pour épater la femme, de parler de culture, de sciences, de politique et même d'amour. C'est épuisant. Tandis qu'au golf, pour épater ses chums de foursome, l'homme n'a qu'à raconter une bonne joke de golf :

« Une fois c'est un prêtre qui regarde un homme en train de jouer au golf. Chaque fois que l'homme manque un putt, il dit sacrament, j'ai encore manqué mon putt ! Le prêtre dit à l'homme : "Ne blasphémez pas, sinon Dieu va vous punir." Le golfeur se retient durant quelques trous. Puis au onzième, il manque un putt très facile et crie "Sacrament, j'ai encore manqué mon putt !" Le prêtre lui dit : "Je vous préviens, si vous blasphémez encore une fois, Dieu va vous punir !" Le gars se retient jusqu'au dix-huitième. Mais au dix-huitième, il manque un putt de deux pouces. Il lâche un gros "Sacrament, j'ai encore manqué mon putt !" C'est alors que le ciel devient tout noir et qu'une boule de feu vient foudroyer le prêtre qui se désagrège instantanément. Le golfeur étonné entend une grosse voix venant de l'au-delà dire : "Sacrament, j'ai encore manqué mon putt !" »

Et l'homme et ses chums rient ! Et l'homme et ses chums sont heureux !

Mesdames, je vous en conjure, ne privez pas vos hommes de ce petit bonheur si simple. Ils en ont besoin. Après tout, l'été est si court. Tôt ou tard, l'homme devra revenir dans la réalité. Dans ce monde mixte où la femme est constamment plus belle, plus intelligente et plus cultivée que lui. Dans ce monde mixte où il est deuxième. Où il est dernier. Laissez-le accumuler ses humbles petites victoires.

Je conclurai mon épître aux veuves du golf avec cette vieille parabole. Un couple meurt et arrive devant saint

Pierre. Saint Pierre fouille dans ses registres pour savoir si l'homme et la femme doivent aller au ciel ou en enfer. Il ne trouve rien. Il leur dit : « Excusez-moi, mais on est débordés à cause du virage ambulatoire. Vous n'êtes pas classés nulle part. On va donc vous laisser le choix ».

La femme décide d'aller au ciel. Mais l'homme demande à saint Pierre s'il peut aller voir de quoi l'enfer a l'air avant de se décider. Saint Pierre lui dit : « Pas de problème ! »

L'homme descend en enfer. Satan l'accueille et lui montre le plus beau terrain de golf qu'il ait jamais vu. Avec des verts couleur émeraude, des dunes dorées et des lacs argentés. Les caddycars sont des Ferrari, les sacs de golf sont signés Cartier, les bâtons sont plaqués or et le clubhouse ressemble à Chez Parée. Mais pour y avoir droit, il faut être membre de l'enfer.

L'homme s'empresse d'aller voir saint Pierre pour lui dire qu'il choisit l'enfer. Saint Pierre lui rappelle qu'il sera séparé de son épouse pour l'éternité. L'homme répond : « Pas de problème ! » Puis il redescend jouer sa première ronde de golf. Il prend son sac de golf Cartier, monte dans son caddycar Ferrari, et se rend au départ. Là, il voit les verts couleur émeraude, les dunes dorées et les lacs argentés. Il s'empare de son bâton plaqué or et... il cherche sa balle. Pas de balle dans le sac, ni dans le caddycar. Il va demander à Satan où sont les balles et le diable lui répond : « Mais il n'y a pas de balles ! C'est ça l'enfer ! »

Mesdames, soyez patientes, un jour ou l'autre, votre homme sera puni par où il a péché. Et vous gagnerez la guerre du golf !

ॐ◌ॐ

Un cadeau de Noël en novembre

L e samedi 2 novembre 1968. J'ai 7 ans. Et j'ai hâte à Noël. Couché dans mon lit, je suis en train d'écrire ma liste de cadeaux. Elle n'est pas très longue. Je ne demande qu'une chose. Une paire de patins. Pour pouvoir jouer au hockey avec mes amis. Et me prendre pour mon idole Jean Béliveau. Je tremble juste à écrire le mot. P-a-t-i-n-s. Il n'y a pas de plus beau mot au monde. Je plie soigneusement ma lettre et je la glisse dans l'enveloppe. Je marque dessus *Monsieur Père Noël* et je vais la porter sur la table de maquillage de ma mère. Je suis petit, mais je ne suis pas fou. Je crois encore au père Noël, mais je crois surtout en ma mère.

Le soir, après avoir regardé le match du Canadien entre mon père et mon grand frère, maman vient me prendre la main pour m'amener faire dodo. Tout en me bordant, elle me dit :

« Le père Noël m'a laissé entendre que t'aimerais recevoir une paire de patins. Est-ce que c'est vrai ?

— Ah oui c'est vrai...

— T'es certain que tu ne veux pas autre chose ?

— Non, c'est ça que je veux !

— Stéphane, tu sais, avec ton petit problème aux jambes, ce n'est pas sûr que tu sois capable de patiner. Peut-être que tu devrais aussi demander autre chose...

— Maman, je suis certain que je vais être capable de patiner. Parce que je le veux. Et tu dis toujours que quand on veut, on peut... »

Ma mère me sourit. Elle me donne un bec et sort de la chambre. Sans dire un mot. Mon grand frère couché dans le lit d'à côté me chuchote :

« Fais-toi-z'en pas Stéphane, moi aussi, je suis sûr que t'es capable de patiner. Pis pour t'aider à apprendre, je vais te faire une patinoire dans la cour et tu vas pouvoir te pratiquer. Tu vas voir, ça va bien aller... »

Tous les soirs, en revenant de l'école, Bertrand, mon grand frère de 14 ans, pellette la neige dans la cour, la tape et l'arrose pour faire une belle surface glacée. Je l'aide en passant ma petite gratte en plastique. Et je rêve au matin de Noël où je pourrai enfin m'élancer sur la patinoire avec mes beaux patins tout neufs. Comme Jean Béliveau.

Le samedi 30 novembre 1968. Il ne me reste plus que 25 jours à attendre. Je me réveille. Et qu'est-ce que je vois au pied de mon lit ? Une belle paire de patins. Un cadeau de Noël en novembre ! Je n'en reviens pas ! Je cours dans la chambre de mes parents !

« Maman ! J'ai eu mes patins ! J'ai eu mes patins !

— T'es content mon grand ?

— Oui, mais je ne comprends pas, c'est pas Noël !

— Stéphane, tu sais le père Noël, il n'est plus jeune jeune. Et cette année, il avait peur de ne pas être capable de livrer tous les cadeaux de Noël de tous les enfants du monde en seulement une nuit. Alors, il a décidé de prendre de l'avance et de donner aux enfants les plus sages leur cadeau de Noël avant Noël... »

J'écoute les explications de ma mère seulement d'une oreille. Tout ce que je veux, c'est aller les essayer. Ces patins tant désirés. Je mets mon manteau, ma tuque, mon foulard, mes gants et je réveille mon frère. On se précipite sur la patinoire.

J'enlève mes grosses bottes et j'enfile mes petits patins. Bertrand m'aide à les lacer. Puis, il me donne la main et j'embarque sur la glace. Woups ! Sur le derrière ! Je m'agrippe à Bertrand de toutes mes forces et j'arrive à me relever. Mon frère met une chaise devant moi pour me servir d'appui, et j'essaie d'avancer. Mais comme je marche sur la pointe des pieds, et que j'ai moins d'équilibre qu'Olivier Guimond paqueté, je pique du nez à tout coup. Je ne patine pas sur la bottine. Je patine sur les genoux !

Ma mère, mon père et ma grande sœur regardent de temps en temps par la fenêtre pour voir comment je m'en tire. En se croisant les doigts. Et chaque fois, ils sont témoins d'une de mes chutes spectaculaires. Ça leur brise le cœur. Mais moi, je ne désespère pas. Quand on veut, on peut. Et pour vouloir, je veux.

Les heures passent. On a oublié d'aller dîner. On est toujours sur la patinoire à se les geler. À s'essayer. Moi pis mon frère. Il commence à avoir les bras fatigués à force de me relever. Il faudrait bien que je parvienne à rester debout deux secondes avec ces foutues lames sous les pieds. Mais c'est toujours la même chose. Une enjambée et sur le cul !

La nuit tombe, elle aussi. J'ai le nez bleu, les coudes bleus, les fesses bleues, les genoux bleus, les pieds bleus. J'ai l'air d'un Schtroumpf. Je suis tombé plus souvent sur la glace en une journée que Réjean Houle durant toute sa carrière. Il faut que je me rende à l'évidence, je ne serai jamais capable de patiner. Les yeux dans l'eau, je me résigne à dire à mon frère :

« M'enlèverais-tu mes patins ? »

Bertrand est aussi triste que moi. Si c'est pas plus. Il me serre dans ses bras.

« Stéphane, si tu veux demain, on pourrait encore essayer, ça va sûrement aller mieux la deuxième journée... »

Je le regarde. Et dans ses yeux, je vois qu'il veut tellement me rendre heureux qu'il y croit. Et ça me fait du bien. Mais je lui réponds quand même *Non, c'est fini, merci*. Il n'insiste pas. Il a compris, lui aussi, que les Ice Capades, ce n'est pas pour moi ! Je lui donne un bec. Et je me sauve dans ma chambre. En pleurant. Les patins que je voulais tant, je les laisse dans le banc de neige. Je n'en ai plus besoin. Je ne serai jamais Jean Béliveau.

Ma mère m'appelle pour que je vienne souper. J'ai pas faim. Je reste dans mon lit à attendre que la peine passe.

Je comprends pourquoi maman m'a donné mon cadeau de Noël en novembre. C'est parce qu'elle ne voulait pas que je passe la journée de Noël à pleurer. Elle savait ce qui arriverait. Maintenant, il me reste 25 jours pour me trouver un autre rêve...

ॐ

Un froid entre amis

L'automne 1982. Je m'en vais de reculons à mon cours de droit fiscal. Dans le corridor, un grand roux frisé fait du recrutement pour le journal de la faculté *Le Pigeon dissident*. Il me demande si ça m'intéresse. Je dis oui. N'importe quoi pour sécher un cours de droit fiscal ! On s'en va prendre un café dans le local du journal. Et notre amitié commence. Il s'appelle Stéphane Tremblay. Il vient de Chicoutimi. Et comme moi, il se demande ce qu'il fait en droit. Il me raconte son rêve : la musique. Je lui raconte le mien : l'écriture. On est faits pour s'entendre. Deux poètes dans un monde d'affaires. Parmi tous ces futurs juges Bienvenue, j'ai enfin trouvé un autre rêveur avec qui jaser, rire et niaiser. Je ne le perdrai pas.

Durant toutes nos études en droit, pas une journée sans se voir, sans se parler, sans se sourire. Le Barreau terminé, Stéphane s'en va faire son stage dans un très respectable bureau d'avocats. Moi, je m'en vais faire le fou dans le très irrespectueux magazine *Croc*. La vie nous sépare. Mais nous, on lui résiste avec l'entêtement de mille

Stéphane Dion. On s'arrange pour ne pas se perdre de vue. Pas une semaine sans jouer au hockey-balle dans la cave, sans aller souper entre *boys*, sans refaire le monde au téléphone. Puis un jour, nos rêves deviennent réalité. Je lui lis en primeur les textes du spectacle d'André-Philippe pour savoir ce qu'il en pense. Il me fait entendre en primeur les chansons de son groupe Villeray pour savoir ce que j'en pense. On s'encourage. On se critique. On trippe. Deux vrais amis.

Mais le temps finit par faire son œuvre. Ça devient de plus en plus difficile de faire coïncider nos horaires. Il est en répétition. Je suis en tournage. Il est occupé de son bord. Je suis occupé du mien. Plusieurs semaines sans jouer au hockey-balle, sans aller souper entre *boys*, sans refaire le monde au téléphone. On se dit que c'est pas grave. Qu'on a toujours sa place dans le cœur de l'autre. Que des amis comme nous, ça n'a pas besoin de se voir souvent pour rester proches. On a tort. Les absents ont toujours tort.

Entre-temps, on se fait de nouveaux amis. On leur donne les heures réservées aux anciens. On annule un rendez-vous. On oublie un anniversaire. Et un jour, sans savoir pourquoi, ce n'est plus pareil quand on se voit. On dirait qu'il y a comme un froid entre nous. Pas de jalousie. Pas de conflit. Juste un petit froid. Tout petit. Mais le froid n'a pas besoin d'être grand pour causer des dégâts. Un seul degré change la pluie en verglas.

En 1997, 15 ans après notre première rencontre, Stéphane et moi, on a dû se voir une ou deux fois seulement. Pas plus. C'est arrivé, comme ça, pour rien, sans même qu'on s'en rende compte...

J'ai perdu de vue mon chum. À cause du temps. À cause du froid.

L'hiver 1998. Mon pays ce n'est pas un pays. C'est le *Titanic* se fracassant sur un iceberg de verglas. L'électricité vient tout juste de réapparaître dans notre demeure. Alléluia ! On n'en a manqué que quelques heures. Je le sais, c'est pas juste ! À la télé, on regarde Bernard Derome faire la nomenclature des villes faisant partie du triangle noir : Iberville... Saint-Jean-sur-Richelieu... Chambly...

Chambly ! Mon vieux chum Stéphane ! Sa blonde Line ! Leur petite Marie ! Et les deux adorables enfants de sa blonde, Kevin et Sarah ! Mon Dieu ! Je me jette sur le téléphone :

« Allô Steph, c'est Steph... T'en a pas ? Moi j'en ai. Viens-t'en avec ta petite famille, on a de la place en masse. Ben non, vous dérangerez pas. Titi a hâte de vous voir. Moi aussi... »

Deux heures plus tard, un grand roux frisé sonne à ma porte. Dans ses bras, il y a un petit ange tout emmitouflé. C'est sa petite fille de cinq mois, Marie. Elle est belle. C'est la première fois que je la vois. Dans mon cœur, je me sens tout drôle. Je suis content d'accueillir mon Steph et tous ses amours. Si il y a quelqu'un qui était toujours là pour moi, c'est bien lui. Mais j'ai honte. Depuis le mois de juillet, à tous les samedis, je me dis qu'il faudrait bien aller à Chambly pour voir le premier rejeton de mon vieux chum, mais j'avais toujours quelque chose à faire, un enregistrement, une réunion, un texte à finir, un autre ami à aller visiter. Il a fallu la grande noirceur pour que je la voie enfin. Sa petite merveille. Je ne me trouve pas brillant. Mais je vais tout faire pour me reprendre.

Kevin et Sarah jouent au Nintendo au sous-sol. Line donne le sein à Marie dans le salon pendant que Stéphane fait jouer une toune de Villeray pour l'aider à l'endormir.

Elle est belle la famille à mon chum. Je suis fier de lui. Fier d'être son ami. Heureux qu'il ait choisi de refaire son chez-lui chez moi. Titi fait du thé. Je mets une bûche dans le foyer. Tout est beau. Tout est chaud. On a vaincu le froid entre amis. Celui en dehors et celui en dedans.

Mardi après-midi, nos réfugiés lèvent les voiles. Le père de Stéphane lui a envoyé une génératrice de Chicoutimi. Les Bleuets sont du monde équipé ! Je fais tout pour les convaincre de rester quand même. Mais Stéphane et Line tiennent à retourner à Chambly. Pour protéger leur maison. Pour aider leurs voisins.

Ils viennent juste de partir et je m'ennuie déjà d'eux. Surtout du grand roux frisé. On ne s'est revus que quelques jours. Mais ce fut assez long pour que je réalise à quel point je l'aime. Pour qu'il ne se passe plus une semaine sans que je prenne de ses nouvelles, catastrophe ou pas. Pour que je ne laisse plus jamais le verglas du temps s'accumuler sur les liens de notre amitié.

J'ai retrouvé mon chum. Et c'est grâce au temps. Grâce au froid.

そ∕⁓

Le 15 mars 1998

Mes oncles et Maurice Richard

Le 4 novembre 1967. J'ai 6 ans. C'est la fête de mon père. Mes oncles, mes tantes, mes cousins et mes cousines sont à la maison. On est 26 ! Ma mère a préparé deux tables. Une pour les grands dans la salle à manger. Et une autre pour les petits dans la cuisine. Le souper est prêt. Je monte de la cave avec mes cousins Martin et François. On court à toute vitesse vers la cuisine. Mon oncle Jacques m'intercepte :

« Pis Stéphane, es-tu toujours maniaque du hockey ?

— Oui mon oncle !

— C'est qui tes joueurs préférés ?

— Jean Béliveau, Bobby Hull, Bobby Orr...

— Sont pas pires, mon p'tit gars, mais y'arrivent pas à la cheville de Maurice Richard ! Sais-tu c'est qui, Maurice Richard ?

— Oui, c'est lui qui portait le numéro 9 !

— T'es bon ! T'es bon ! »

Mon oncle Jacques me passe la main dans les cheveux.

Impressionné. Mon oncle Yvan me chatouille dans le cou en disant :

« Maurice Richard, mon filleul, c'est ben plus qu'un numéro, c'est le plus grand joueur de tous les temps. Léonie (c'est ma mère), apporterais-tu le couvert du petit ici, il va manger avec nous. On va parler de Maurice Richard. Entre hommes ! »

Je trippe. Pendant que mes cousins et cousines se chicanent dans la cuisine, moi, je suis assis avec les grands. Entre mon oncle Jacques et mon oncle Yvan. Et je les écoute, à tour de rôle, me raconter Maurice Richard :

« Maurice Richard, il patinait tellement vite, mon p'tit gars, qu'on l'appelait le Rocket, la fusée. Et quand il décollait, ses yeux crachaient le feu !

— Une fois Stéphane, le Rocket y'avait passé la journée à déménager des gros meubles. Pis y'était tellement épuisé rendu au soir qu'il a demandé à son *coach* de ne pas le faire jouer. Mais son *coach* l'a fait jouer pareil. Et Maurice a compté cinq buts ! Pas deux, pas trois, pas quatre... cinq buts ! Pis Michel Normandin lui a donné les trois étoiles à lui tout seul !

— Ben non Jacques, c'est pas Normandin qui lui a donné les trois étoiles, c'est Lecavalier !

— Voyons Yvan, oussé que tu t'en vas avec ton Lecavalier, c'est Normandin... »

Je me permets d'interrompre mes deux oncles :

« C'est ni l'un ni l'autre, c'est Charlie Mayer !

— Ben oui, t'as raison ! Comment ça se fait que tu sais ça toi, le p'tit bout ?

— Je l'ai lu dans un de mes livres ! »

Mes oncles capotent. Ils me déballent tous leurs trésors. La fois où Maurice s'est échappé en traînant deux joueurs sur ses épaules. La fois où Maurice a donné une volée à Ted Lindsay. La fois où Maurice a provoqué une émeute.

Mes cousins et mes cousines sont depuis longtemps retournés jouer dans la cave. Les adultes sont rendus au digestif. Je suis toujours avec eux. J'ai même le droit de boire un deuxième verre de Coke. Gracieuseté de mes oncles Jacques et Yvan. Qui remontent de plus en plus loin dans leurs souvenirs. Ils sont rendus à la première fois où Dick Irvin a réuni Elmer Lach, Toe Blake et le Rocket. La fameuse Punch Line. Ils parlent et le film se déroule dans ma tête. C'est comme si j'y étais.

En l'espace d'une soirée, j'ai vécu plus d'une centaine de matchs de hockey. Les plus beaux que j'ai jamais vus.

De tous les exploits racontés, c'est ce commentaire de mon oncle Jacques qui m'a le plus impressionné :

« Maurice Richard, mon p'tit Stéphane, il n'a pas seulement compté dans les filets adverses, il a compté dans nos cœurs. »

La fête est finie. La visite est partie. Mon père et ma mère font la vaisselle. Je suis couché dans ma chambre. Mais je ne dors pas. Je suis dans mes livres de hockey. En train de lire tout ce qui concerne Maurice Richard. En train de tout apprendre par cœur. Pour pouvoir en mettre plein la vue à mes oncles au prochain souper de famille. Pour pouvoir être encore assis avec les grands. Entre mon oncle Jacques et mon oncle Yvan. Et recevoir leur amour.

Les années et les gens passent. Mon oncle Jacques est parti de l'autre côté de la vie. Mon oncle Yvan aussi. Presque 30 ans plus tard, je suis au match inaugural du nouveau Centre Molson. Michel Lacroix présente le Rocket à la foule. Je me lève d'un bond. Et j'applaudis de toutes mes forces. Comme si je l'avais déjà vu jouer. Les souvenirs de mes oncles sont devenus les miens. D'ailleurs, je suis sûr qu'en ce moment, mon oncle Jacques et mon oncle Yvan me regardent du haut du ciel. Et ils me crient : « Envoye le neveu, applaudis ! Maurice Richard, c'est le plus grand ! Tu le sais, on te l'a assez dit ! » Alors j'applaudis. J'arrête pas. J'applaudis Maurice Richard. Et mes deux oncles en même temps...

Le Rocket vit présentement des moments difficiles. Je voulais juste lui dire que pour tous les p'tits jeunes qui n'ont pas eu la chance de le voir jouer, il est plus qu'un joueur de hockey. Il est notre oncle. Et on l'aime.

J'aime l'impôt !

Un petit lundi du mois d'avril 1973. J'ai 12 ans. Je suis en secondaire un. Installé à la table de la salle à manger, je fais mes devoirs. Comme tous les soirs.

Soudain mon père arrive. Il a deux gros cartables dans les bras. Il les dépose sur la table.

« Ça te dérange pas si je m'installe ici ? »

Je fais signe que non. Mon père s'assoit près de moi. Je souris. Je suis content. Le temps de l'impôt est de retour ! Papa est comptable pour le gouvernement. Et comme petit *sideline*, durant le mois d'avril, le soir, à la maison, il fait les rapports d'impôt des oncles, des tantes, des amis, des connaissances. J'adore ça. D'habitude, quand je fais mes devoirs, je suis tout seul. Mon père regarde la télé dans le salon. Durant le temps de l'impôt, on travaille les deux côte à côte. Chacun dans ses papiers. Unis dans le silence du travail. Je me sens important. Dans ma tête, je ne suis plus un petit cul qui fait ses devoirs. Je suis un grand. Qui travaille comme son papa.

Mon père aiguise ses crayons. Sort sa grande tablette quadrillée. Et se met à calculer. Moi aussi, je calcule. Je prépare mon examen de maths. On se creuse les méninges, tous les deux. Parfois, Papa lève les yeux et me demande :

« Pis... Est-ce que ça va ? »

Je réponds :

« Oui, toi ? »

Il me répond :

« Pas pire, pas pire ! »

Et on replonge dans nos feuilles. On n'entend que le bruit de nos crayons sur le papier. Mon père se lève pour aller se faire un café. La soirée va être longue. Il me demande si je veux quelque chose.

« Je prendrais bien un Coke, mais après 8 h, maman veut pas... »

Il me fait un clin d'œil. Et m'apporte un Coke. On se remet à griffonner. En silence.

Il est 22 h. Mes devoirs sont finis depuis longtemps. Mais je fais semblant d'en avoir d'autres. Pour veiller avec mon père. Ça sonne à la porte. Ma mère va répondre. C'est monsieur Diab. Un sympathique homme d'affaires arabe. Tous les ans, il fait faire sa déclaration de revenus par mon père. Il donne son manteau à maman.

« Ton mari est-tu là ? Parce que si y'est pas là, on va en profiter ! »

Monsieur Diab est un petit farceur. Un bon vivant. Toute la famille l'aime beaucoup. Il entre dans la salle à manger, les bagues en or aux doigts, le gros cigare au bec :

« Pis Bertrand, combien ça va me coûter cette année tabarnak ! ? »

J'ai oublié de vous dire. Monsieur Diab sacre comme huit Michel Chartrand ! Surtout durant le temps de l'impôt ! Mon père lui serre la main :

« Calme-toi Fred, viens t'asseoir, on va regarder ça ensemble...

— C'est facile pour toi de me dire de me calmer, c'est mon argent, câlice !

— Fred, fais attention, Stéphane est là...

— Excuse, je l'avais pas vu. T'es pas couché encore, la petite puce ?

— Non j'ai pas fini mes devoirs...

— À ta place, j'irais me coucher, parce que ça donne rien de faire ses devoirs pour avoir une grosse job plus tard, tu vas être obligé de donner toute ton argent au gouvernement, tabarnak ! »

Je ris. Chez nous, on n'a pas le droit de sacrer. On dit « maudit » et ma mère nous met en pénitence. Alors entendre monsieur Diab réciter le chapelet au grand complet, c'est pour moi la chose la plus drôle au monde ! Je suis crampé. Monsieur Diab, lui, ne rit plus. Il mâchouille son gros cigare. Mon père lui explique qu'il ne pourra pas déduire ses soupers chez Gibby's avec sa femme. Ni leurs sorties au cinéma et au théâtre. Monsieur Diab n'est pas d'accord :

« Sortir avec ma femme, c'est pas du plaisir, c'est du travail câli...ne ! »

Puis mon père lui montre le montant du chèque qu'il devra envoyer à Québec. Monsieur Diab avale son cigare. Puis mon père lui montre le montant du chèque qu'il devra envoyer à Ottawa. Monsieur Diab crache le feu. Il est tellement choqué qu'il ne sacre même plus :

« Bertrand, dis-moi que c'est pas vrai ! Ça se peut pas !

J'vais pas envoyer toute ça au gouvernement. Oussé que ça va s'arrêter !? L'année prochaine, va-tu falloir que je leur envoie la moitié de ma perruque et la moitié de mon dentier !?

— Décourage toi pas mon Fred. Il paraît que grâce aux deux nouveaux grands projets, les Olympiques pis Mirabel, la situation économique va s'améliorer, et ils vont pouvoir baisser les impôts !

— J'ai hâte de voir ça ! L'impôt, c'est comme le mariage. Être sûr de ne pas se faire pogner, tous les hommes tricheraient ! T'aurais pas un petit verre de cognac pour m'aider à me faire passer ça ! Tabar... nouche ! »

Mon père sort la bouteille de cognac. En me faisant signe d'aller me coucher. Je ramasse mes affaires. Je dis bonsoir à papa. Bonsoir à monsieur Diab. Et je disparais dans ma chambre. Heureux. Quelle belle soirée ! Si ça pouvait être le temps de l'impôt tous les mois de l'année, j'aurais beaucoup plus de plaisir à faire mes devoirs !

Aujourd'hui, j'ai vieilli et je sais que le temps de l'impôt, c'est un temps très gris. Pas drôle du tout. Pourtant lorsque Line, ma charmante comptable, me révèle le montant des chèques que je dois faire à Ottawa et à Québec, je ne déprime pas. Au contraire. Je souris. Je pense à mon père. À monsieur Diab. Et je paie en riant !

À cause de mon enfance, je suis un désaxé. J'aime l'impôt !

&·&

Le 3 mai 1998

Le trois fait le mois

N ous sommes le trois du mois. Et comme tous les mois, une chose est sûre et certaine : je vais entendre durant la journée quelqu'un dire *« Le trois fait le mois »*. C'est inévitable. Cela viendra peut-être de la bouche d'un animateur de radio, d'un chauffeur de taxi, de ma conjointe ou même de moi. On n'y échappe pas. C'est ainsi. Lorsque l'humain ne sait pas quoi dire, il dit des proverbes. C'est plus fort que lui. Ça le démange.

Il ne se passe pas une journée sans qu'un politicien, un entraîneur de hockey ou un philosophe de tribune téléphonique ne ponctue ses propos de quelques bons vieux dictons apprêtés à leur façon. Ça donne ces sages réflexions : *« Il faut laver son linge sale par les deux bouts »*, *« À cheval donné, on ne regarde pas un évêque »*, *« Un tien vaut mieux que deux lièvres à la fois »*, *« C'est en forgeant qu'on devient cordonnier »*, *« Il ne faut pas être plus catholique que César »*, *« Qui va à la chasse revient au galop »*, *« Qui sème le vent n'amasse pas mousse »*, *« Les murs affamés n'ont pas d'oreilles »*, *« Il n'y a pas de fumée sans casser des oeufs »*,

« *La vérité sort de la couche des enfants* ». Des énoncés profonds. Dans le sens de creux.

Le pire, c'est que vous et moi abusons aussi des proverbes. Sans même nous en rendre compte. Supposons que votre nouvelle flamme vous rejoint au restaurant une demi-heure plus tard que prévu, vous allez lui dire pour qu'elle se sente bien à l'aise : « *Mieux vaut tard que jamais !* » C'est sûr. Si plus tard, rendu à votre appartement, la nouvelle flamme s'étonne devant la taille lilliputienne de votre appendice sexuel, vous allez lui dire pour la rassurer : « *Dans les petits pots, les meilleurs onguents !* » C'est certain. Si le lendemain, vous appelez votre meilleur ami en pleurant parce que la nouvelle flamme, déçue de votre onguent, vous a quitté pour toujours, il va vous dire pour vous remonter le moral : « *Une de perdue, dix de retrouvées* ». C'est inévitable.

Nous sommes tous des Jean Perron de la vie, commentant chacun de nos gestes à grands coups de proverbes. Toujours les mêmes. Qui reviennent jour après jour, du trois du mois d'avril au trois du mois de mai au trois du mois de juin... Ainsi de suite. Plus ça change, plus c'est pareil. Ça aussi, c'est un proverbe ! Et j'ai même pas fait exprès.

À l'aube de l'an 2000, il est plus que temps que l'humanité renouvelle son stock de proverbes. Inventons-nous de nouveaux dictons qui nous permettront de meubler les silences du XXIᵉ siècle. Voici un bouquet de nouveaux proverbes tout frais :

Après la pluie, vient le baseball.

•

Il ne faut pas vendre la peau de l'ours à Brigitte Bardot.

•

L'appétit vient en mangeant, la pizza vient en l'appelant.

∙

C'est l'intention qui compte assistée de Gretzky.

∙

L'amour rend aveugle, mais le mariage rend la vue.

∙

Il ne faut jamais dire « *Fontaine, je ne boirai pas
de ton eau* » à moins d'être au Mexique !

∙

Le malheur des uns fait le bonheur de Claire Lamarche.

∙

Ventre affamé n'a pas d'oreilles de crisse.

∙

La modération a bien meilleur goût que
le Harfang des neiges.

∙

L'habit ne fait pas le moine mais ça le cache.

∙

Quand on habite une maison de verre,
ça coûte cher de Windex !

∙

Si partir, c'est mourir un peu, mourir,
c'est partir beaucoup.

∙

On a souvent besoin d'un plus petit que soi,
sauf si c'est Guy Chevrette.

∙

Il ne faut pas mettre la charrue devant les bœufs,
parce qu'ils risquent de vous donner une contravention.

∙

Les absents ont toujours tort sauf à un match des Expos.

∙

Chat échaudé craint les restaurants chinois.

•

Rien ne sert de courir, il faut partir du *Point*.
(proverbe de Jean-François Lépine)

•

Vaut mieux être riche et joueur de hockey
que pauvre avec l'hépatite C.
(proverbe de Jean Chrétien)

•

Tant qu'il y a de la vie, il y a des référendums.
(proverbe de Lucien Bouchard)

•

Il faut battre le fer pendant qu'on est chaud.
(proverbe de Jacques Parizeau)

•

Les derniers seront les derniers.
(proverbe de Felipe Alou)

•

La fin justifie les joueurs moyens.
(proverbe de Claude Brochu)

•

À beau mentir qui vient d'Ottawa.
(proverbe de Jean Charest)

•

Jamais deux sans stagiaire.
(proverbe de Bill Clinton)

•

Il ne faut pas avoir le ventre plus gros que les yeux.
(proverbe de Jean-Luc Mongrain)

•

Qui aime bien, chante-t-il bien ?
(proverbe de Michel Louvain)

•

Les paroles s'envolent, les écrits restent invendus.
(proverbe des éditeurs de livres québécois)

•

La foi peut déplacer des montagnes, mais elle a de
la misère à tasser Jagr devant le net.
(proverbe d'Alain Vigneault)

•

Il ne faut pas remettre à demain ce qu'on...
ah pis j'vous dirai la suite demain !

Sur ce, je vous souhaite un bon dimanche. N'oubliez pas, le trois fait le mois mais le cinq le défait si le six a une petite barre en dessous...

∂∞∂

L'été tout seul

L e lundi 25 juin 1973. J'ai 12 ans. C'est ma première journée de vacances. Je ne peux pas le croire ! J'y rêve depuis le mois de septembre. Et aujourd'hui, c'est enfin vrai ! Les deux yeux grands ouverts, je me prélasse dans mon lit. Il est 7 h 30. J'entends mon père fermer la porte. Je souris. D'habitude, je pars avec lui. Il me laisse au collège en s'en allant à son bureau. Mais ce matin, il s'en va seul. Bye bye papa ! Je reste couché ! J'pense même que je vais dormir encore un petit peu. C'est congé, aussi bien en profiter !

Il est 7 h 45. Pas moyen de dormir. Je suis trop énervé à l'idée d'être en vacances. Ma tête est pleine de projets. Jouer au baseball. Au tennis. Au soccer. Aller au cinéma. Aller au parc. Manger des *pop-sicle* à la banane. Rire et me salir ! Ça va être le plus bel été de ma vie ! Je me lève. Je m'habille à toute vitesse. Et je sors de ma chambre en courant.

J'arrive dans la cuisine. Woups ! C'est pas comme d'habitude. Il y a un gros silence. Un énorme silence qui m'arrête. Qui me fige. Je réalise soudainement que je suis seul. Tout seul. Mon père est au travail. Ma mère aussi. Mon grand frère a une job d'été. Et ma sœur prend des cours de ballet en Europe. *I am home alone.* Pas pour une heure. Pas pour une journée. Pas pour une semaine. *Home alone for the summer.* C'est la première fois que ça arrive. Toute la famille est occupée. Sauf moi. Je m'assois à la table. Je mange mes Alpha-Bits. Sous le choc. Puis, après deux-trois bouchées, je me ressaisis. Au fond, c'est parfait de même ! Personne pour me dire quoi faire. Et surtout, personne pour me dire quoi ne pas faire. La maison est à moi. *I am the king of the world !* Il ne manque que les copains !

J'appelle L'Écuyer. Y peut pas venir. Y'arbitre dans une ligue de baseball à Châteauguay jusqu'à la fin août. J'appelle Beauregard. Pas de réponse. Y doit être dans le Nord avec sa famille. J'appelle Brunelle. Sa mère me dit qu'il est parti au camp de vacances. J'appelle John. « Il n'y a plus de service au numéro que vous avez composé. » Ils ont dû déménager. Ça commence à être moins drôle. Tardif est au camping. Et Carrière est à Hemmingford. Ça commence à être dramatique.

Depuis que je suis né, il y a toujours eu du monde autour de moi. Papa, maman, frérot, sœurette, ma tante, les chums de la ruelle, les chums de l'école. Et là, en une nuit, l'univers s'est dépeuplé. Il n'y a plus personne. Le grand vide. Ma mère m'avait pourtant donné le choix : « Stéphane, ton frère et ta sœur ne seront pas à la maison cet été, alors si tu préfères que je reste avec toi, dis-le moi, je vais prendre congé. » J'ai répondu : « Voyons Man, chus pus un bébé ! » C'est vrai, je ne suis plus un bébé. Mais je commence à le regretter.

C'est pas facile d'avoir 12 ans. On est trop vieux pour que la voisine de 14 ans vienne nous garder. Et on est trop jeune pour sortir avec elle ! Quel âge ingrat !

Avant d'être la saison de l'amour, l'été est la saison de la solitude. Pour plein de ti-culs comme moi qui ne savent pas quoi faire de leurs drôles de corps.

Il est 9 h 45. Je suis en vacances depuis deux heures et j'ai déjà hâte que l'école recommence. J'allume la télé. Ma mère ne veut jamais que je regarde la télé le jour. Aussi bien en profiter. C'est Suzanne Lapointe au 10. Et *La Souris verte* au 2. J'éteins la télé. Ma mère aurait dû me montrer ce qu'il y avait à la télé le jour. Je ne l'aurais plus jamais achalée pour avoir le droit de la regarder !

Il fait beau. Je vais aller dehors lancer la balle contre le mur. Je lance la balle. J'attrape la balle. Je lance la balle. J'attrape la balle. Durant une heure. J'arrête seulement quand je crois reconnaître mes amis qui arrivent en bicyclette. Mais ce ne sont jamais eux. Ce sont les amis des autres. Alors, le cœur gros, je m'assois dans les marches de l'escalier. Et je regarde le temps passer. Il passe pas vite. Le temps est lent comme Terry Harper. C'est ennuyeux. Trop ennuyeux. Alors, au lieu de regarder le temps, je me mets à regarder les gens. À les observer. Je regarde le facteur monter et descendre les escaliers, le vieil Italien qui tond son gazon torse nu, la voisine d'en face qui étend son linge. Je ne les avais jamais vraiment remarqués. J'imagine une histoire les réunissant. Le facteur s'en va remettre une lettre à la voisine d'en face où elle apprend que le vieil Italien est amoureux d'elle. Mais la voisine est déçue, car elle, c'est le facteur qu'elle aime. Mon histoire me fait sourire. Je rentre dans la maison me chercher une feuille et un crayon. Et je retourne dehors observer. J'écris l'histoire du facteur, puis celle du chauffeur d'autobus, puis celle du livreur de circulaires. J'aime ça. Je ne les écris pas pour qu'elle soient lues. Je les écris pour moi. Pour me sentir vivre. Pour ne plus voir le temps passer.

Qui sait, peut-être qu'un jour, j'écrirai aussi pour les autres. Ce jour-là, j'écrirai sûrement un texte pour dire à tous les enfants qui se sentent seuls l'été de ne pas être tristes. Qu'ils peuvent faire plein de choses. Écrire, lire, s'inventer des jeux, faire le tour du bloc en vélo, faire le tour du monde dans leur tête. Se trouver une passion. Pour être bien avec eux-mêmes. S'ils y parviennent, ce ne sera pas long qu'ils seront deux, qu'ils seront trois, qu'ils seront nombreux.

Il est 17 h 30. Toute la famille est de retour. C'est le fun. Mais moi, je suis encore sur le balcon, en train d'écrire l'été d'un petit garçon de 12 ans. De moins en moins seul.

Le congé de Pascale

Mardi, 17 h 30. Pascale, ma charmante assistante, est en train de ranger son bureau et de ramasser ses affaires. Habituellement, elle travaille au moins jusqu'à 18 h. Mais aujourd'hui, elle est pressée. Elle doit, à tout prix, partir plus tôt. Elle me dit un petit au revoir par l'interphone. Et me rappelle que demain, elle va devoir s'absenter. Je lui souhaite un bon congé. Et la voilà partie. Souvent, après le travail, elle va rejoindre ses copines dans un restaurant du boulevard Saint-Laurent. Elle jase, rigole, s'amuse et rentre très tard. Comme toutes les filles de son âge. Comme toutes les filles de 22 ans. Mais pas ce soir. Ce soir, elle se dépêche de rentrer chez elle. Où toute sa famille l'attend. Elle arrive en coup de vent. Ils ont déjà commencé à manger. Elle s'assoit à la table et bouffe à toute vitesse.

18 h 30. Son téléphone sonne. C'est moi ! Je cherche une cassette dans la vidéothèque et je ne la trouve pas. Sans Pascale, je ne trouve rien. Elle sait où est chaque chose. Ça sonne et ça resonne. Pascale ne répond pas.

Elle a baissé la sonnerie de son téléphone. Et éteint la télé.

Le soleil vient de se coucher.

Pascale n'est plus de ce monde. Pascale est dans un autre monde.

Jusqu'à demain soir, elle ne peut ni manger ni boire. Ni travailler. Ni répondre au téléphone. Ni regarder la télé. Ni se déplacer en voiture. Elle ne doit rien faire. À part une chose. Demander pardon à Yahvé. C'est Yom Kippour. La grande fête juive. Le jour du grand pardon.

Pascale a quand même gardé une lumière allumée dans le salon. Pour pouvoir lire un peu. Normalement, elle ne devrait lire que des prières. Mais pour l'instant, elle lit *Paris Match* ! C'est long, 24 heures. Elle aura bien le temps de prier. Vers 21 h 30, elle embrasse sa maman et va se coucher. Il n'y a rien d'autre à faire ! Heureusement, elle est pas mal fatiguée. Le travail, les études, les amis, ça épuise même une jeunesse.

Mercredi matin. Pascale se réveille. Normalement, elle irait se faire un café. Avec des toasts. Mais pas ce matin. Quand on jeûne, on ne peut pas déjeuner. C'est logique. Alors, elle reste dans son lit. Et attend. Attend que la journée passe. Et tant qu'à attendre, elle se met à penser. À penser à sa vie. À ce qu'elle fait de sa vie. À ce qu'elle fait aux autres. De pas toujours gentil. Elle se met à vivre son Yom Kippour. Naturellement. Sans effort. Elle demande pardon. Après une demi-heure, elle a fini. Quand on est une jeune fille avec un beau grand cœur comme le sien, on n'a pas fait encore assez de péchés pour meubler toute une journée, quand même !

Allez hop, elle se lève. Et décide d'aller prendre une marche. Jusque chez son copain Claude. Il n'est pas là. Il est à la synagogue. Elle va l'attendre. Elle joue avec sa petite sœur. Une heure, deux heures, trois heures. Le temps passe. Claude est toujours à la synagogue. C'est vrai que les gars, ça a beaucoup plus de péchés à se faire pardonner !

16 h. Elle commence à se sentir faible. Ça va faire presque une journée qu'elle n'a pas bu, ni mangé. Elle retourne donc chez elle. Lentement. En prenant son temps. Ça ne lui arrive pas souvent. D'habitude, elle court tout le temps ! Arrivée à la maison, elle aide sa mère à préparer le souper.

Le soleil vient de se coucher.

Pascale revient doucement dans notre monde.

Toute sa famille est réunie autour de la table. On se souhaite la bonne année. Pascale demande pardon à ses parents. Parce qu'elle n'est pas toujours un cadeau. Ses parents la pardonnent. Ils savent qu'elle est le plus beau des cadeaux.

Elle regarde l'heure. Elle est en retard pour son cours de communication. La vie normale est de retour. Elle arrive en catastrophe dans sa classe. Son prof la chicane un peu. Pascale hausse les épaules. Ce n'est pas sa faute. C'est la faute à Yahvé ! Durant la pause, elle prend ses messages sur sa boîte vocale. Et me rappelle. Finalement. Un Yom Kippour plus tard. Elle me raconte sa journée. Puis termine en disant :

« Je m'excuse de ne pas t'avoir rappelé avant, mais je ne pouvais pas, tu comprends. Est-ce que c'était important ? »

Je souris. J'essayais de trouver une petite cassette pendant qu'elle essayait de trouver le grand pardon. Non, ce n'était vraiment pas important. Je lui dis de ne pas s'en faire. Tout est OK. Et on se dit bye bye. Et à demain. Demain, les choses futiles redeviendront importantes.

Je raccroche. En l'enviant un peu de faire partie d'une collectivité qui a encore le sens du sacré. Pascale n'a que 22 ans. Mais elle est riche de son passé. De ses valeurs spirituelles qu'elle respecte encore. Parmi toutes les étoiles qui brillent dans ses yeux, il y a celle de sa foi. Ça doit faire du bien.

La semaine prochaine, c'est à mon tour de célébrer une fête. L'action de Grâces. Je vais manger. Je vais boire. Je vais regarder le baseball à la télé. Je vais monter dans le Nord. Je vais tout faire ce que je fais d'habitude. Sauf travailler. Pas une seconde pour entrer en moi. Pas une seconde pour réfléchir. À ce que je fais de ma vie. À ce que je fais aux autres. Et puis, après il y aura la grande fête de Noël, puis la grande fête de Pâques. Et je vais encore manger. Pis boire. Pis regarder *Le Martien de Noël* et *Ben Hur* à la télé. Pis acheter des cadeaux. Pis d'autres cadeaux. Sans encore prendre une seconde pour m'arrêter. Pour demander pardon. Pour dire merci. À quelqu'un. Ou à personne. Pas une seconde pour savoir si je crois. Et à quoi.

C'est impossible d'avoir une vie intérieure durant nos fêtes à nous. On est trop sollicité. Il y a trop d'annonces. Trop de musique. Trop de parties. Pourtant ça ne me nuirait pas de passer une journée à me recueillir. La télé éteinte. Le téléphone coupé. Passer une journée à savoir si je suis l'homme que je voudrais être. Et demander pardon à la vie, pour toutes les fois où je ne le suis pas.

C'est décidé. Même si je suis un catholique, adorateur de la Sainte-Flanelle, l'année prochaine, je vais prendre, moi aussi, le congé de Pascale.

~

Le 24 janvier 1999

Le Salon de la catastrophe

Cher André Tétrault, président de la Régie des installations olympiques,

Premièrement, j'aimerais, en tant qu'humoriste, vous remercier du fond du cœur pour le Stade olympique. Grâce à lui, on n'est jamais à court de matériel (ce qui n'est pas le cas de votre toit qui, lui, commence à manquer de matériel !) Jamais un bâtiment n'a inspiré autant de blagues. En voici quelques exemples : « Savez-vous pourquoi le Stade olympique a plein de *patches* ? C'est parce qu'il a été payé par des fumeurs ! » « Quelle est la différence entre le Stade olympique et Lynda Lemay ? Il n'y en a pas, les deux doivent se remettre d'une déchirure ! » « Quelle est la différence entre le *Titanic* et le toit du Stade olympique ? Il n'y en a pas, les deux coulent ! » « Quand on y pense bien, c'est quand même pratique, grâce à ses panneaux en téflon, le Stade olympique est le seul stade au monde sur lequel on peut faire cuire une omelette qui ne colle pas ! » « Le Stade olympique est à l'image des Expos. Toujours en reconstruction ! » Et on pourrait continuer comme ça jusqu'à la chute d'une prochaine tuile.

Mais pendant que nous, les comiques, on rit, vous, la ministre et le premier ministre, pleurez. Et le peuple paie. Cela me touche beaucoup. Je crois même qu'il est de mon devoir d'arrêter de blaguer et de vous aider. Nous avons assez ri. Voilà pourquoi je vous offre, aujourd'hui, gratuitement, la solution à tous vos problèmes.

Il faut, avant toute chose, que vous cessiez immédiatement les travaux visant à réparer les fissures du Stade. Laissez ça comme ça ! Ne touchez à rien ! C'est parfait de même ! Il ne faut plus corriger les vices de votre bâtiment, il faut les exploiter. Si les Italiens avaient redressé la tour de Pise, personne n'irait la voir. Depuis 23 ans, le Stade ne cesse de se démantibuler. Il est le seul stade au monde à se décomposer ainsi. C'est exceptionnel !

Avec un toit résistant, le Stade olympique serait un stade comme tous les autres. Avec son toit en gruyère, le Stade olympique est une œuvre d'art. Nous avons la chance d'avoir, à Montréal, la première ruine du XXe siècle. Et si on ajoute Mirabel et le vieux Forum, le Québec pourrait facilement devenir la Grèce du troisième millénaire !

Il faut donc rentabiliser le Stade en lui trouvant une vocation qui corresponde à sa construction périlleuse. Voilà pourquoi je propose qu'on y organise, en permanence, le Salon de la catastrophe. Les foules vont accourir. Il n'y a rien que les gens aiment plus que les catastrophes. Tout le monde ralentit devant un accident. C'est plus fort que nous. On aime le désastre. TVA et TQS battent des records de cotes d'écoute avec leurs émissions catastrophiques (là je ne parle pas de *Taillefer et fille* et de

Box-Office, mais bien de *Catastrophes* et de *Caméra Choc*). Le Stade olympique deviendrait le musée des malheurs de l'humanité. On y retrouverait un échantillonnage de souvenirs des plus grandes catastrophes. Par exemple :

Un morceau de l'iceberg sur lequel le *Titanic* s'est fracassé.

•

Une ligne de pylônes brisés lors de la crise du verglas.

•

Un verre du Kool-Aid bu à Jonestown.

•

Un chien à trois têtes de Tchernobyl.

•

La petite maison de Chicoutimi (soit dit en passant, si vous décidez quand même de réparer le Stade, essayez donc de retrouver les plans du gars qui a bâti cette maison. Lui, il savait construire solide)

•

Un ordinateur avec le bogue de l'an 2000.

•

Une bouteille de nouveau Coke.

•

Un tramway écrasé lors du tremblement de terre de San Francisco.

•

Une cabine bossée du funiculaire de Québec.

•

Une branche du sapin de Chapais.

•

Un épisode de *La Montagne du Hollandais*.

•

L'allumette dont Néron s'est servi pour brûler Rome.

•

Le cigare dont Bill Clinton s'est servi pour
allumer Monica. Le virus de la grippe espagnole.

•

La Constitution du Canada.

•

Le dernier album de Lara Fabian.

Et bien sûr, chaque nouveau morceau qui tomberait
du toit du Stade s'ajouterait à la collection. En plus, nous
pouvons compter sur nos gouvernements pour que d'autres
catastrophes surviennent, et ainsi renouveler constamment
le stock de l'exposition.

Les Expos, quant à eux, pourraient continuer à jouer
au Stade car leur jeu et leur organisation sont deux grandes
catastrophes ! Ils ne jureraient donc pas dans la nouvelle
thématique des lieux.

Le porte-parole du Salon de la catastrophe serait Steve
Flanagan et les commanditaires seraient Swissair, la TWA,
NovaBus et Birdair.

Voilà, monsieur le président, la balle est dans votre
camp. Ou plutôt dans votre trou.

J'espère, cher M. Tétrault, que ce projet vous a redonné
espoir en votre stade. Il est temps que les catastrophes
profitent à ceux qui les créent et pas seulement à RDI !
Cessez donc d'être un bouche-trou.

Au plaisir de vous voir au Salon de la catastrophe.
Ce sera facile de me reconnaître, j'aurai un casque sur la tête.

҉

Je t'aimerai toujours

Je t'aimerai toujours. C'est ce que j'avais écrit, l'année dernière, dans le valentin de Titi. Je t'aimerai toujours. C'est ce qu'elle avait écrit, elle aussi, dans le mien. Toujours a duré dix mois. On n'est plus ensemble depuis la fin de l'automne. C'est la vie. Trois ans et demi de notre vie. Évanouis.

C'est sûr, on s'aime encore beaucoup. Mais beaucoup, c'est pas assez, quand on veut aimer toujours. Toujours, ça signifie toujours autant. Toujours plus. Pas toujours, mais moins qu'avant.

J'aurais bien aimé que Titi et moi, on s'aime toujours. On n'a pas réussi. Mais toutes les secondes où on y a cru ne sont pas perdues. Elles font à jamais partie des beaux souvenirs que je garde dans mon cœur. On ne s'est pas aimés toujours, mais on s'est aimés assez pour laisser à jamais à l'autre une tendresse qui durera toujours. Ça, c'est sûr.

On n'est pas les seuls à ne pas avoir tenu notre pari. On est comme la plupart des gens. C'est pas facile aimer toujours. C'est long, toujours. C'est beaucoup de jours, toujours. Mais c'est tellement beau à dire. Je t'aimerai toujours. Tellement beau à rêver. C'est la seule façon d'aimer. Quand on aime quelqu'un, il faut, un jour, une heure, une seconde, croire que ce sera pour toujours. Même si c'est rarement le cas.

J'ai 38 ans et je n'ai pas encore réussi à aimer quelqu'un toujours. Ni à être aimé par quelqu'un pour toujours. Pourtant le soir, quand je m'endors, tout seul dans mon lit, j'y crois encore. Même si ça semble impossible. Complètement fou. Complètement dingue. Même s'il y a une chance sur trois milliards pour que ça m'arrive. C'est tout ce que je veux. C'est tout ce que je désire.

Parce qu'au fil des amours échouées, je commence, de plus en plus, à savoir ce que ça veut vraiment dire, je t'aimerai toujours. Et je trouve ça trop merveilleux pour ne pas avoir la chance de le vivre.

Je t'aimerai toujours, ça veut dire, lorsqu'on répond au téléphone et que c'est elle à l'autre bout, que notre voix change, qu'elle devient toute douce, toute chaude, parce qu'on est heureux de lui parler. Même après trois ans. Même après dix ans. Même après tout le temps.

Je t'aimerai toujours, ça veut dire que lorsqu'il nous arrive de quoi durant la journée, on a tout de suite hâte d'aller le lui raconter. Tant qu'on ne l'a pas partagé avec elle, on dirait que ça n'a pas vraiment existé.

Je t'aimerai toujours, ça veut dire que lorsqu'elle est contrariée, qu'elle est à prendre avec des pincettes, on reste à ses côtés, sans rien dire, en lui prenant la main et en lui faisant un sourire. Et si elle n'a pas envie de nous voir tout de suite, on attend, patiemment, qu'elle vienne vers nous.

Je t'aimerai toujours, ça veut dire que lorsqu'elle nous tape sur les nerfs, qu'elle nous met en rogne, on préfère, quand même, être en chicane avec elle, qu'être en bons termes avec toutes les autres!

Je t'aimerai toujours, ça veut dire que l'on s'excuse les fois où on avait l'air de ne pas l'aimer ben ben.

Je t'aimerai toujours, ça veut dire que lorsque l'autre nous a fait de la peine, on va le lui dire à elle, avant de le dire aux autres.

Je t'aimerai toujours, ça veut dire qu'on n'a jamais envie de faire des niaiseries avec quelqu'un d'autre, parce que ces gestes-là n'ont de sens qu'avec elle.

Je t'aimerai toujours, ça veut dire de ne pas avoir peur de lui dire, que parfois, on a peur de la perdre.

Je t'aimerai toujours, ça veut dire de lui écrire, de temps en temps, pourquoi on l'aimera toujours.

Je t'aimerai toujours, ça veut dire qu'on ne se lasse jamais de relire mille fois le petit mot d'amour qu'elle vous a écrit. Et de sourire à chaque fois.

Je t'aimerai toujours, ça veut dire de ne jamais rabrouer l'autre, de ne jamais l'empêcher de rêver, de toujours lui donner confiance, de l'aider à voir ce qu'on voit en elle, et qui fait qu'on a décidé de passer sa vie avec elle.

Je t'aimerai toujours, ça veut dire quand on se réveille, d'être heureux qu'elle soit à côté de nous.

Je t'aimerai toujours, ça veut dire quand on s'endort, d'être heureux d'être à côté d'elle.

Je t'aimerai toujours, ça veut dire d'être le premier arrivé et le dernier à partir.

Je t'aimerai toujours, ça veut dire qu'on enlève sa carapace, et qu'on la laisse nous regarder comme on est.

Je t'aimerai toujours, ça veut dire que pour elle, on a le goût d'être meilleur.

Je t'aimerai toujours, ça veut dire qu'on a envie de faire la plus belle chose qu'un homme puisse faire : aimer toujours.

Je t'aimerai toujours, ça veut surtout dire, je t'aime tout de suite. N'importe où. N'importe quand. N'importe comment.

Je t'aimerai toujours, ça doit vouloir dire encore plein de choses, et j'espère que je les saurai un jour.

En ce matin de la Saint-Valentin, je ne vous souhaite qu'une chose, c'est de vouloir écrire à quelqu'un : je t'aimerai toujours.

Joyeuse Saint-Valentin !

∽∾

Le 21 mars 1999

Pour en finir avec les galas

Encore deux autres, ce soir. Il y en a eu deux, la semaine passée. Il y en a un autre, la semaine prochaine. Non, mais ça va faire, les galas ! C'est rendu qu'il y a plus de galas dans une semaine que de défaites du Canadien ! On a notre quota. C'est l'fun de voir des vedettes monter des marches pis aller dire merci. Mais à un moment donné, le peuple se tanne. On n'est plus capable.

Le gala des Félix pour la chanson, le gala des Masques pour le théâtre, le gala des Jutras pour le cinéma, le gala des Oliviers pour les comiques, le gala des Gémeaux pour la télé, le gala Métrostar pour encore la télé et le gala de l'Excellence pour la télé, la chanson, le théâtre, le cinéma, les comiques et les autres affaires. Sept galas ! Si après ça, il y a encore un artiste au Québec qui n'a pas de trophée, il doit être pourri quelque chose de rare ! Sept galas ! Ça, c'est sans compter les galas étrangers, qu'on doit regarder maintenant, parce qu'il y a de plus en plus d'artistes québécois qui n'en ont pas assez de leurs propres catins, ils veulent aussi les catins des autres. On ajoute donc les Génies, les Geminis, les Junos, les Victoires, les Césars, les Molières, les Grammys, les Emmys, les Tonys, les Oscars, les People Choice's Awards, les MTV Video Awards et les Golden Globes. Pour un grand total de 20 galas. Sachant que chaque gala dure environ trois heures, ça donne 60 heures. Donc deux journées et demie par année. L'homme vivant en moyenne 75 ans, ça veut dire qu'il passe 187 jours et demi de sa vie à regarder des artistes dire qu'ils ne savent pas quoi dire. L'homme n'a pas grand-chose à faire !

Il y a tellement de galas qu'on ne sait plus lequel on regarde. Voici des petits trucs pour vous y retrouver. Si Radio-Canada gagne, c'est que vous regardez les Gémeaux. Si TVA gagne, c'est que vous regardez le gala Métrostar. Si TQS gagne, c'est que vous êtes en train de rêver ! Si Céline Dion est habillée en Moman, vous regardez les Félix. Si Céline Dion est habillée en diva, vous regardez les Oscars. Si Lara Fabian est habillée en Céline Dion, vous regardez les Victoires ! Si la Terre entière connaît le gagnant, vous regardez les Oscars. Si toute la francophonie connaît le gagnant, vous regardez les Césars. S'il y a juste sa mère qui connaît le gagnant, vous regardez les Jutras ! Si vous voyez Yves Corbeil durant cinq secondes, vous regardez les Oscars. Si vous voyez Yves Corbeil durant 30 secondes, vous regardez les Gémeaux. Si vous voyez Yves Corbeil pendant plus de 30 secondes, vous regardez un tirage de Loto-Québec ! Si après que *Notre-Dame de Paris* ait gagné un trophée, il y a juste Luc Plamondon qui parle, c'est que vous regardez les Félix. Si Richard Cocciante peut placer deux mots, c'est que vous regardez les Victoires. Si aucun des deux ne parle, c'est que vous regardez les Country Music Awards !

Si les actrices portent des robes très chères et de bon goût, vous regardez les Césars. Si les actrices portent des robes très chères et quétaines, vous regardez les Oscars. Si les actrices portent des robes pas chères et quétaines, vous regardez les Masques !

Il y a aussi entre les galas québécois, français et américains, de grandes différences culturelles. En France, les chanteuses ont plus de facilité à livrer leurs discours de remerciements qu'à chanter leurs chansons. Au Québec, c'est le contraire. Aux États-Unis, quand quelqu'un gagne beaucoup de trophées, on en fait un héros. Au Québec, quand quelqu'un gagne beaucoup de trophées, ça nous écœure ! Pour gagner un trophée en France ou aux États-Unis, il faut avoir eu du succès en France ou aux États-Unis. Pour gagner un trophée au Québec, il faut avoir eu du succès en France ou aux États-Unis ! Quand quelqu'un remercie Dieu aux États-Unis, c'est qu'il vient de gagner un trophée. Quand quelqu'un remercie Dieu au Québec, c'est que Claude Legault vient de perdre son job !

Mais peu importe que les galas aient lieu au Québec, en France ou aux États-Unis, ils sont tous arrangés. Car les deux façons de déterminer les gagnants lors des galas ont leurs limites. Les lauréats sont soit choisis par leurs pairs, soit par le public. Or, lorsqu'ils sont choisis par leurs pairs, ça veut dire que tous les membres de l'académie, frustrés de ne pas être en nomination, décident lequel de leurs confrères mis en nomination les fait le moins chier. Ça donne souvent de drôles de résultats. On pourrait croire que le choix du public est la meilleure façon de déterminer des gagnants. Mais quand on songe que nos gouvernements sont aussi choisis par le public, on réalise que le public a plus de talent pour choisir des perdants que des gagnants !

De toute façon, l'exercice est futile, car il est impossible en art de déterminer objectivement qui est le meilleur. Le concept même des remises de trophées ne devrait donc pas s'y appliquer. Au hockey, pour gagner la Coupe Stanley, il faut compter plus de buts que son adversaire. Avalanche 10 Canadien 0. C'est clair qui est le meilleur. C'est clair qui gagne le trophée. Mais en art, comment déterminer que Daniel Bélanger est meilleur que Jean Leloup, que Luc Picard est meilleur que Michel Côté, qu'Al Pacino est meilleur que Robert De Niro ? C'est impossible ! Il n'y a pas de meilleur en art, parce que toutes les personnes sont différentes. On ne peut les comparer. C'est ça, être un artiste. C'est être différent. Ce n'est pas être le meilleur. Tous les galas sont donc de beaux mensonges.

Cela dit, si jamais quelqu'un a la très bonne idée d'organiser un gala pour récompenser ceux qui critiquent les galas, j'aimerais bien gagner !

La fierté hétéro

Aujourd'hui, c'est le grand défilé de la fierté gay. Les gays vont défiler dans les rues de Montréal pour exprimer leur joie d'être gays. Ils vont danser, fêter, s'éclater. Avoir du plaisir. Et qu'est-ce que vont faire les hétéros pendant ce temps-là ? Les hétéros mâles vont nettoyer la piscine pendant que les hétéros femelles vont préparer le dîner des enfants. Pas de party. Pas de carnaval. Pas de célébration. Pas de fun. Le petit train-train quotidien. Ni plus ni moins.

Les hétéros ne sont pas fiers d'être hétéros. Pourtant, ils devraient l'être. Car ce que les hétéros accomplissent, jour après jour, est surhumain. Passer sa vie avec quelqu'un qui est exactement le contraire de soi, c'est le plus grand exploit de l'histoire de l'humanité. Il y a vraiment de quoi être fier !

Les couples gays n'ont pas grand mérite, ils sont faits pour être ensemble. Tandis que nous, les couples hétéros, on n'est surtout pas faits pour être ensemble.

Être avec quelqu'un du même sexe que soi, y'a rien là ! C'est facile. Quand on est entre gars, on n'a pas de problème. On n'a aucun effort à faire. On est toujours d'accord. On s'entend sur tout. On va jouer au golf, on regarde la boxe, on regarde le baseball, on regarde le football, pis après on va prendre une bière aux danseuses. Toujours contents. Toujours satisfaits. Toujours comblés. L'harmonie totale.

Quand les filles sont entre filles, elles n'ont pas de problème non plus. Elles parlent au téléphone, elles vont magasiner, elles regardent *Top modèles*, pis après, elles vont prendre un verre de rosé sur une terrasse. Toujours contentes. Toujours satisfaites. Toujours comblées. L'harmonie totale.

C'est quand on mêle une personne du sexe masculin et une personne du sexe féminin que ça se complique. Parce que le sexe féminin ne veut pas aller jouer au golf, ne veut pas regarder la boxe, le baseball, le football, ne veut pas aller prendre une bière aux danseuses. Et le sexe masculin ne veut pas parler au téléphone, ne veut pas aller magasiner, ne veut pas regarder *Top modèles*, et ne veut pas aller prendre un verre de rosé sur une terrasse.

Alors que font les deux membres d'un couple hétérosexuel lorsqu'ils sont ensemble ? Ils font des compromis. C'est la principale activité de tous les couples hétérosexuels. Un compromis le matin. Deux compromis le midi. Trois compromis l'après-midi. Quatre compromis le soir. Et quand l'homme est chanceux, la femme accepte de faire un compromis la nuit.

Les hétérosexuels sont les héros du compromis. Car il n'y a pas d'exploit plus difficile à réaliser que le compromis. Sauter en parachute, descendre les chutes du Niagara, marcher sur la Lune, ce n'est pas forçant quand c'est ça qu'on veut faire. On est motivé. On a le goût.

On est poussé par l'adrénaline. On fonce. On s'éclate. Ça se fait presque tout seul.

Mais aller chez sa belle-mère quand on n'a pas le goût d'aller chez sa belle-mère ; recevoir les *boys* à la maison, quand on n'a pas le goût de recevoir les *boys* à la maison ; écouter du Claude Barzotti quand on n'a pas le goût d'écouter du Claude Barzotti ; regarder *La Soirée du hockey* quand on n'a pas le goût de regarder *La Soirée du hockey*.

Ou dialoguer quand on n'a pas le goût de dialoguer ; faire semblant d'atteindre l'orgasme quand on n'a pas le goût d'atteindre l'orgasme ; baisser le siège des toilettes quand on n'a pas le goût de baisser le siège des toilettes. Lever le siège des toilettes quand on n'a pas le goût de lever le siège des toilettes. Ça, ça demande un effort extraordinaire. Et on n'a pas d'adrénaline pour nous aider. Pour nous pousser. On fonctionne à sec. C'est inhumain. Et pourtant, on le fait. Tous les jours. Les hétérosexuels sont les martyrs de l'an 2000 !

Tout ça, à cause de notre maudite orientation sexuelle. Car laissez-moi vous dire que si l'antenne de l'homme hétérosexuel n'était pas orientée vers la femme, il ne passerait pas autant de temps avec elle. Il aurait quelques échanges verbaux très brefs avec ses compagnes de travail, avec la caissière de la banque, avec la serveuse au restaurant. C'est tout. Il ne passerait pas ses semaines entières avec une femme. Ça, non !

La femme non plus, d'ailleurs. Si ses hormones n'étaient pas attirées par le membre viril, elle ne perdrait pas son temps avec l'homme. Elle aurait quelques échanges verbaux très brefs avec ses compagnons de travail, avec son garagiste et avec son boucher. C'est tout. Elle ne passerait pas ses semaines entières avec un homme. Ça, non !

Et pourtant l'homme hétérosexuel et la femme hétérosexuelle passent leur vie ensemble. Ou du moins, essaient.

Car l'exploit de vivre avec une personne de l'autre sexe semble de plus en plus difficile à réaliser. Il y a autour de moi de plus en plus de célibataires hétérosexuels. Des gens qui ont décidé d'abdiquer pour quelques mois, quelques années, ou toute une vie. Ils reprennent leur souffle. Ils se refont une santé. Ils se tapent une thérapie. Parce que la vie avec une personne du sexe opposé les a épuisés, vidés, maganés.

Au fond, si, nous, les hétéros, nous ne sommes pas fiers de notre orientation sexuelle, c'est peut-être parce qu'on la trouve trop éprouvante. Trop exigeante. Trop vicieuse. C'est peut-être parce qu'au fond, on la regrette...

Il est rendu où, le défilé ?

Le rire de Camille

Mardi midi, j'arrive chez André-Philippe. On va regarder ensemble les textes du spectacle de Las Vegas. Il fait beau. On s'installe dans le jardin. Entre les balançoires et le carré de sable. Et on commence à répéter. Soudain, je vois une petite tête blonde foncer vers nous. C'est Camille, la fille d'André-Philippe. Quatre ans et demi d'entrain et d'énergie. Elle me regarde droit dans les yeux.

« J'ai quelque chose à te montrer ! »

Elle prend sa petite main et baisse sa lèvre inférieure, dévoilant un joli espace entre deux de ses petites dents. Elle vient de perdre sa première dent de lait ! Celle du milieu ! Elle est toute fière !

« Wow ! T'as perdu une dent ! Est-ce que la fée des dents t'a laissé quelque chose sous ton oreiller ? »

Elle fait signe que oui. Puis elle s'assoit à côté de moi. Et on se met à jaser. Camille et moi, on aime ça jaser ensemble. De n'importe quoi.

« Où habites-tu Camille ?

— À l'Île-des-Sœurs.

— Et ton petit frère Jules, il habite où ?

— À l'Île-des-Sœurs.

Ben non, si toi, tu habites à l'Île-des-Sœurs, ton petit frère habite à l'Île-des-Frères ! »

Camille me regarde, décontenancée. Un doute s'installe en elle. Après avoir pensé à son affaire durant quelques secondes, elle réplique :

« Non, Jules ne peut pas habiter à l'Île-des-Frères parce qu'il habite avec moi, à l'Île-des-Sœurs !

— Ça ne se peut pas. Toi, tu es sa sœur, tu habites à l'Île-des-Sœurs, lui, c'est ton frère, il habite à l'Île-des-Frères, c'est la loi. »

Camille est très très décontenancée. La pensée qu'elle et son petit frère n'habiteraient pas au même endroit semble l'angoisser. Elle se tourne vers son papa :

« Papa, c'est pas vrai, hein, que Jules habite à l'Île-des-Frères ?

— Ben non, tu sais bien que Stéphane fait toujours des farces ! »

Un grand sourire illumine le visage de Camille. Pour deux raisons.

Premièrement, son petit frère habite à la même place qu'elle. Ça la rassure. Deuxièmement, Camille aime les farces. Elle se tourne vers moi.

« Jules n'habite pas à l'Île-des-Frères ! »

Je ne réponds pas. Camille est contrariée. Elle veut que je réponde. Elle veut que je tienne mon bout. Elle a compris le jeu. Elle s'essaie à nouveau :

« Stéphane, tu dis n'importe quoi ! Jules n'habite pas à l'Île-des-Frères ! Lalala !

— Oui, toi, tu es une sœur, t'habites à l'Île-des-Sœurs, lui c'est un frère, il habite à l'Île-des-Frères, ton papa c'est un père, il habite à l'Île-des-Pères et ta maman, c'est une mère, elle habite à l'Île-des-Mères... »

Et c'est reparti. Chaque fois que Camille me dit que j'ai tort, je la chatouille. Et vice-versa. La belle enfant ne veut surtout pas que je lui donne raison. Elle veut que je continue à la contrarier. Elle veut que je continue à la chatouiller. Je n'ai jamais eu autant de plaisir à m'obstiner avec quelqu'un. Notre conversation n'a aucune importance. Notre conversation ne veut strictement rien dire. Ce qui compte c'est le bonheur qu'on a à se parler. À jouer. Et à s'entendre rire. Le rire de Camille est tellement beau. Tellement pur. Et surtout, elle a tellement de plaisir à le laisser partir. À le faire retentir. Ce rire rendrait heureux n'importe qui. Et le n'importe qui, aujourd'hui, c'est moi, le chanceux.

Soudain, après 15 minutes de débat existentiel, je pointe le ciel : « Camille, as-tu vu la grosse abeille ? » Camille lève les yeux. J'en profite pour lui faire une pichenette dans le cou : « Oh, elle t'a piquée ! » Camille se tourne vers moi. Elle rigole. Mais elle a l'œil malin. Elle me dit : « Regarde Stéphane, l'abeille est rendue là. » Je lève les yeux au ciel. Camille me fait, à son tour, une pichenette dans le cou. Je crie : « Ayoye ! L'abeille m'a piqué ! » Camille se tord de rire. Puis elle recommence le manège. Cinq fois. Dix fois. Vingt fois. J'ai le cou tout rouge à force de recevoir des pichenettes.

André-Philippe intervient : « Camille, ça suffit. Il faut que papa et Stéphane travaillent. » Camille me fait une autre pichenette dans le cou. « Camille, papa a dit ça suffit. Va voir maman dans la maison ! » Camille obéit. La tête entre les deux jambes. Mais le plus déçu des deux, c'est moi. J'aurais joué avec Camille toute la journée !

Toute la semaine ! Il n'y a pas de plus grand bonheur que de jouer avec des enfants. Parce qu'avec eux, le jeu est vrai.

André-Philippe et moi, répétons durant une heure. Puis, je dois m'en aller. Sans dire bonjour à ma petite copine. Elle fait dodo.

En quittant l'Île-des-Sœurs, le *blues* me prend. Je me sens tout drôle. Presque triste. J'envie André-Philippe d'avoir sa Camille, d'avoir son Jules. Maudit chanceux ! J'ai 38 ans et je n'ai pas encore de rayons de soleil dans ma vie. Ce n'est pas ma faute. C'est le destin. Je n'ai pas vécu d'amour assez grand, assez long, pour qu'il mette au monde un enfant. J'espère toujours. Mais ça commence à presser. Si je veux pouvoir voir ma plus vieille ou mon plus vieux recevoir son diplôme universitaire, il va falloir qu'il naisse bientôt !

Parfois, j'ai peur que ça n'arrive pas. J'ai peur de vivre toute ma vie, en passant à côté de ce qu'il y a de plus beau dans la vie. Donner la vie. Donner l'amour. À un petit cul.

Sans un môme, je sais que ma vie ne sera pas complète. Qu'il me manquera toujours quelque chose. L'essentiel. Souvent, j'arrive à oublier ça. À travers le travail, les voyages, le fun.

Mais il y a des jours où cette absence prend plus de place. Des jours comme aujourd'hui. Je ne peux rien y faire. Le miracle se produira un jour. Ou il ne se produira pas. C'est ainsi.

Dring ! Mon cellulaire sonne :

« Stéphane ! Jules, il habite à l'Île-des-Sœurs !

— Non, Camille, je te l'ai dit, c'est ton frère, il habite à l'Île-des-Frères. »

Camille se met à rire. Je vais mieux.

కూ⊱⊰

Avis aux nouveaux immigrants

Vous venez de France, d'Haïti, du Zaïre, du Vietnam ou de n'importe quel pays normal. Vous avez immigré au Québec durant l'été. Vous trouvez ça beau. Vous avez adoré le chaud soleil du mois de juillet. Et les couleurs féériques de l'automne. Jeudi dernier, quand vous avez vu la première neige tomber, vous avez été charmé. Une vraie carte postale. Pauvres nouveaux Québécois !

Il faut, à tout prix, vous prévenir. Il faut que vous sachiez. L'hiver, ce n'est pas une chanson de Gilles Vigneault. L'hiver, c'est une chanson de Black Sabbath ! La petite neige de jeudi dernier, ce n'était pas l'hiver. C'était la fin de l'été. L'hiver, c'est autre chose. Vous n'avez encore rien vu. Et si vous n'êtes pas préparé psychologiquement à faire face à la musique, vous allez disjoncter. Vous allez retourner chez vous ! Et comme on vous aime, et qu'on veut vous garder, laissez-moi vous apprendre quelle sera votre dure réalité.

Un matin de la semaine prochaine ou de la suivante, vous allez vous lever, innocent. Vous allez sortir et paf !

Ça va vous frapper ! Dans les gosses ! Le froid ! Il va faire moins dix dehors. Avec le facteur vent, moins trente. Votre corps va se demander ce qui se passe. Vous allez regarder autour de vous. Vous allez tenter de trouver des gens pour vous expliquer cette horreur. Mais vous n'allez voir personne. Vous n'allez voir que des manteaux passer. Bien sûr, il y a des gens dedans. Mais vous ne les verrez pas. Tellement ils sont emmitouflés. Vous, nu-tête, avec votre petit imperméable, vous allez vraiment avoir l'air d'un touriste. Parce que le Québécois de souche sait qu'il n'y a qu'une façon de survivre à l'hiver, c'est de porter plusieurs couches.

Avant de sortir de chez lui, le Québécois de souche met une camisole, une chemise, un chandail, un veston, des caleçons longs, des pantalons, des souliers, des bottes, un manteau en doudoune, un foulard, des mitaines et une tuque. Ça lui prend une heure pour s'habiller, mais quand il sort, il est prêt. Le néo-Québécois tarde parfois à adopter cette pratique. Mais habituellement, après sa troisième pneumonie, il se décide à aller acheter son Kanuk. Et il troque le béret pour la tuque.

Transi de froid, vous allez embarquer dans votre Peugeot. Vous allez essayer de la faire démarrer. Elle ne démarrera pas. Elle est gelée, votre Peugeot. Vous allez devoir apprendre à pratiquer le sport national du Québécois : réchauffer son char. Le Québécois passe l'hiver à réchauffer son char. Avant de se coucher, le Québécois démarre son moteur pour être certain que son auto ne sera pas gelée, au matin. Puis, il se lève durant la nuit pour répéter la manœuvre. Et le matin, il se lève deux heures plus tôt. Une heure pour s'habiller. Une heure pour réchauffer son char. Le Québécois ne dort pas de l'hiver.

Après avoir appelé le CAA pour *booster* votre Peugeot, vous allez finalement arriver au bureau. Bleu et ahuri. Vous allez dire à vos confrères de travail : « Mais c'est épouvantable, c'est la Sibérie, le corps humain ne peut endurer cela. Merde ! » Et c'est alors que vos confrères vont vous répondre : « Ça, c'est rien. Attends en janvier ! » Et vous allez devenir blanc. Même si vous venez d'Haïti.

Puis, de la fenêtre de votre bureau, vous allez voir la neige tomber. Pas une petite neige folle, comme jeudi dernier. Non. Une vraie chute de neige. Avec des gros flocons, format Club Price. Vous allez trouver ça magique. Enchanteur. Attendez de sortir dehors ! Vous allez dire votre premier tabarnak. Vous allez tomber sur le derrière. Parce que vous ne saviez pas que c'était si glissant que ça. Et si vous ne vous êtes pas cassé une jambe, vous allez essayer de retrouver votre Peugeot. Ensevelie sous un tas de neige de dix pieds. Vous allez devoir, pour la première fois de votre vie, déneiger votre automobile. Avec vos pieds. Vous n'aviez pas prévu vous acheter une pelle. Une pelle, dans votre pays, ça sert seulement pour enterrer les gens. Ici, ça sert à tous les jours, pour nous déterrer du banc de neige. Et vous allez voir que la neige, ça semble tout léger quand ça tombe, mais ça pèse une tonne rendu au sol. Vous allez vous faire votre première hernie discale. Puis, si par miracle, votre Peugeot accepte de démarrer, vous allez prendre le chemin de votre maison. Vous n'êtes pas rendu ! En hiver, quand il neige, conduire c'est du sport. Tout le monde se rentre dedans. Même les Québécois de souche ne se sont jamais habitués à conduire l'hiver. Ils conduisent tout croche. Comme vous. Vous allez sûrement rentrer dans le cul de quelqu'un. N'en soyez pas gêné. C'est normal. Dans quelques secondes, quelqu'un va rentrer dans le vôtre. C'est ainsi. La conduite en hiver, c'est une partouze.

Au bout de trois heures de pare-choc à pare-choc, vous allez finalement arriver chez vous. Dans la chaleur de votre foyer. Après avoir remis vos esprits en place, vous allez avoir le goût de manger au restaurant et d'aller voir un bon film. Cependant, vous avez eu votre leçon. Vous savez quoi faire. Vous mettez un gros chandail de laine. En dessous du manteau d'hiver que vous avez acheté ce midi. Et vous sortez de chez vous. Vous n'aurez pas le temps de faire deux pas. Vous allez paralyser. Vous allez devenir un gros glaçon. Un iceberg. Car, voyez-vous le soir en hiver, on ne sort pas au Québec. À moins quarante, même les phoques restent dans leur bungalow. Tous les Québécois de souche savent ça. Les soirs d'hiver, il n'y a qu'une chose à faire : regarder la télé. Si vous ne souffrez pas d'hypothermie instantanée, vous allez réussir à faire demi-tour. Et à rentrer chez vous. Pour de bon.

Vous allez vous coucher. En vous disant que c'est sûrement exceptionnel. Que demain, ça ira mieux. C'est pas exceptionnel du tout. Ça va être ainsi, à tous les jours, jusqu'au mois d'avril. Cent vingt jours d'enfer froid. Vous êtes prévenu. Un homme averti en vaut deux niaiseux. Il faut, quand même, que je sois honnête avec vous, chers amis immigrants. L'hiver québécois n'est pas exactement comme je le décris dans cette chronique. Il est bien pire ! Bon hiver, quand même ! Prenez soin de notre pays. Nous, on s'en va en Floride !

⋙•⋘

Les conditions gagnantes

La semaine dernière, le premier ministre Lucien Bouchard a confirmé sa volonté de tenir un nouveau référendum aussitôt qu'il aura réuni les conditions gagnantes. Le hic, c'est que personne ne sait quelles sont ces fameuses conditions gagnantes que le PM tient tant à réunir avant d'agir. Heureusement pour vous, déguisé en Bernard Landry, je suis entré dans le bureau du premier ministre et j'ai réussi à mettre la main sur la liste des conditions gagnantes dressée par Lucien Bouchard, lui-même ! Les voici donc, en primeur :

Liste des conditions gagnantes devant être réunies avant la tenue d'un prochain référendum :

Condition numéro 1. Qu'Audrey soit d'accord de me laisser partir en campagne durant deux mois.

•

Condition numéro 2. Que Jean Chrétien dise une niaiserie contre le Québec.

Condition numéro 3. Que Stéphane Dion la répète.

Condition numéro 4. Que la question référendaire soit claire, mais pas trop.

Condition numéro 5. Que le PQ ait prouvé à la population qu'il était capable de bien administrer le Québec.

Condition numéro 6. Si on n'arrive pas à remplir la condition numéro 5, la remplacer par la suivante : que l'on réussisse à faire croire aux Québécois que le PQ a bien administré le Québec.

Condition numéro 7. Que les anglophones du Canada fassent un geste odieux scandalisant les Québécois. Exemples : marcher sur le drapeau du Québec, interdire le français dans les écoles bilingues ou acheter plus de disques de Shania Twain que de Céline Dion.

Condition numéro 8. Que Jacques Parizeau soit en France.

Condition numéro 9. Que Jean Charest continue d'avoir sa coupe « caniche mal rasé ».

Condition numéro 10. Que le jour du référendum, il y ait une grosse tempête de neige seulement dans l'ouest de l'île de Montréal, en Estrie et en Outaouais.

Condition numéro 11. Que, grâce au virage ambulatoire, tous ceux qui étaient pour le NON soient morts.

Condition numéro 12. Que la France se déclare prête à reconnaître l'autonomie du Québec advenant la victoire du OUI. Si le gouvernement français hésite à le faire, le menacer de rapatrier la troupe numéro un de *Notre-Dame de Paris* avec Garou, Daniel Lavoie et Luck Merville et de leur envoyer la troupe numéro deux avec Mario Pelchat, Robert Marien et Charles Biddle !

•

Condition numéro 13. Que l'on construise un nouveau stade au centre-ville. Ça, je le sais, c'est une condition pour la survie des Expos. Mais si c'est bon pour les Expos, c'est bon pour le Québec aussi !

•

Condition numéro 14. Que l'on trouve d'autres artistes pour le OUI que Paul Piché, Raoul Duguay et Louisette Dussault. Recrutez Céline, Roy Dupuis, le Cirque du Soleil, du monde *big* ! *La bite à tibi*, je commence à être tanné de l'entendre dans les assemblées !

•

Condition numéro 15. Que Paco Rabane prédise la victoire du NON.

•

Condition numéro 16. Que Mario Dumont se joigne à nous. On a besoin de jeunes pour poser des pancartes.

•

Condition numéro 17. Que le référendum tombe le jour de la finale du Mondial, comme ça les ethnies n'iront pas voter.

•

Condition numéro 18. Que la condition numéro 18 soit respectée.

•

Condition numéro 19. Que l'on lance, un an avant la tenue du référendum, la Loto-Référendum. On gagne si on gratte OUI, on perd si on gratte NON. Y devraient finir par comprendre ! Ça devrait entrer dans leur subconscient !

•

Condition numéro 20. Que l'on attende assez longtemps avant de tenir le prochain référendum pour que les petits vieux dans les centres d'accueil soient les petits jeunes qui ont voté OUI au premier référendum.

•

Condition numéro 21. Que Pauline Marois perde 20 livres.

•

Condition numéro 22. Que Guy Chevrette gagne six pouces.

•

Condition numéro 23. Qu'en tant qu'Américaine, mon épouse Audrey réussisse à convaincre Bill Clinton d'appuyer le OUI. À bien y penser, on va laisser faire cette condition là...

•

Condition numéro 24. Que tous les Québécois soient de bonne humeur. Mais pas trop. Pour qu'ils aient quand même le goût du changement.

•

Condition numéro 25. Que tous les sondages affirment que le OUI gagnerait le prochain référendum, pas seulement celui de Léger et Léger.

•

Condition numéro 26. Que le Bloc québécois se procure tous les drapeaux du Canada disponibles pour qu'il n'en reste plus pour la gang d'Anglais qui va venir nous dire qu'ils nous aiment.

.

Condition numéro 27. Que Koivu, Savage, Malakhov, Brisebois, Brunet et Ulanov soient de retour au jeu.

.

Condition numéro 28. Que je sois sûr d'être vraiment séparatiste.

.

Condition numéro 29. Que l'on ne dise jamais quelles sont les conditions gagnantes nécessaires à la tenue d'un référendum.

.

Condition numéro 30. Que toutes ces conditions se réalisent la même journée.

ও·৬

L'obsession des chiffres ronds

B on ben, c'est fait. Ça y est. On y est. Ça faisait au moins trois ans qu'on en parlait sans arrêt. On comptait les jours sur la tour Eiffel, le pont Jacques-Cartier et à la une de *La Presse*. On avait hâte. On n'en pouvait plus. On se mourait. Puis le grand soir est arrivé. La planète s'est virée à l'envers. Le monde a capoté. Les pétards ont pété. Céline a chanté. Le peuple s'est soûlé. La Terre a joui. Et tout ça, pourquoi ? Parce que 2000 est un chiffre rond. Oui. Juste pour ça. C'est tout. Rien d'autre. L'être humain a dépensé des milliards de dollars pour célébrer un chiffre rond. L'être humain est obsédé par les chiffres ronds. L'être humain vénère les chiffres ronds.

Les historiens ont eu beau lui dire que le nouveau millénaire n'arriverait qu'en 2001, l'être humain s'en est foutu. L'être humain ne voulait rien savoir. 2001, voyons donc ! Comment voulez-vous énerver le monde avec un chiffre comme 2001. Aïe, ça va être l'an 2001 ! Wow ! Watatow ! On s'en balance. Ça ne *punche* pas ! Pourquoi ? Parce que 2001, ce n'est pas un chiffre rond. C'est un chiffre plate. Comme 2002 et 2003. L'être humain n'est excité que par les années rondes. L'an 1000. 1900. 2000. Pourtant les années les plus marquantes de l'histoire sont rarement rondes. La guerre de 14. Le krach de 29. La guerre de 39. Mais on s'en moque. Pour nous envoyer en l'air, ça nous prend une ronde !

Même quand vient le temps de se rappeler les événements importants, il faut à tout prix que ces événements aient eu lieu il y a un nombre rond d'années. Sinon, on les oublie. Les 500 ans de la découverte de l'Amérique par Christophe Colomb, le 350ᵉ anniversaire de Montréal, les 30 ans de vie artistique de Michel Louvain. Peu importe si cette année-là, Pavarotti célèbre ses 37 ans de vie artistique, c'est Michel Louvain qu'on va fêter. C'est ainsi. C'est pas la voix qui compte. C'est le chiffre rond. 30, oui. 37, non.

Cet automne, tous les médias ont abondamment parlé du massacre de Polytechnique. Soi-disant parce que c'était important de ne pas oublier. Parce qu'il fallait une réflexion profonde sur le sujet. Mais c'était pas vraiment à cause de ça. C'était parce que ça faisait 10 ans. Un chiffre rond. C'est tout. L'année prochaine, ça va faire 11 ans et plus personne ne va en parler. Soudainement, ce ne sera plus important de ne pas oublier. De mener une réflexion profonde sur le sujet. On en reparlera quand ça fera 20 ans. Là, ça va être important. Pas avant. 11 ans, 12 ans, 17 ans, c'est pas vendeur.

On parle encore des 50 buts de Maurice Richard. On ne parle jamais des 56 buts de Guy Lafleur. Pour frapper l'imaginaire, il faut que le chiffre soit rond. Turner Stevenson l'a bien compris. Il espère compter dix buts cette saison. Pas 11. Pas 12. Dix. Parce que c'est un beau chiffre rond.

Et il en est ainsi avec notre propre vie. L'homme angoisse lorsqu'il célèbre ses 50 ans, mais lorsqu'il célèbre ses 57 ans, ça ne lui fait rien. Pourtant, c'est ben plus dangereux d'avoir 57 ans que d'avoir 50 ans. La fin est plus proche. Mais l'homme ne le réalise pas. Pour lui faire prendre conscience de son vieillissement, il faut que le chiffre soit rond. Les années entre 40 et 50, entre 50 et 60, entre 60 et 70, ne comptent pas. Elles sont insignifiantes. Pourtant, c'est souvent durant l'une de ces années-là qu'on lève les pattes. Mais elles ne nous stressent pas parce qu'elles ne sont pas rondes. Donc pas importantes.

L'être humain est tellement obsédé par les chiffres ronds qu'il a de la misère à s'en départir. Pourquoi pensez-vous que dans les magasins, les prix ne sont jamais ronds ? C'est parce qu'ils savent que ça fait moins mal à l'homme d'acheter une scie qui coûte 59,99 $, que d'en acheter une qui coûte 60 $. Soixante dollars, c'est beaucoup trop. Cinquante-neuf dollars et quatre-vingt-dix-neuf cents, c'est raisonnable.

L'homme haït sacrifier un beau billet de banque tout rond. Il va sortir tout son petit *change*, donner plein de 25 sous et de vieux deux pliés plutôt que de casser un vingt ou un cinquante. Combien de fois mon ami Éric m'a demandé de lui passer un petit 5 $ parce qu'il ne voulait pas casser son billet de 100 $! C'est pas parce qu'il est gratteux. Non. C'est juste parce qu'il aime les chiffres ronds. Il les collectionne.

Offrez 100 000 $ à un humain, il va dire oui tout de suite. Offrez-lui 107 000 $, il va vouloir avoir 110 000 $. C'est comme ça. On se sent riche quand le chiffre est rond. Le bonheur est dans le chiffre rond.

Mais pourquoi sommes-nous si obsédés par les chiffres ronds ? Parce qu'ils sont ronds. Tout simplement. L'homme préfère les ronds. En toute chose. Une pomme, on trouve ça beau parce que c'est rond. Un concombre, on ne trouve pas ça beau, parce que ce n'est pas rond. Tout le monde veut coucher avec Laetitia Casta. Elle est ronde. Beaucoup moins de personnes veulent coucher avec Monsieur Pointu. Il est pointu. C'est comme ça. On aime ça rond.

Les chiffres ronds sont comme les seins de Sophie Marceau. Ils sont plus frappants. Plus mémorables. Plus excitants.

L'an 2000 est sûrement l'année la plus ronde que nous allons connaître. Trois zéros qui se suivent, c'est rare. Profitons-en. Parce qu'à part ça, ça va ressembler beaucoup à 1999, 1998 et 1997. Ça va être le bordel dans les urgences. Stéphane Dion va dire des niaiseries. Céline Dion va être sur la couverture de *7 jours*. Le Canadien va perdre. Et le... Oh ! Excusez, je dois terminer ma chronique immédiatement. Parce que dans un mot, je vais être rendu exactement à 1000 mots. Voilà.

ཨ৽ৡ

Le Super Bowl expliqué aux snobs

Normalement, le dimanche, vous regardez *Vie d'artistes* puis vous vous rendez à l'Espace Go, applaudir la dernière création du metteur en scène suédois Ingmar Ikéa. Cependant, ce soir, vous êtes invité chez votre beau-frère inculte pour regarder le Super Bowl. Vous avez d'abord, bien sûr, décliné son invitation avec dédain. Riant de lui et de ses goûts bestiaux. Puis vous avez entendu Christiane Charrette et Marie-France Bazzo dire que le Super Bowl était un phénomène de société. Vous avez compris qu'il était de bon ton de suivre cet événement barbare. Vous avez donc décidé d'aller chez votre beau-frère. Le hic, c'est que vous ne connaissez absolument rien au football. Et vous ne voulez surtout pas que votre beau-frère ait l'air plus brillant que vous. Alors voici quelques conseils, qui vous permettront de péter plus haut que le ballon. Comme d'habitude.

D'abord, n'entrez pas chez votre beau-frère en disant : « Atlanta va gagner ! » Car, bien que le Super Bowl ait lieu à Atlanta, l'équipe d'Atlanta n'y participe pas. Les deux équipes qui s'opposent, ce soir, sont les Rams de St. Louis et les Titans du Tennessee. Tennessee, comme dans le prénom de l'auteur de théâtre Tennessee Williams. Ça va vous aider à vous en souvenir.

La première question que va vous poser le beau-frère, c'est : « Pour qui tu prends ? » Répondez d'un trait : « Bien que les Titans soient l'équipe Cendrillon et que j'admire la mobilité de leur quart Steve McNair, je me dois de favoriser les Rams de St.Louis, en vertu de leur solide défensive, et de la précision légendaire de leur quart-arrière, Kurt Warner. » Votre beau-frère va être sur le cul.

Puis ce sera le botté d'envoi. L'équipe qui botte va se précipiter, tel un troupeau de bœufs sur le joueur qui a capté le ballon. Ne criez pas : « Punition, on l'a fait trébucher ». Car au football, on a le droit de faire trébucher, de frapper, d'écraser, d'écrabouiller et de broyer son adversaire. Dites plutôt : « Le travail des unités spéciales aura une grande influence sur le résultat du match ». Votre beau-frère va commencer à croire que vous n'êtes pas une moumoune !

C'est alors que les deux équipes vont envoyer sur le terrain leurs formations offensives et défensives. L'équipe à l'attaque a quatre essais pour se rendre dix verges plus loin. Si, après trois essais, l'équipe à l'attaque n'est pas parvenue à se rendre dix verges plus loin, elle va botter le ballon pour que l'équipe à la défense ne prenne pas possession du ballon, là où ils sont rendus, mais beaucoup plus loin. Vous comprenez ? Non ? C'est pas grave. Faites comme lorsque vous regardez une chorégraphie d'Édouard Lock ; ayez l'air de comprendre et de trouver ça bon. C'est tout ce qui compte.

Chaque fois que votre beau-frère semblera étonné par un jeu, dites : « C'était prévisible ! » Vous gagnerez son respect... ou son coup de poing sur la gueule. Après 15 minutes, ne dites pas : « Est-ce bientôt fini ? » Le Super Bowl dure au moins quatre heures. Le Super Bowl est du théâtre expérimental. Heureusement pour vous, il y a beaucoup de publicités.

Même si vous avez entendu Christiane Charette dire que durant le Super Bowl, on pouvait apprécier la crème de la crème de la publicité, ne vous emportez pas en criant dès la première pause : « Elle est géniale, cette pub ! » Parce que la publicité que vous aurez vue va être celle de Bridgestone. Avec la madame qui est contente d'avoir dépassé son prince charmant, à cause de ses pneus d'hiver. Vraiment pas génial ! Au Canada, on ne peut voir les nouvelles campagnes de pub spécialement conçues pour le match du Super Bowl. À la place, on voit nos bonnes vieilles annonces plates. Alors, le commentaire approprié pour un snob de votre acabit serait plutôt : « Quel dommage, cher beau-frère, que tu n'aies pas une soucoupe américaine nous permettant d'apprécier les pubs. L'année prochaine, j'irai regarder le Super Bowl chez Woody Allen ».

Si à un certain moment, vous allez au petit coin et qu'en revenant dans le salon, le score est rendu 7 à 0, ne dites pas : « Wow ! En 30 secondes, ils ont réussi à compter sept buts ! » Au football, un touché donne six points, et la transformation qui suit le touché donne un point. Dites plutôt : « C'était prévisible ! »

Durant la mi-temps, le beau-frère va sortir les ailes de poulet et les pointes de pizza. Bien sûr, vous auriez préféré du sushi et du caviar. Mais chez les primates, on fait comme les primates. Là, votre beau-frère va vous demander : « Pis, d'après toi, qu'est-ce qui va se passer dans la deuxième demie ? » Ne prenez pas la chance de faire une prédiction, vous risquez de dévoiler votre totale ignorance du sport. Même ceux qui connaissent ça ont l'air con lorsqu'ils essaient de prédire ce qui va se passer. Alors, imaginez vous ! Surtout que vous, vous ne savez même pas c'est quoi une demie. La seule demie que vous connaissez, c'est Demi Moore. L'actrice des films américains populaires que vous n'allez pas voir. Alors, plutôt que de dire des bêtises, répondez en lâchant un rot. Oui, un rot. Votre beau-frère va rire et s'exclamer : « Aïe toi, t'es un vrai amateur de football ! »

Puis le match va recommencer. Encore deux grosses heures. Si jamais votre beau-frère vous surprend en train de dormir, dites-lui que c'est parce qu'on n'a plus les matchs de Super Bowl qu'on avait dans le temps, que vous ne vous seriez jamais endormi, en 1969, durant le Super Bowl III, où les jeux excitants de Joe Namath avaient permis aux Jets de New York de vaincre les Colts de Baltimore, 16 à 7. Il croira, encore plus, que vous êtes un vrai.

Lorsque, finalement, l'une de deux équipes sera couronnée championne, retournez-vous vers votre beau-frère en disant : « C'était prévisible ! » Si jamais ce sont les Titans qui gagnent, il vous dira : « T'avais dit que c'était les Rams qui étaient pour gagner ! ? » Rétorquez : « Oui, j'avais dit les Rams, mais au fond, je savais que ce serait les Titans ! » Ce raisonnement prouvera, hors de tout doute, à votre beau-frère que vous êtes bel et bien un amateur de sport.

Dernier conseil. En sortant de chez votre beau-frère, qui sera estomaqué par vos connaissances sportives, ne gâchez pas tout en disant : « J'espère que l'an prochain, les Alouettes vont gagner le Super Bowl ! »

᠔᠊᠊ᢁ

Voulez-vous fusionner avec moi ?

L es fusions fusent ! Rogers Communications fusionne avec Vidéotron. Pfizer fusionne avec Warner-Lambert. Mercedes fusionne avec Chrysler. Ford fusionne avec Volvo. Alcan fusionne avec Pechiney. Le Canadien National fusionne avec Burlington Northern Santa Fe. American On Line fusionne avec Time-Warner. Tout le monde fusionne ! *Swinguez* votre compagnie ! Les grands de ce monde s'échangent leurs compagnies comme les petits gars dans les cours d'école s'échangent leurs cartes de hockey. C'est une véritable épidémie ! Une mode à la Pokémon.

Bientôt, il n'y aura plus qu'une grosse multinationale. La GM-McDonald-IBM-Sony-Coke-Pepsi-Nike-AOL-Time Warner-Club Price-Croteau. Elle aura un chiffre d'affaires de mille milliards de milliards. Elle emploiera le monde entier. Et quand on ira au magasin GM-McDonald-IBM-Sony-Coke-Pepsi-Nike-AOL-Time Warner-Club Price-Croteau acheter notre bébelle, on aura intérêt à aimer notre bébelle, parce qu'on ne pourra pas en acheter une autre ailleurs. Bienvenue en l'an 2000 !

Comment a débuté le phénomène des fusions ? C'est bien simple. Un jour, le PDG d'une grosse compagnie est allé jouer au golf avec le PDG de la grosse compagnie rivale. Tout en frappant leurs balles, les deux présidents directeurs généraux ont échangé sur leur vécu. Ils se sont confiés. Ils se sont dit combien ils étaient stressés. Que leurs conseils d'administration ne cessaient de leur mettre de la pression pour qu'ils fassent plus de profits que la compagnie rivale. Qu'ils devaient travailler parfois le samedi. Que ça leur arrivait même de devoir manquer un 5 à 7 dans leur bar préféré. Qu'ils n'avaient plus de temps pour leur famille et presque plus pour leurs maîtresses. Qu'ils vivaient une vraie vie d'esclave. Tout ça, simplement, pour faire mieux l'un que l'autre. Tout ça, à cause de la maudite concurrence. Ils se sont regardés, les yeux mouillés, et ils ont eu la même idée en même temps : « Si on fusionnait, on serait-tu ben ! ? » Plus besoin de faire mieux que l'autre, y'en a plus d'autre ! Depuis ce temps, les deux PDG passent leurs journées à jouer au golf. Et à être riches.

Et tous les autres patrons veulent faire comme eux. Et ils sont tous tellement pressés d'avoir du fun qu'ils ne prennent même pas le temps de trouver des noms pour leurs nouvelles compagnies. On fusionne Time avec Warner, comment on va appeler ça ? Time-Warner ! Bonne idée ! Maintenant on fusionne Time-Warner avec American-On-Line, comment on va appeler ça ? American-On-Line-Time-Warner. Quelle imagination ! Imaginez si La Baie fusionne avec Bell. La Baie-Bell ! C'est vendeur ! Imaginez la vie en 2010, si le maire Bourque parvient à fusionner toutes les villes de l'île de Montréal : « Je m'appelle Marc-André Langelier-Lalancette, je travaille chez Métro-Richelieu-Provigo-

Loblaw-IGA-Boni-Soir-Jean Coutu-Pharmaprix-Rona-Réno-Dépôt-Eaton-La Baie-Simmons-Ailes de la mode et j'habite à Montréal-Anjou-Saint-Laurent-Outremont-Westmount-Mont-Royal-Hampstead-Montréal-Nord-Montréal-Ouest-LaSalle-Lachine-Saint-Pierre. » Remplir un petit formulaire pour devenir membre d'un club vidéo va prendre deux ans !

C'est bien beau que les patrons fusionnent pour avoir plus de fun, mais nous là-dedans, on ne rit pas. Tout le système capitaliste était fondé sur la concurrence. La seule raison pour laquelle une compagnie vendait sa bébelle moins cher que sa rivale, c'était pas parce qu'elle nous aimait, c'était pour pas qu'on aille acheter la bébelle de l'autre compagnie. Là, ils vont pouvoir nous demander le prix qu'ils veulent. Y'en a pus d'autre compagnie. On est fait. En plus, y'aura même pus moyen d'être assuré de la qualité du produit. Maintenant que Mercedes a fusionné avec Chrysler, leurs chars, c'est-tu des Mercedes ou des Chrysler ? Le jour où Ferrari va fusionner avec Lada, quelle sorte de chars ça va donner ? Pis comme la mode c'est non seulement de fusionner avec son concurrent, mais aussi avec celui qui offre le produit complémentaire, est-ce que ça va vous tenter d'acheter une Toyota-Magnus-Poirier ? Le seul avantage, c'est que les pré-arrangements vont être sur la garantie.

Comment nous, les petits consommateurs, pouvons contrecarrer l'omnipuissance des méga-compagnies ? En nous fusionnant, nous aussi. Ce matin, il vous manque du beurre. Ne partez pas tout seul acheter votre livre de beurre chez Métro-Richelieu-Provigo-Loblaw-IGA-Boni-Soir-Jean Coutu-Pharmaprix-Rona-Réno-Dépôt-Eaton-La Baie-Simmons-Ailes de la mode. Vous allez la payer

50 piastres ! Appelez votre voisine, l'autre voisin, votre cousin, votre cousine, votre oncle, vos amis. Eux aussi ont sûrement besoin de beurre. Si c'est Guy qui va au magasin, il va se faire avoir. Mais si c'est Guy-Thérèse-Jocelyn-Claude-Maurice-Jean-Jacques-Sonia-Berthe-Roger-Huguette-Martin-Simone-Richard-Sheila, et que vous achetez 10 000 livres de beurre, vos chances d'avoir un bon prix sont meilleures. Karl Marx a dit : « Travailleurs de tous les pays, unissez-vous ». Les patrons l'ont compris avant nous. Il serait peut-être temps qu'on le fasse. La fusion des individus ! Beau programme ! Moi pour ma part, j'accepterais de fusionner n'importe quand avec Laetitia Casta, Anna Kournikova et Eva Herzigova ! Et vive la mondialisation !

« Veux-tu fusionner avec moi ? » Ça va être la nouvelle phrase à la mode dans les bars. Surtout que maintenant, les patrons ont le temps d'aller à tous les 5 à 7 !

Justement, en parlant de fusion, joyeuse Saint-Valentin !

☙❧

En regardant le voisin pelleter

Je suis dans la cuisine. Je regarde dehors. Le voisin est en train de pelleter ses marches. Il porte un chapeau. Un vieux chapeau de monsieur. Comme celui que Toe Blake portait, derrière le banc du Canadien. Ça me fait penser à papa. Papa aussi pelletait les marches de la maison avec son chapeau de monsieur sur la tête. Je souris. Tristement. C'est la dixième fois que je pense à papa depuis ce matin. Et il n'est même pas encore 8 h. Je n'ai jamais autant pensé à mon père que depuis sa mort. Ça fait un mois aujourd'hui.

C'est fou, un cerveau. Quand mon père était vivant, je pensais à lui de temps en temps. Mais des fois, ça m'arrivait de passer quelques jours sans penser à lui du tout. Des semaines à y penser à peine. De toute façon, il était toujours là. En moi. Dans le fond de ma tête. Mais pas souvent en avant. J'avais d'autres préoccupations. Pour accaparer mes pensées. Les filles. Les amis. Le boulot. Ma vie. Maintenant qu'il n'est plus là, je n'arrête pas de penser à lui. Et ça se fait tout seul. Sans que je le veuille.

Presque malgré moi. Je me mets de la crème à raser sur le visage. Je pense à papa. Aux matins où je le regardais se raser, quand j'étais petit, et que j'avais hâte d'être comme lui. J'entends une chanson de Leonard Cohen à la radio. Je pense à papa. Je passe devant l'Hôtel-Dieu en auto. Je pense à papa. Je vois quelqu'un fumer une cigarette. Je pense à papa. J'oublie de m'essuyer les pieds en rentrant chez moi et je fais des taches sur mon plancher. Je pense à papa. Je m'assois dans mon fauteuil pour lire le journal. Je pense à papa. Je mange un chocolat aux cerises. Je pense à papa. J'entends ma blonde ronfler la nuit. Je pense à papa. Je regarde le voisin pelleter avec son chapeau sur la tête. Je pense à papa.

On dirait que mon cerveau s'en veut de ne pas avoir pensé à lui plus souvent avant, alors il n'arrête pas de me faire *flasher* son souvenir dans ma tête. Toutes ces images que j'avais gardées dans le fond, maintenant elles sont projetées en avant. Et moi je les regarde défiler. Sans m'en lasser. Si c'était une peine d'amour et que je n'arrêtais pas de penser à la fille qui m'a quitté, j'essaierais de me changer les idées. De me mettre autre chose dans la tête. De zapper. De fuir ces pensées. Tandis que là, chaque fois que je pense à papa, je ne veux surtout pas me l'enlever de la tête. Je veux le garder présent. Pour toujours. Même si ça fait mal.

L'être humain est ainsi fait. Ça prend la mort pour qu'il comprenne la vie. La valeur d'une vie et celle d'un homme. On est comme ça en solo. On est comme ça collective-ment. Durant les dernières années de la vie de René Lévesque, on ne pensait pas souvent à lui. On l'appelait Ti-Poil. On s'en foutait un peu. Et puis il est mort. Et là, on n'a pas arrêté d'y penser. On a fait des émissions spéciales, des hommages. On a nommé un boulevard à sa mémoire. Il n'y en avait que pour lui. C'est pareil dans mon petit monde à moi en ce moment. Il n'y en a que pour papa. Papa est à la une de tous les journaux. En manchette de tous les bulletins d'information. C'est plus gros que la mort de la princesse Diana. Plus gros que la mort d'Elvis. C'est la mort de mon papa. Et ma mémoire compense pour toutes les fois où je l'ai oublié quand il était vivant.

Mais je pense à lui égoïstement. Parce que pour lui, il est trop tard. C'est pour ça que ça me fait si mal.

Le pire, c'est que je sais déjà que je penserai beaucoup moins souvent à lui dans quelque temps. Dans quelques jours. Dans quelques mois. Les problèmes du quotidien reprendront, bientôt, les premières positions au palmarès de mes soucis. On est comme ça. Il me semble que j'y pense moins souvent que la semaine dernière. Que certains petits tracas ont pris beaucoup de place dans ma tête.

Mais peu importe ce qui m'arrivera, il ne se passera plus une journée sans que je pense à lui. Au moins une fois. Ça, c'est sûr. Parce que sa mort m'a marqué pour toujours.

Et j'en ai honte. Parce que je sais que mon papa, de son vivant, pensait à moi tous les jours. Il n'avait pas besoin que je meurs pour avoir ce réflexe. Cet élan du cœur. Les enfants comprennent toujours trop tard. Et cet amour de tous les instants que je n'ai pas su lui donner, je le donnerai à mon enfant, si jamais j'en ai un, un de ces jours. Mais mon enfant ne me le redonnera pas. Il le donnera au sien. Et c'est à ce moment-là que je comprendrai papa. Et c'est à ce moment-là que je me pardonnerai.

Le voisin a fini de pelleter. Moi, je ne fais que commencer. Les souvenirs se ramassent à la pelle. Les souvenirs, et les regrets aussi.

Les deux patates

J'ai 6 ans. Je suis en deuxième année B. Je reviens de l'école en tenant la main de ma mère. Il fait beau. Mon chum Benoît marche à mes côtés. On chante do-wa-didi de Tony Roman. On s'en va jouer ensemble à la maison. Au coin de la rue Prud'homme et de la rue Notre-Dame-de-Grâce, on croise Viviane et Ursule, deux filles de notre classe. Viviane et Ursule sont toujours ensemble. Ce sont les deux meilleures amies du monde. Elles rigolent tout le temps. Elles se ressemblent. Elles sont rondes toutes les deux. Dans la cour d'école, on dit qu'elles sont grosses. On les appelle les deux patates.

En les voyant, Benoît et moi, on s'échange un petit sourire. Viviane et Ursule nous disent bonjour. Je leur réponds : « Bonjour les deux patates ! » Et je regarde mon chum Ben. Il éclate de rire. Je ris aussi. Fier de mon coup. Ma mère, choquée, me dit : « Stéphane, excuse-toi ! » Je ne comprends pas pourquoi elle est si fâchée. Appeler Viviane et Ursule les deux patates, ce n'est pas si grave que ça. Tout le monde le fait. Mais puisque ma mère me dit de m'excuser, je vais m'excuser. J'arrête de rire avec Benoît et je me tourne vers les deux filles. Et je vois leurs yeux. Viviane et Ursule ont les yeux figés. Les yeux en douleur. Elles ne pleurent pas. C'est pire, elles encaissent. Elles se retiennent. Je vois dans leurs yeux que je leur ai fait mal. Atrocement mal. J'essaie de leur dire « je m'excuse », mais ça ne sort pas, tellement je suis intimidé par leur détresse. Ma mère me dit : « Plus fort ! » Je parviens, tant bien que mal, à balbutier un « je m'excuse ». Viviane et Ursule me regardent toujours. Elles me font un léger sourire. Brisé. Puis elles passent leur chemin.

Nous aussi, on poursuit notre route. Mais on ne parle plus. On ne chante plus do-wa-didi. Je n'en ai plus envie. Je suis trop effondré en dedans. Je me sens tellement con. J'ai tellement honte. J'ai gâché la journée de deux personnes qui n'avaient rien demandé. J'ai éteint leur soleil. En voulant faire mon drôle. Je ne pensais pas que j'étais pour leur faire mal comme ça. Je croyais qu'elles étaient habituées à se faire appeler les deux patates. Que ça ne leur faisait rien. Comme si ça pouvait ne rien leur faire ! Comme si deux personnes pouvaient se faire dire qu'elles sont grosses et aimer ça. Je suis vraiment con. S'il y en a un qui aurait dû le savoir, c'est bien moi. Avec mes deux jambes croches. Je sais bien que dans la cour d'école, les autres enfants rient de moi parfois. Qu'ils imitent ma façon de marcher. Qu'ils me donnent des noms pas gentils. Dans mon dos. Et même devant moi. Je sais bien que ça fait mal. Très mal. Mais ça ne m'a pas empêché de le faire à Viviane et Ursule. Est-ce qu'on se venge de nos douleurs en les faisant subir aux autres ?

Peut-être que ce n'est pas si profond que ça. Moi, j'ai dit ça juste comme ça, après tout. Sans y penser. Pour faire rire mon chum Benoît. Sans vouloir être méchant. Mais j'ai fait mal quand même. On ne rit pas de la douleur des autres. Le rire est là pour enlever la douleur. Pas pour la donner.

On est arrivé à la maison. Ma mère dit à Ben de rentrer chez lui. Que je ne jouerai pas ce soir. Puis elle me dit d'aller dans ma chambre réfléchir. Pour la première fois de ma vie, je trouve qu'elle a raison de me punir. Même qu'elle devrait me punir encore plus. Me punir tellement que je ne me sentirais plus coupable.

Je m'allonge sur mon lit. Je n'arrête pas de revoir les yeux de Viviane et d'Ursule. Je ne suis pas près de les oublier. Leurs yeux me rappelleront toujours à quel point on peut faire mal à quelqu'un seulement avec des mots. Les mots sont la pire des armes. Le plus coupant des couteaux. La plus meurtrière des bombes. Et je sais en jouer. Je sais m'en servir. Ça m'arrivera encore souvent d'envoyer une phrase de trop, une blague blessante. Pour me défendre. Ou pour attaquer. Et chaque fois les yeux de Viviane et d'Ursule apparaîtront dans ma tête. Et je saurai que j'ai tort. Et je saurai que je suis con. Et j'essaierai de faire attention. La prochaine fois. Ce n'est pas simple.

Mais pour l'instant, je n'ai que 6 ans. Et je ne désire qu'une chose : me racheter. Mettre du bonheur dans les yeux de Viviane et d'Ursule. Et ne plus jamais faire de la peine à personne. De ma vie. Ma mère vient me dire que je peux sortir de ma chambre. Que ma punition est finie. Je cours dans ses bras. Et je la serre très fort. Je lui dis merci. Elle ne comprend pas. Elle pense que je suis malade !

Le lendemain matin, dans la cour d'école, je retourne voir Viviane et Ursule. Elles ne me boudent pas. Elles me disent bonjour. Ce sont vraiment deux filles épatantes. J'essaie de les faire rire. En leur parlant de mes cheveux dépeignés. Des traces de jus d'orange que j'ai encore autour des lèvres. De mes genoux éraflés à cause de la chute que j'ai faite parce que mes lacets étaient détachés. Elles rient. Je vais mieux.

ই৵৶

Le 16 avril 2000

Lettre aux habitants des pays étrangers

C hers habitants des pays étrangers,
Je suis citoyen canadien et je vous écris parce que si
vous avez déjà reçu la visite de notre premier ministre,
Jean Chrétien, il est très important que vous sachiez une
chose : nous ne sommes pas tous comme ça ! Ne l'oubliez
jamais ! Monsieur Chrétien a beau être notre représentant
sur la scène internationale, il ne représente pas vraiment
ce que sont les Canadiens. En tout cas pas moi !

Quand vous l'avez vu arriver chez vous, la première
fois, vous avez dû avoir un choc. Nous, après 30 ans, on
est habitués. Mais la première fois, ça frappe. Lorsque
notre premier ministre débarque de l'avion, la couette au
vent, ce n'est pas Ricky Martin ! Non, monsieur ! Après
avoir repris vos sens, vous vous êtes dit, qu'à bien y penser,
c'est plutôt bon signe, que le Canada doit être un pays très
mature, pour élire un leader non pas en fonction de son
apparence, de son image, mais en fonction de ses idées,
de sa vision. Ça, c'était avant que vous l'entendiez s'exprimer. Si vous parlez français ou anglais, au troisième mot

prononcé par M. Chrétien, vous avez tout de suite cru à une farce, à un canular. Cet homme ne peut pas être chef d'État. Votre président s'est trompé et au lieu d'accueillir le premier ministre du Canada, il a accueilli son garde du corps. Le vrai premier ministre ne doit pas être loin derrière. Mais en réalisant qu'il n'y a personne derrière, vous comprenez que ce type est bel et bien le premier ministre du Canada. Pauvre Canada !

Bien sûr, si vous ne parlez ni français ni anglais, cela vous a pris un peu plus de temps avant de constater l'ampleur des dégâts. Parce que le traducteur du pays hôte a toujours besoin de quelques minutes pour s'ajuster. Non, mais mettez-vous à la place du pauvre traducteur syrien qui doit traduire les propos de Jean Chrétien ! Nous, on parle sa langue et on ne comprend qu'un mot sur quatre. Comment dit-on en syrien : « Merci de m'avoir fait venir dedans votre place. Que voulez-vous ? » Le traducteur cherche encore.

En écoutant son discours, vous vous dites que si l'homme le plus important du Canada s'exprime ainsi, ça doit être beau les autres ! Qu'au Canada, Rambo doit avoir l'air de Bernard Pivot. C'est justement pour ça que je vous écris. Personne au Canada ne parle comme notre premier ministre. À part peut-être Dave Hilton. Mais lui, il a une bonne excuse, il est boxeur et il a reçu plusieurs coups sur la tête. Tandis que notre premier ministre n'a jamais reçu de coups. Il en donne. Mais ça, c'est une autre histoire. Trop longue à raconter. Tout ce que vous devez savoir, c'est que si jamais vous le croisez durant sa visite officielle dans votre pays, ne vous mettez pas au travers de sa route, surtout si vous portez une tuque !

Je tiens aussi à préciser que les opinions émises par M. Chrétien lors de ses voyages diplomatiques n'engagent pas tous les Canadiens. Ça ne l'engage même pas lui. Il dit n'importe quoi. C'est son style. Chez nous, on aime ça. On aime beaucoup les comiques, chez nous. Mais chez vous, on comprend que ça fasse des vagues. Cinq minutes après avoir débarqué au Moyen-Orient, notre premier ministre avait déjà insulté les Juifs, les Arabes et les Palestiniens. Le tour du chapeau ! C'est quelque chose ! *Piment fort* ne serait pas capable de faire mieux ! Que voulez-vous, notre premier ministre a de la misère à dire ce qu'il pense, mais il a encore plus de difficulté à penser ce qu'il dit.

Ça peut vous paraître étrange qu'un chef d'État réponde aux Palestiniens lui reprochant de ne pas aller à Jérusalem-Est : « Que voulez-vous, je sais même pas où je chus, au nord, au sud, à l'ouest ou à l'est ? » Nous, on est habitués à son humour de vieux mononcle. Au pays, ça va. À l'étranger, c'est plus gênant. Jean Chrétien est comme un pot de Cheez Whiz. Entre nous, ça fait l'affaire. Mais on ne le sort pas devant la visite !

Un politicien canadien que vous ne connaissez pas, Preston Manning, (et on espère que vous ne le connaîtrez jamais, il n'est pas mieux !) a d'ailleurs déclaré cette semaine en Chambre que lorsque notre premier ministre se rend dans des pays étrangers, il ne devrait s'en tenir qu'à des déclarations au sujet de la météo. Point à la ligne. Je trouve cela encore extrêmement dangereux. Imaginez si M. Chrétien débarque en Russie, en passant cette remarque : « Fais ben frette dans votre maudit pays ! » Poutine risque de ne pas la digérer. Et si arrivant en Afrique, il déclare : « Fais chaud, ça pue pis on est ben ! » Les relations diplomatiques afro-canadiennes vont devenir affreuses. Non, lorsque Jean Chrétien se rend en visite officielle dans un autre pays, il ne devrait pas parler du tout. Pas un mot. Il devrait juste serrer des mains. Sans rien dire. Sans émettre la moindre opinion. Comme il le fait en campagne électorale au Canada. Ça marche. On l'élit !

En résumé, il est important, chers habitants des pays étrangers que vous reteniez trois choses de cette missive. Tous les Canadiens ne ressemblent pas à Jean Chrétien. Tous les Canadiens ne s'expriment pas comme Jean Chrétien. Tous les Canadiens ne pensent pas comme Jean Chrétien. Notre représentant n'est pas représentatif de notre peuple. Nous ne sommes d'ailleurs pas le seul pays aux prises avec ce problème. Est-ce que tous les Irakiens sont des despotes comme Saddam Hussein ? Non. Est-ce que tous les Américains sont des obsédés sexuels comme Bill Clinton ? Oui. Ça, ce n'est pas un bon exemple.

En tout cas, nous, les Canadiens, nous ne sommes pas comme Jean Chrétien. Et si jamais on va dans votre pays, vous allez vous en rendre compte rapidement. On n'est vraiment pas comme lui. On est pire !

৵৽

Pourquoi les gens ne ressuscitent pas

Aujourd'hui, c'est Pâques, la célébration de la résurrection de Jésus. Le seul homme à être revenu sur Terre après sa mort. Pourquoi juste Lui ? Pourquoi aucun autre homme n'a-t-il jamais ressuscité ? Pourquoi Gandhi n'a pas ressuscité ? Pourquoi Elvis n'a pas ressuscité ? Pourquoi la Poune n'a pas ressuscité ? Pourquoi, des milliards d'êtres humains qui sont morts, personne n'a ressuscité ? Plusieurs répondront tout simplement parce que c'est impossible. On ne ressuscite pas. La preuve étant que personne ne le fait. Moi, je crois que si personne ne ressuscite, ce n'est pas parce que c'est impossible, c'est juste parce que ce n'est pas évident. Et pour plusieurs raisons.

Supposons que vous mourez. Votre famille et vos amis vous pleurent. On vous met dans un cercueil. On vous couvre de fleurs. On dit plein de belles choses à votre sujet. Allez-vous ressusciter tout de suite ? Ben non ! Très mauvais *timing*. Si vous ressuscitez, tout le monde va se taire. Le concert d'éloges va finir raide. Mort, vous êtes incroyable. Vivant, vous êtes ordinaire. Ben ordinaire.

Donc vous allez décider d'attendre un peu avant de ressusciter. Histoire d'entendre mort ce que vous auriez tant aimé qu'on vous dise de votre vivant.

Le concert d'éloges dure entre une semaine et 15 jours. Normalement après 15 jours, on a dit tout ce qu'il y avait à dire sur vous. Même qu'on a dû en inventer un peu. Vous pouvez donc ressusciter. Mais ça risque de ne pas trop vous tenter. Si vous êtes mort, c'est probablement parce que vous étiez malade. Ben malade. Donc vous devez être pas mal fatigué. Allez-vous retourner sur Terre après seulement 15 jours de convalescence ? Allez-vous retourner travailler, sortir les vidanges, pelleter l'entrée de garage, au lieu de vous la couler douce au ciel ? Vous êtes peut-être mort, mais vous n'êtes pas fou. Vous allez donc décider de vous reposer un peu dans l'au-delà, avant de retourner dans le brouhaha.

Après une année de repos, le temps passe très vite dans l'éternité, vous allez peut-être avoir le goût de ressusciter enfin. De retourner sur Terre. Dans l'action. Le problème, c'est que sur Terre, on ne se souvient plus de vous. Votre femme, qui lors de votre décès pleurait tellement, a maintenant un nouvel amant. Si vous revenez, ça risque de la déranger un peu. Vos enfants sont très occupés avec leur vie. Si vous revenez, ils n'auront pas plus de temps à vous consacrer qu'ils en avaient du temps que vous étiez vivant. Vos amis se sont faits de nouveaux amis. Votre maison a été vendue et tous vos biens ont été donnés. Même que c'est le nouveau chum de votre épouse qui se promène dans votre Volvo. Au travail, on vous a remplacé. Et l'entreprise va mieux. Vous ne pourrez donc pas retrouver votre boulot. Il n'y a pas de clauses de sécurité d'emploi pour les morts.

Donc si vous ressuscitez pour retrouver votre ancienne vie, oubliez ça ! Elle n'existe plus, votre ancienne vie. Elle est enterrée. Si vous retournez sur Terre, il va falloir que vous repartiez de zéro. Ce n'est pas évident. Se faire une nouvelle blonde, après 40 ans, c'est presque impossible, imaginez après sa mort ! Se trouver un nouvel emploi, après 40 ans, c'est utopique, imaginez après sa mort. Donc vous allez revenir sur Terre sans la moindre chance d'avoir une vie amoureuse et professionnelle heureuse. Pas très tentant. Bien sûr, vous pourrez toujours passer vos journées devant la télé, à regarder Canal Vie, mais au ciel, Canal Mort est aussi intéressant.

N'oubliez pas, non plus, la principale raison qui convainc les morts de ne pas ressusciter : les cartes. Elles sont toutes annulées. Votre Visa, votre MasterCard, votre carte d'assurance-santé, votre carte d'assurance sociale, votre permis de conduire, tout est à remplacer. Est-ce que ça vous tente de passer le premier mois de votre retour sur Terre à remplir des formulaires de demandes ? C'est trop con.

Comme des milliards d'êtres humains avant vous, vous allez finir par prendre la décision de ne pas ressusciter. Tout simplement parce que quand on est mort, il n'y a plus rien à faire sur Terre. Revenir sur Terre après sa mort, c'est comme si Vladimir Guerrero retournait jouer dans les mineures, c'est comme si Véronique Cloutier retournait animer à MusiquePlus, c'est comme si Julie Payette retournait voler en Cessna. On n'en est plus à ce stade-là.

Prenez Jésus. C'est le seul qui est revenu. Mais qu'est-ce qu'il a tant fait après sa résurrection ? Il s'est promené un peu. Il s'est fait toucher les dessous-de-bras par Thomas. Puis il est reparti. Il est remonté au ciel. Il était seulement venu nous dire que la suite est ailleurs.

Et c'est pour ça que les gens ne ressuscitent pas. C'est parce qu'ils sont rendus ailleurs. Très ailleurs. Nous, on aimerait croire qu'un jour, ce sont eux qui vont venir nous rejoindre. Mais c'est plutôt le contraire, c'est nous qui allons finir par les rejoindre. Tôt ou tard. Le gros party, il est plus loin. Profitons du petit party, pendant qu'on y est. Et mangeons nos œufs en chocolat!

Joyeuses Pâques à tous!

Le 14 mai 2000

Grand-maman Nini

Dimanche dernier, je suis chez ma mère. Je suis venu souper. Ma mère est contente. Moi aussi. On ne se voit pas assez souvent. Je suis tellement occupé. Juste au moment où on se met à table, le téléphone sonne. Dring! Dring! La sonnerie donne un coup de plus. C'est un interurbain. Ça doit être Campbellton, Nouveau-Brunswick. Là où habite mon frère. Ma mère répond. Avec joie...

« Allô ?

— Allô Nini, comment ça va ? »

C'est la petite voix douce de Geneviève, la plus jeune de mon frère. Tous les dimanches, ses sœurs et elle appellent Nini. Oui, Nini, c'est ma mère. Quand elle était petite, la plus vieille de mon frère, Marjolaine, n'était pas capable de dire grand-maman Léonie. Elle disait juste Nini. Ses sœurs ont fait comme elle. Et nous aussi. Depuis ce temps, tout le monde appelle ma mère Nini.

Geneviève raconte sa semaine à sa grand-mère. Son école, sa nouvelle poupée, ses dessins. Puis elle lui passe sa grande sœur Gabrielle. Gabrielle aussi raconte sa semaine à sa grand-mère. Son école, son spectacle de fin d'année, sa belle robe. Puis elle lui passe sa grande sœur Valérie. Qui raconte aussi sa semaine à sa grand-mère. Son école, son permis de conduire, son camp d'été...

Ça va faire une heure qu'on est à table. J'ai fini de manger mon steak. Ma mère ne m'a pas encore dit un mot. Ses petites-filles l'accaparent totalement. Je ne m'en offusque pas. Au contraire. Je trouve ça beau. Très beau. Entre les filles de mon frère et leur grand-maman, c'est le grand amour. Ça doit venir de là le grand dans grand-maman. Grand comme dans grand amour.

Il y a 18 ans, la vie pour ma mère était bonne et tranquille. Très tranquille. Sa famille était élevée. Son plus vieux, Bertrand, avait 28 ans, ma sœur Dominique avait 24 ans, et son bébé, moi-même, en avait 21. On n'était plus des enfants. On vivait notre vie. Et ma mère pouvait enfin vivre la sienne. Faire son taï chi. Aller à l'aquaforme. Voyager. Visiter les musées. Elle était heureuse, ma mère. Mais peut-être pas autant qu'au temps où nous étions petits. Au temps où elle prenait soin de nous. Qu'elle nous voyait sourire, rire et rêver. Qu'elle nous donnait la main et nous embrassait les petits pieds. Bien sûr, ce n'était pas toujours drôle. Mais c'était toujours important. Ce n'était pas un passe-temps. C'était le bon temps. Mais il fallait bien qu'on devienne grands. C'est comme ça. Il fallait bien qu'on ait 20 ans. Et qu'elle ne les ait plus. Ma mère ne s'en plaignait pas. Ma mère ne se plaint jamais.

Et puis un jour, Marie-Andrée, la femme de mon frère, a mis au monde Marjolaine. Et ma mère a eu 20 ans. Pour la seconde fois. Elle a pris soin de Marjolaine, comme elle prenait soin de nous. Elle l'a vue sourire, rire et rêver.

Elle lui a donné la main et lui a embrassé les petits pieds. Et elle a fait la même chose avec ses trois sœurs. Pour leur plus grand bonheur. Et le sien.

Être grand-mère ou grand-père, c'est un miracle. C'est la seule chance qu'on a dans la vie de revenir en arrière, de recommencer le voyage, de rajeunir. D'aimer un enfant autant qu'on a aimé le sien. D'en être complètement gaga. D'en avoir tous les bons côtés. Et quand ça devient moins drôle, on le redonne à ses parents ! C'est le monde idéal. Être grand-mère ou grand-père, c'est un cadeau de Dieu. Ma mère croyait que la vie lui avait donné le bonheur trois fois. C'est tout. Et voilà qu'elle le lui donne une quatrième fois. Et une cinquième fois ! Et une sixième fois ! Et une septième fois !

Depuis 18 ans, plusieurs fois dans l'année, ma mère garde les quatre filles de mon frère. Mais ce sont surtout les filles de mon frère qui gardent ma mère... jeune ! Car même si les petites filles sont maintenant presque des grandes filles, elles aiment toujours autant être avec leur grand-mère. C'est leur amie Nini. Pour la vie. Même que si Marjolaine, la plus vieille, ne parle pas, en ce moment, au téléphone avec sa grand-mère, c'est parce qu'elle est assise à côté d'elle ! Elle est venue étudier à Montréal. Pour aller à Brébeuf. Mais, surtout, pour être proche de sa Nini.

L'amour, entre une grand-mère et ses petits-enfants, est un amour parfait. Sans problème. Sans conflit.

Finalement, ma mère a raccroché le téléphone. Et elle a passé le restant de la soirée à me raconter ce que ses petites-filles lui avaient dit ! Les yeux tout heureux. Tous les dimanches, les filles de mon frère appellent ma mère. Et tous les dimanches pour ma mère, c'est la fête des grands-mères !

Aujourd'hui, c'est la fête des Mères officielle. Mais je n'irai pas souper chez ma mère. Pas parce que je suis un fils ingrat. Parce que ma mère est au Nouveau-Brunswick. Elle a fait 11 heures de train pour aller voir le spectacle de Gabrielle. Sa classe présente *Notre-Dame de Paris*. Et c'est Gabrielle qui joue Esméralda. Nini n'aurait jamais manqué ça !

Ça va donc être à moi d'appeler ma mère à Campbellton. Pour lui souhaiter bonne fête des Mères. J'espère que mes nièces vont accepter de me prêter Nini quelques secondes !

Bonne fête à toutes les mamans et à toutes les grands-mamans ! Avec tout l'amour que vous nous avez donné, ça prend au moins deux générations pour vous le rendre. Gros becs.

෬ᢀᠬ

La carte de Jean Béliveau

J'ai 7 ans. J'ai un bon père et une bonne mère. Un grand frère et une grande sœur qui sont très gentils avec moi. À l'école, ça va très bien. J'ai de bons amis. Il ne me manque qu'une chose dans la vie : la carte de Jean Béliveau.

Je collectionne les cartes de hockey. C'est mon seul trésor. Avec mon toutou Hercule, ce sont les seuls biens matériels auxquels je tiens. Chaque fois que mon père va s'acheter des cigarettes, chaque fois que ma mère va acheter les journaux, chaque fois que ma sœur va s'acheter du chocolat, chaque fois que mon frère va s'acheter de la gomme, il faut qu'ils me ramènent un paquet de cartes de hockey. C'est vital. Personne dans la famille ne peut passer devant un dépanneur sans m'acheter un paquet de cartes de hockey !

Et quand ils me le remettent, c'est comme s'ils me donnaient le monde. Je l'ouvre soigneusement. Et là, les yeux grands, je découvre mes héros. Dave Keon, Dave Balon, je l'ai déjà, Eric Nesterenko, je l'ai déjà, Gary Sabourin, je l'ai déjà, Les Binkley, Andy Brown, je l'ai déjà, Noël Picard et une gomme balloune. C'est tout. Trois nouveaux, quatre doubles et toujours pas de Jean Béliveau. C'est toujours comme ça. J'arrive pas à mettre la main sur la carte de Jean Béliveau. J'ai Bobby Orr, Gordie Howe, Bobby Hull, Henri Richard, mais je n'ai pas Jean Béliveau. Et ça tombe mal parce que mon idole, c'est Jean Béliveau. Et la carte que j'aimerais le plus avoir, c'est la sienne. J'en rêve.

Mon ami Pierre-Luc, à l'école, lui, il l'a. Du moins, c'est ce qu'il dit. Je ne l'ai jamais vue. Il la laisse à la maison pour ne pas se la faire voler. J'ai tout fait pour le convaincre de me la donner. Je lui ai proposé les cartes de Bobby Orr, de Stan Mikita et de Rogatien Vachon. Les trois pour Jean Béliveau. Il n'a pas voulu. J'ai rajouté Phil Esposito, Gordie Howe, Glen Hall, Yvan Cournoyer et Johnny Bucyk. Il n'a pas voulu non plus. J'ai eu beau lui offrir toute ma collection au complet, il a refusé l'échange. Je lui ai même promis un bec de ma sœur. Rien à faire. Soit qu'il aime autant Jean Béliveau que moi, soit que c'est un maudit menteur !

Je n'arrête pas de demander à mes parents des paquets de cartes de hockey. Je deviens pénible. Mon père va bientôt devoir prendre une deuxième hypothèque sur la maison pour pouvoir me fournir en cartes de hockey ! Je passe mes soirées à ouvrir des paquets et à mâcher de la gomme. Et à être déçu. Car je ne trouve jamais la carte de Jean Béliveau. La saison de hockey est terminée. Les paquets de cartes de baseball ont remplacé les paquets de cartes de hockey. Je les collectionne aussi. Mais ce n'est pas pareil. Il n'y a pas un joueur que je veux en particulier. À part peut-être Rusty Staub. Mais je l'ai eu du premier coup.

L'été est déjà fini. C'est le retour à l'école. J'attends avec impatience la nouvelle édition des cartes de hockey. Cette saison sera la bonne. Cette saison, je mettrai la main sur la carte de Jean Béliveau. Chaque fois qu'un membre de ma famille met le nez dehors, je lui demande de me rapporter des cartes de hockey. Mais elles ne sont pas encore sur le marché. Nous ne sommes qu'en septembre. Et elles paraissent en novembre. Pauvre famille ! Deux mois à devoir dire à un enfant de 8 ans : « Il n'y en a pas. Sois patient ! »

Puis un soir, je reviens de l'école et je trouve sur mon bureau deux beaux paquets de cartes. La nouvelle édition 1969-1970. Je les ouvre avec empressement. Rod Seiling, Syl Apps, Eddie Joyal, John Ferguson, Eddie Shack, Gary Unger, Terry Harper... Toujours pas de Jean Béliveau. Et ce fut encore ainsi durant toute l'année. Mes parents ont dû m'acheter au moins mille paquets de cartes de hockey et dans aucun d'entre eux, il n'y avait mon Saint-Graal, la carte de Jean Béliveau. C'est mon destin. Ma malchance. La carte de Jean Béliveau est un rêve inaccessible. Le billet de loto gagnant pour les grands.

Un dimanche, on est allés toute la famille chez mon oncle Paul. Mon cousin Guy n'était pas là. Ma tante Pauline m'a donné la permission de jouer avec sa collection de cartes de hockey. Je me suis installé sur son lit, et je les ai passées en revue. Soigneusement. Et soudain je suis tombé dessus. Je l'ai vue. Pour la première fois de ma vie. La carte de Jean Béliveau. Wow ! Elle est belle. Jean Béliveau tient son hockey, le « C » de capitaine bien en évidence, le regard franc, le cheveu lisse. Comme un héros. Un vrai. J'ai mis les autres cartes de côté, et je n'ai gardé qu'elle dans mes mains. J'ai pensé la mettre dans ma poche. Sans rien dire. Peut-être que mon cousin ne s'en apercevra pas. Peut-être qu'il s'en fout de Jean Béliveau. Peut-être que son idole c'est Jean Ratelle. J'y ai pensé très fort. Puis j'ai remis la carte dans sa collection. Voler mon cousin, non mais ça se peut-tu ? Je réalisais pour la première fois comment l'appât du gain pouvait nous faire agir. Je suis sorti de sa chambre, déprimé. Mon cousin possédait la chose à laquelle je tenais le plus au monde. Et moi je ne l'avais pas. La vie est injuste.

J'ai fait acheter des cartes de hockey à mes parents durant toute l'année. Et l'année suivante aussi. Sans jamais mettre la main sur la carte de Jean Béliveau. Puis à l'été 1971, mon idole a annoncé sa retraite. Mon chien était mort. Je n'aurais jamais sa carte. On n'a pas toujours ce qu'on veut dans la vie.

La saison de hockey 1971-1972 a débuté. J'ai moins achalé ma famille pour qu'ils m'achètent des cartes de hockey. Bien sûr, je voulais avoir celle de Dryden. Mais jamais autant que j'avais voulu celle de Jean Béliveau. Puis un soir, en revenant de l'école, il y avait un paquet de cartes sur mon petit bureau. C'est ma sœur qui me l'avait acheté. Je l'ai ouvert. J'ai regardé les cartes. Jude Drouin, Ed Giacomin, Pit Martin, Claude Larose, Chico Maki, Simon Nolet et... Jean Béliveau. Oui Jean Béliveau ! Ils avaient fait une « Special Collector's Card » pour souligner sa retraite. On voyait Jean Béliveau avec son chandail du Canadien, le « C » bien en évidence, le regard franc, les cheveux lisses. Comme un héros. Un vrai. J'avais enfin ma carte de Jean Béliveau. Je l'ai encore. Je la regarde souvent.

Plus le désir est grand, plus le bonheur dure longtemps. Monsieur Béliveau, je vous souhaite un prompt rétablissement. Et je vous dis merci de m'avoir rendu heureux.

Le 30 juillet 2000

Big Brother à Camp David

Le 11 juillet dernier, on a vu, à la télé, le président américain Bill Clinton, le premier ministre israélien Ehud Barak et le leader palestinien Yasser Arafat arriver à Camp David. Ils étaient tout sourire. Ils étaient tout poli. Sur le seuil de la porte, Barak et Arafat se faisaient mutuellement des politesses :

« Après vous !

— Non, après vous !

— J'insiste, après vous !

— Yasser à rien d'insister, passez en premier !

— Ha ! Ha ! Non, je vous en prie, entrer dans la Barak avant moi !

— Ha ! Ha ! Maudit fou !

Finalement, ils sont entrés en même temps. Les portes se sont refermées. Et les politesses se sont terminées. Loin du regard des caméras, ce n'était plus après vous. C'était plutôt :

« Moi, d'abord !

— Non, moi d'abord !

— J'insiste, moi d'abord !

— Jérusalem est à moi, sinon je casse la Barak !

— Arafat donc ça pour voir ! »

Le bordel ! Après 15 jours d'amères négociations, ce fut l'échec. Bien sûr ! Que voulez-vous, aussitôt que la télé est absente, les politiciens n'ont plus intérêt à bien paraître. À bien agir. À soigner leur image. Alors leur naturel revient au galop. Et leur naturel n'est pas beau ! Voilà pourquoi, si on avait vraiment voulu que le sommet de Camp David soit un succès, il aurait fallu installer des caméras partout. Qui auraient tourné tout le temps. Comme dans *Big Brother* !

Big Brother, c'est l'émission de télé où l'on nous montre la vie de dix personnes ordinaires enfermées dans la même maison durant trois mois. Tout ce qu'ils font est sous l'œil de la caméra. Les repas, la toilette, le cul. Tout. Tous les 15 jours, les téléspectateurs votent pour chasser de la maison l'un des participants. Celui dont on n'aime pas la face. À la dernière diffusion, le seul participant épargné remporte un demi-million.

Imaginez si on appliquait ce concept aux grandes négociations internationales. Quel show, on aurait ! *Big Brother à Camp David* ! Au lieu que les vedettes soient du monde ordinaire dont on se fout pas mal, ce serait les êtres les plus puissants de la planète : Bill, Yasser et Ehud. Imaginez la cote d'écoute !

Durant toute la durée du sommet, le moindre des gestes des trois leaders serait capté par les caméras. On les verrait tout faire. On ne se contenterait pas de leurs petites stepettes au pas de la porte. On les suivrait à l'intérieur. On les verrait défaire leurs valises. Et s'installer dans leurs appartements. On verrait si Arafat traîne avec lui plusieurs keffiehs ou s'il porte toujours le même. Et s'il porte toujours le même, on saurait enfin s'il le lave. Et s'il en a plusieurs, on saurait s'il en a un pour faire dodo. Ou pour prendre sa douche.

On les verrait s'installer dans leur chambre. On saurait si Bill Clinton met une petite photo d'Hillary sur sa table de chevet. Ou s'il en met une de Monica. On les verrait déjeuner le matin. Qu'est-ce que ça mange un Américain, un Israélien et un Palestinien ensemble ? Ça ne doit pas être évident. Sûrement pas du jambon. Peut-être du McDo. On les suivrait toute la journée. On verrait s'ils négocient si fort que ça. S'ils mettent leurs pieds sur la table. S'ils comprennent ce qu'ils disent ou si c'est leurs aides qui leur soufflent leurs opinions. On les verrait durant la pause se détendre. Ou dans le cas de Bill, plutôt se tendre. Puis au souper, on verrait s'ils continuent de négocier ou s'ils se changent les idées en se parlant d'autres sujets d'actualité comme l'arrestation d'Yvan Demers. On entendrait quelle musique, ils écoutent. De la musique juive ? De la musique arabe ? Du Mario Pelchat ? On verrait Bill Clinton s'informer auprès d'Arafat si c'est vrai que chez un musulman avoir plusieurs femmes est bien vu. Et puis à l'heure de se retirer dans leurs appartements, on verrait quelle délégation est le plus sur le party. Et on saurait ce que disent nos trois leaders dans leur prière du soir. Prient-ils pour nous ou pour leur réélection ?

Bref, on verrait tout. On saurait tout. Et la démocratie ne s'en porterait que mieux. Car devant les caméras, Bill, Yasser et Ehud n'auraient pas d'autre choix que d'être à leur mieux. Sympathiques, gentils, drôles et charmants. Surtout qu'au terme de la première semaine, les téléspectateurs auraient à choisir lequel des trois lève les pattes.

Ça met de la pression sur des négociations, ça monsieur ! Élimine-t-on Bill parce qu'il mange tout le temps, Yasser parce qu'il a l'air grognon ou Ehud parce qu'il n'a pas aidé à faire la vaisselle ?

Croyez-moi que les trois chefs d'État feraient tout pour arriver à une entente en moins d'une semaine. Pour ne pas avoir à subir le jugement des téléspectateurs. Pour éviter l'humiliation.

« Tu prends ton bout de Jérusalem, je prends le mien, et on sacre notre camp de Camp David, avant d'avoir l'air fou ! »

Pour tous les grands problèmes du monde, il n'y a pas à en douter, la solution est dans la télé.

❧

L'éloge du trouble

L e monde aime le trouble ! Quand ça va bien, ça n'inté-resse personne ! Cinquante et un millions d'Américains ont regardé la dernière de *Survivor*, mercredi soir. Une émission où l'on voit des personnes isolées dans une île manger du serpent et du rat, se tenir après des poteaux, se trahir, se calomnier, souffrir, s'éliminer, bref être dans la merde jusqu'au cou. Si en lieu et place, on avait présenté une émission où l'on voit des personnes isolées dans une île manger des crevettes et boire du punch, se faire bronzer, s'aimer, se respecter, s'aider et être heureux, il y aurait eu moins de cotes d'écoute que pour une course de tracteurs à RDS ou un documentaire sur l'histoire du tournevis à Historia. Le bonheur, on s'en fout ! On s'en balance. On préfère le malheur.

On préfère les chansons tristes. Si au lieu de chanter *Ne me quitte pas*, Jacques Brel avait chanté *Ça va, tu peux y aller*, il n'aurait pas eu de succès !

On préfère les histoires tristes. Si dans Roméo et Juliette, les deux héros se mariaient à la fin et les deux familles étaient contentes, William Shakespeare ne serait pas considéré comme le plus grand auteur de l'Histoire. Même TVA ne l'aurait pas engagé pour écrire *Rue L'Espérance*!

On préfère les films tristes. Si dans *Titanic*, le bateau arrivait à New York et Leonardo se prenait un appartement sur Central Park avec Kate Winslet, la petite boulotte, l'Oscar aurait été remis à un autre réalisateur.

On préfère les destins tristes. Si la princesse Diana, après s'être mariée avec le prince Charles, avait été heureuse à ne pas en croire ses oreilles, de l'amour, des beaux enfants, du *cash*, oh! qu'elle nous aurait tapé sur les nerfs. Pis pas à peu près! Mais elle s'est tuée dans un tunnel, après avoir été cocue, boulimique, alcoolique, droguée et dépressive. Eh qu'on l'aime! Ça, c'est quelqu'un!

On préfère les dieux tristes. Si Jésus était venu sur Terre, en nous disant « Aimez-vous les uns », les autres, pis qu'il avait eu ben du fun avec tout le monde, sans jamais vivre de calvaire, on ne l'aurait jamais pris au sérieux. On ne l'aurait jamais suivi. On ne l'aurait jamais respecté, ni vénéré. On l'aurait pris pour Raël!

C'est quand même bizarre. Les gens n'arrêtent pas de prétendre qu'ils veulent être heureux, avoir la belle vie, être bien, mais ce qu'ils aiment voir, ce qui les intéresse, ce qui les attire, c'est exactement le contraire. C'est comme si une personne disant aimer le rock préférait écouter du Richard Abel plutôt que Led Zeppelin! Ce n'est pas logique. Plus le monde est dans la misère, plus le monde aime ça.

Si on avait pu voir les marins russes dans le sous-marin durant leur terrible naufrage, CNN nous les aurait montrés. Et la planète les aurait regardés. Et si à l'autre poste, au même moment, on avait montré un équipage à bord d'un sous-marin qui va super bien, qui fait une très belle croisière, personne ne l'aurait regardé. Nous sommes fascinés par le macabre, par l'échec, par le malheur. En fin de semaine, des milliers de personnes vont prendre leur voiture pour aller chez leurs parents ou chez leurs amis, ils vont revenir chez eux après. Pas de trouble. Pas de problème. De qui va-t-on parler demain matin ? De LA personne qui va être rentrée dans un poteau !

Et il n'y a pas juste le malheur des autres qui nous fascine, le nôtre aussi. Admettons que tout va bien dans votre vie. Votre partenaire vous aime, vous êtes en santé et vous avez un bon job. La totale. Quelqu'un vous demande : « Comment ça va ? » Vous allez lui répondre : « Ça va bien ! » Sans plus de détails. On change de sujet. Ça n'intéresse pas du tout votre interlocuteur, ni vous-même. Mais si, par malheur, tout va mal dans votre vie, que votre partenaire vous laisse, vous êtes malade, et vous venez de perdre votre emploi. La dèche. Quelqu'un vous demande : « Comment ça va ? » Vous allez lui répondre : « Ça va pas du tout. C'est fini avec Patricia. Elle m'a laissé. Pis mon côlon est malade. Ça fait mal... » Vous allez discourir sur votre vie misérable durant des heures et des heures. Vous ne vous tannerez pas. Et le pire, votre interlocuteur non plus. Il va même vouloir en savoir plus. Parce que le trouble est *in*. On aime se plaindre. Et entendre se plaindre. Oprah, Jerry Springer, Claire Lamarche, Solange Harvey, le docteur Mailloux, *Survivor*, même combat ! Viva la drama !

Alors assumons-nous, bon sang ! Arrêtons de dire que l'on veut être heureux. C'est de la foutaise. On veut être malheureux ! C'est ça qu'on veut. C'est ça qui pogne ! On veut avoir des mauvais parents, tomber amoureux des mauvaises personnes, être congédié, sombrer dans l'alcool, la drogue et la luxure, bref pouvoir avoir une biographie qui se vend ! Le bonheur est dans le malheur. On va arrêter de jouer les hypocrites. Nous faire croire qu'on rêve au grand nirvana. On doit s'avouer qu'au fond, on veut faire pitié. Et on va être beaucoup plus épanoui ainsi. Chaque fois qu'il va nous arriver une tuile, ça va être une réussite. Notre femme nous laisse, victoire ! On attrape la maladie du hamburger, bravo ! On a un accident d'auto, youppi ! Un pas de plus vers notre but. Le malheur total.

Nos dirigeants, eux, ont compris tout ça. Ils savent qu'au fond, on veut être mal. C'est pour ça qu'ils ne règlent pas les problèmes dans les hôpitaux, dans les écoles, c'est pour ça qu'ils ne font rien contre la violence et la pauvreté. Ça serait facile pour eux de tout arranger. De tout régler. Mais ça nous rendrait bien trop heureux. On ne pourrait plus se plaindre. Ce serait plate.

Une chance qu'on les a. Grâce à eux, on en a encore pour longtemps à essayer de survivre plutôt que de vivre.

Sur ce, mauvais dimanche, tout le monde !

☜☞

Le quatre novembre

Samedi 4 novembre. C'est la fête de mon père. Pour la première fois de ma vie, je ne lui donnerai pas la main, en disant : « Bonne fête, papa ! » Mon père est mort en janvier dernier. Et je ne sais pas trop quoi faire de ma journée...

Pourtant la fête de mon père, ce n'était pas Noël, ni le 14 juillet. C'était tout simple. Ma mère m'appelait le matin même : « Tu viens souper ce soir pour la fête de ton père ? » Je disais oui. Et en raccrochant le téléphone, je me demandais toujours ce que j'allais bien apporter au paternel.

C'est que le père n'aimait pas grand-chose. Sa vie, c'était la famille et le travail. Pas de loisirs. Pas de golf. Pas de bricolage. Pas de voyage. Pas de gadgets. Rien. La famille et le travail. Depuis sa retraite, il ne lui restait plus que la famille. Et la famille, elle n'était plus souvent là. On était grands maintenant. Alors mon père passait ses journées dans la maison, à lire ses journaux et à regarder les nouvelles à la télé. C'est tout ce qu'il faisait. Enfin, pas tout à fait. J'oubliais sa principale activité : jongler.

D'aussi loin que je me souviens, je vois mon père assis seul dans le salon, au bout du divan vert, le regard préoccupé. Petit, ça m'intriguait beaucoup. Une fois, j'avais demandé à ma mère : « Qu'est ce qu'il fait papa ? »

Elle m'avait répondu :

« Il jongle !

— Il jongle ? Mais il n'a pas de balles !

— Il jongle pas avec des balles, il jongle avec des soucis. »

Jongler avec des soucis ? Ça m'intriguait encore plus. J'avais couru dans le salon, demander à mon père :

« Pourquoi tu jongles avec des soucis ? »

Il m'avait répondu : « Parce que je pense à vous autres... » Mon père a passé sa vie à s'inquiéter pour nous. C'était sa façon de nous aimer.

Donc les journaux, les nouvelles à la télé, et le jonglage. Les trois seules activités de mon papa. Pas évident de trouver une idée de cadeaux complémentaires à ça. C'est vrai, qu'en jonglant, il fumait. Presque deux paquets par jour. Mais je n'allais pas lui acheter des cigarettes. C'est à cause de cette foutue fumée, s'il n'est plus là, cette année.

Heureusement il ne faisait pas que fumer, il mangeait des bonbons. Mon père aimait le sucré. Les outils, les lunes de miel, les biscuits Ti-Coq, mon père en prenait une poignée dans sa grande main. Et il passait son week-end à jongler, à fumer et à grignoter.

Alors, à tous les ans, la même et seule idée, me venait en tête : lui donner une boîte de chocolat aux cerises Godiva. Sa friandise préférée. J'étais sûr qu'il aimerait ça. Qu'il les mangerait. Que ce soit sa fête, Noël ou la fête des Pères, je donnais toujours à mon papa une grosse boîte de chocolats aux cerises. J'avais beau à chaque occasion me creuser la tête pour lui trouver autre chose, c'est toujours les chocolats aux cerises qui gagnaient.

Six heures du soir, j'arrivais à la maison familiale, ma boîte de chocolats aux cerises sous le bras. Mon père était assis dans le salon. Il se levait pour m'accueillir. Je lui tendais la main en lui disant « bonne fête ». Il me la serrait très fort. En souriant un bref instant. Il me disait :

« Merci fiston ! » Puis, ô surprise, je lui donnais la boîte de chocolats aux cerises.

Il la prenait en disant : « T'aurais pas dû ».

Puis il en mangeait un.

Je m'assoyais dans le salon. Ma mère arrivait avec un grand plateau de canapés tout droit sortis du four. Et ma sœur à son tour, donnait son cadeau à papa. Dans une belle grosse boîte toute bien emballée. Mon père l'ouvrait. C'était presque toujours un beau gros chandail de laine. Mon père le trouvait toujours trop petit, trop grand, trop piquant ou trop bleu. Mais il passait le reste de l'année avec le chandail que ma sœur lui avait donné sur le dos. Il était comme ça mon père. Puis ma mère lui donnait son cadeau. C'était souvent une belle chemise. Il ne la mettait presque jamais. Sauf à Noël ou lors des grands jours. Il était comme ça, mon père.

Avant de se mettre à table, le Nouveau-Brunswick appelait. Le Nouveau-Brunswick c'est mon frère, ma belle-sœur et leurs quatre filles. C'est là qu'ils vivent. Ils souhaitaient à tour de rôle bonne fête à papa. Ça ne durait pas très longtemps. Puis après, ils parlaient tous avec maman. Ça, ça durait longtemps. Le téléphone terminé, on allait dans la salle à manger pour le souper de fête. Assis au bout de la table, mon père me demandait : « Ça va bien dans ton travail ? » Je lui répondais toujours oui. Pas plus.

Je trouvais que mon père jonglait déjà assez comme ça !

Ma mère nous racontait tout ce que ses petites-filles venaient de lui dire au téléphone. Puis on parlait d'un film, d'un livre ou d'un spectacle. Mon père écoutait. À la fin du repas, ma sœur se levait et éteignait toutes les lumières. Alors ma mère arrivait avec le gâteau d'anniversaire. On chantait *Bonne fête, papa*. Et papa soufflait les bougies. Il en manquait toujours une ou deux. On lui disait qu'il devrait arrêter de fumer. Il ne répondait pas.

Le dessert terminé, il était environ 10 heures. L'heure de mon départ. Je remerciais ma mère pour le bon souper. Je donnais un bec à ma sœur. Et je resouhaitais bonne fête à mon père. On se resserrait la main. Il souriait encore un peu. Et me demandait :

« Quand est-ce que tu vas revenir ? »

Je répondais : « Bientôt ! »

J'aurais dû.

Bonne fête, papa ! Je sais où tu es en ce quatre novembre. Tu es en moi...

ঝ◦ৎ

Les 120 ans de votre enfant

Aujourd'hui, j'aimerais m'adresser spécialement aux parents qui viennent tout juste d'avoir un bébé. Un beau bébé du nouveau millénaire. Vous êtes content ! Vous l'aimez. Vous en prenez soin. Vous le dorlotez. Vous le chouchoutez. C'est parfait !

Mais ne partez pas en peur ! Gardez-vous de l'énergie. Vous allez avoir le temps d'en profiter de votre bébé. Car votre petit bambin va vivre jusqu'à 120 ans. Oui, 120 ans ! Les scientifiques l'ont dit à la télé : un enfant qui naît aujourd'hui peut espérer vivre jusqu'à 120 ans. Ça vous réjouit ! Ben pensez-y comme il faut, vous allez voir que c'est effrayant !

Nous, dans notre temps, la vie, c'était simple. De zéro à 5 ans, on restait sous les jupes de notre mère, de 5 à 20 ans, on allait à l'école, de 20 à 65 ans, on travaillait, pis autour de 70 ans, on mourait. Ça, c'était une vie !

Votre enfant, lui, à 70 ans, il va lui rester 50 ans à vivre. Cinquante ! C'est long ça, 50 ans. Qu'est-ce qu'il va faire votre ti-pit ! ? Il n'est pas pour jouer à la pétanque en Floride durant 50 ans ! ? C'est sûr, qu'il va avoir plein de stations de télévision, mais même s'il passe dix ans à regarder le Canal Vie, il va quand même lui rester 40 ans à vivre !

Votre enfant va donc se développer plus lentement. J'espère que vous avez du bon café. Parce qu'au lieu de ne pas faire ses nuits durant six mois, il ne les fera pas durant deux ans. Et il n'ira pas à l'école seulement 15 ans comme nous, non, il va y aller durant 35 ans. Vous pensez qu'il n'aura plus rien à apprendre au bout d'un certain temps. Détrompez-vous ! Grâce à la réforme scolaire incompréhensible du ministre Legault, il ne saura pas écrire avant d'avoir 40 ans ! Bien sûr, si votre poupon étudie jusqu'à 40 ans, ça veut dire qu'il va rester chez vous jusqu'à cet âge-là. Quoiqu'il y a bien des chances que chez vous soit devenu chez lui, car vous risquez d'être décédé entretemps, et qu'il ait hérité du domicile familial. Alors, imaginez quand, à 12 ans, vous allez lui dire de faire le ménage de sa chambre, pensez-vous qu'il va *rusher* ? Il va se dire qu'il n'a pas besoin de se presser, que de toute façon dans seulement 28 ans, il va déménager dans votre chambre !

Ça va être ça, le gros problème de votre chéri, il ne sera jamais pressé. À l'époque de Jules César, les gens vivaient entre 20 et 30 ans. Ils n'avaient pas le temps de se poigner le derrière ! Non, monsieur ! Ils se dépêchaient. Ils conquéraient le monde, ils bâtissaient des pyramides, ils accomplissaient. Parce qu'ils savaient qu'ils n'étaient pas là pour longtemps. Si à 50 ans, votre enfant ne s'est pas encore réalisé, pensez-vous que ça va le stresser ? Il va lui rester encore 70 ans pour le faire ! Y'a pas le feu ! Voilà, le danger ! La démotivation ! Votre enfant risque de passer sa vie en profonde dépression. 120 ans de dépression. Ce sont les psys qui vont faire du fric !

Le plus grand défi de votre fiston, ou fistonne, va donc être de se trouver une raison de vivre. Quelque chose pour occuper son esprit. Nous autres, on n'a jamais eu de problème avec ça. De zéro à 13 ans, on pensait juste à jouer. De 13 à 50 ans, on pensait juste au sexe. Pis de 50 à 70 ans, on pensait juste à nos bobos. Votre enfant, il va essayer de faire la même chose. De zéro à 13 ans, il va penser juste à jouer. Après ça, il va penser juste au sexe, sauf que lui, à 50 ans, il n'aura pas de bobos. C'est pour ça qu'il va vivre si longtemps. Lui, dès qu'il va avoir mal en quelque part, il va se faire cloner un organe : « J'ai mal à mon premier estomac ? C'est pas grave, je vais prendre mon deuxième estomac ! J'ai mal à mon premier cœur ? C'est pas grave, je vais prendre mon deuxième cœur ! Ah non, j'oubliais, ma femme est partie avec, après notre divorce ! Bon ben, je vais devoir m'en faire faire un autre ! »

Pas de bobos pour l'angoisser, ça, ça veut dire que votre gosse va pouvoir penser juste au sexe de 13 à 120 ans. 107 ans à penser juste au sexe ! C'est trop ! Ça beau être un sujet sur lequel on aime s'étendre, un moment donné, tu dois être tanné. Nous, on n'aura pas eu le temps de vérifier ça, mais votre enfant va sûrement devoir se trouver un autre champ d'intérêt. Bonne chance, le jeune ! Tous ses ancêtres, depuis le Big Bang, n'ont rien trouvé d'autre. Ils ont juste pensé à ça : faire Big Bang ! Mais quand tu vis 120 ans, il est évident que tu ne peux pas baser toute ton existence sur une activité qui dure un gros dix minutes. Il va donc devoir se choisir une passion qui se consume très lentement : la pêche, le yoga, le débat constitutionnel canadien. Quelle vie excitante.

Sur le plan amoureux, Elizabeth Taylor va être un exemple de stabilité émotive à côté de votre rejeton. Si on considère que de nos jours, une relation sérieuse dure en moyenne trois ans, votre enfant va avoir 35 chums ou blondes différents ou différentes. Vous allez en avoir des noms à retenir ! Surtout que dans tout ça, il risque d'avoir une vingtaine de familles reconstituées. Vous pensez que Noël vous a coûté cher cette année, attendez tantôt !

D'ailleurs, à propos des finances, vous êtes mieux de lui acheter un REER, tout de suite, parce qu'avec le nombre de vieux jours qu'il va vivre, votre chérubin est mieux d'avoir beaucoup d'argent en réserve.

Mais, malgré tout, chers parents, ne soyez pas trop découragés pour votre petit bébé, il y a quand même des bons côtés à vivre 120 ans. Il ne poignera pas les nerfs quand il va appeler Bell, Hydro-Québec, Vidéotron ou n'importe quel bureau du gouvernement et qu'on le fera poireauter sur la ligne, parce qu'il aura tout son temps, et il a plus de chances de voir le Canadien gagner la Coupe Stanley de son vivant ! Quoique...

Sur ce, allez donc changer sa couche, parce que t'as beau vivre 120 ans, c'est comment tu vis ton présent qui compte !

ॐॐॐ

Le 14 janvier 2001

Cachez ce faux sein...

M esdames et mesdemoiselles, il faut que l'on se parle.
Dans les yeux. Parce que ça n'a plus de bon sens.
Vous êtes en train de perdre la boule. Ou plutôt, le
contraire. Vous voulez vous faire poser des implants
mammaires. C'est plus qu'une mode. C'est vital. Une
question de santé mentale. Une femme, en 2001, ne peut
pas être heureuse si elle en a pas. Le bonheur est dans les
gros seins ! Tout le monde court chez le docteur ! Je
voudrais voir mammaire ! C'est le festival de Seins-Tits.
Une nouvelle religion à la gloire des lolos. Notre paire qui
êtes aux cieux !

Avant, lorsqu'une employée voulait une augmentation,
elle allait voir son patron. Maintenant, elle va voir son
plasticien. C'est à lui qu'elle dit : « Augmentez-moi !
Augmentez-moi ! » Après ça, elle va voir son boss. Et son
boss voit ses bosses. Ce n'est plus le système D. C'est le
système DD. Poitrines Power ! Raging Boules !

Minute bébé papillon ! Ça va faire ! Bien sûr, belles
dames, vous avez le droit de faire ce que vous voulez avec

votre corps. Ce n'est pas de nos affaires. Mais si vous faites ça, à cause de nous, les hommes, alors là, permettez-moi de dire « wô » ! Franchement ! Pour qui nous prenez-vous ? Vous croyez vraiment que nous sommes si obsédés par les seins ? Que nous perdons tous nos moyens devant un chandail bien étiré ? Que la simple vue d'un décolleté plongeant nous donne le vertige ? Que nous tombons sous hypnose devant toutes formes voluptueuses ? Que le nichon nous rend cornichons ?

Voyons donc... Voyons donc... Voyons donc... Bon, d'accord ! C'est vrai. C'est tout vrai ! On a un petit faible pour les seins. Même un gros faible. On en perd notre latin. C'est pas de notre faute. C'est comme ça. C'est inné. Moi, j'avais 5 ans. J'étais innocent. Pis j'ai vu Jinny à la télé. Dans son petit costume des mille et une nuits. Et ça m'a fait un effet. Je ne sais pas pourquoi mais je regardais moins Jinny dans les yeux que Fanfreluche. J'avais juste 5 ans et ma vue baissait déjà ! Qu'est-ce que vous voulez ! ? C'est beau. C'est joli. C'est doux. C'est rond. C'est comme un fruit. De la passion. Et puis c'est juste devant votre cœur. Comment ne pas vouloir y toucher, au moins du regard ?

Mais c'est à vous qu'on veut toucher ! Pas à Rob-o-cop ! Pas à des prothèses de la NASA. Vous ne comprenez pas. Oui, nous les hommes, on aime les seins, mais on aime les seins comme les amateurs d'art aiment les tableaux. On n'aime pas les faux. On aime les vrais. Et chacun a sa beauté. Et chacun a sa valeur. Les plus petits totons seront toujours plus mignons que les melons en silicone de Pamela Anderson. C'est sûr que dans les bars, les *boys* vont toujours se retourner plus vite devant une paire plus présente. Qu'elle soit réelle ou virtuelle. Que voulez-vous, vous le savez maintenant, notre vue commence à baisser à 5 ans. Alors, quand ils sont plus volumineux, ça nous aide. On les voit mieux. Mais ça ne veut pas dire qu'on les préfère. Au contraire. Surtout s'ils ont l'air durs comme un casque de football. Surtout s'ils n'ont plus la texture de votre peau.

Vous, vous aimez les fleurs. Mais si, à la Saint-Valentin, votre chum vous envoyait des fleurs en plastique, seriez-vous contente ? Je suis sûr que vous préférez un petit bouquet de fleurs naturelles à un gros bouquet de fleurs de clowns ! C'est la même chose, pour nous.

Alors cachez ce faux sein, que je ne saurai voir. Et gardez vos seins comme ils sont. Dévoilez-les un peu, si ça vous chante. Mais pas trop. À peine. Car, si on les vénère tellement, c'est d'abord et avant tout parce qu'on sait que pour les voir totalement, il faut être spécial à vos yeux. Il faut avoir une place dans ce qu'il y a en dessous. Dans votre cœur. Bien sûr, le jour où les Québécoises feront comme les filles de St-Tropez, et se promèneront en poitrine toute la journée, le côté mythique des seins disparaîtra. Ce ne seront plus des boules à mythe. Mais à moins trente avec le facteur vent, ce n'est pas demain la veille que les seins perdront, ici, leur statut de fruits défendus, de doux privilèges.

J'espère que je me suis bien fait comprendre. C'est un sujet tellement délicat. Je suis tout rouge pendant que j'écris. Vous faites ce que vous voulez, bien sûr. Mais je veux juste vous dire, mesdames et mesdemoiselles, qu'on vous aime comme vous êtes. Ne touchez à rien. Laissez-nous le faire !

Vous avez tort d'essayer de vous servir de vos seins comme appât. Car en faisant cela, vous ne pêcherez que des maquereaux. Que vous ayez des gros seins, des petits seins, des moyens seins, ce n'est pas avec ça que vous attirerez le gars. Le bon. Le vrai. Celui qui vous aimera. Non, c'est plutôt avec la petite étincelle que vous avez au fond des yeux. Et cette petite étincelle là, aucun chirurgien plastique ne peut la grossir. Ne peut la rendre plus apparente. Il n'y a que l'amour qui sait faire ça.

Je vous embrasse. Sur la joue.

C'était meilleur avant

Aimez-vous la musique d'aujourd'hui ? Les Backstreet Boys, Britney Spears, Ricky Martin, Eminem ? Pas tant que ça. C'était meilleur avant. Dans le temps des Beatles, des Rolling Stones, de Bob Dylan, de David Bowie. Ça, c'était de la musique ! De la vraie. De la bonne. On se posait de grandes questions : « *How many roads must a man walk down before you call him a man ?* ». De nos jours, on se demande : « *Who let the dogs out ?* » Grosse préoccupation. Naguère, John Lennon provoquait en dénonçant la guerre. Aujourd'hui, Eminem provoque en disant qu'il veut violer sa mère. La cause est moins louable. Sans le bannir des ondes, disons que c'est peut-être pas à la radio FM qu'on devrait entendre Eminem, mais à la bande AM, parmi les gens qui appellent le Doc Mailloux ! Ça serait plus utile pour lui. Et pour sa mère surtout. Changeons de sujet, c'est trop déprimant.

Aimez-vous le hockey d'aujourd'hui ? La trappe, l'accrochage, les Blue Jackets de Columbus, Jim Campbell ? Pas vraiment. C'était meilleur avant. Dans le temps de

Guy Lafleur, de Ken Dryden, des Glorieux et de Tretiak. Ça, c'était du hockey! Du vrai. Du bon. Quand on parlait d'un joueur, on parlait de ses buts et de ses passes. De nos jours, quand on parle d'un joueur, on parle de son salaire et de ses commotions cérébrales! Lui, il fait 10 millions et il a eu huit commotions cérébrales. Un autre fait 20 millions et il a eu 12 commotions cérébrales. Quand ton nombre de commotions cérébrales dépasse le chiffre de ton salaire, ils essaient de t'échanger à Toronto! Changeons de sujet, c'est trop déprimant.

Aimez-vous la politique d'aujourd'hui? Chrétien, Landry, Bourque? Pas fort. C'était meilleur avant. Dans le temps de Trudeau, Lévesque, Drapeau. Ça, c'était de la politique! De la vraie. De la bonne. On avait des projets. Au fédéral, c'était la société juste. Au provincial, c'était l'indépendance du Québec. Et au municipal, c'était de mettre Montréal sur la carte du monde. Aujourd'hui aussi, on a des projets. Au fédéral, c'est une auberge à Grand-Mère. Au provincial, c'est une résidence officielle à Québec. Et au municipal, c'est fusionner avec Montréal-Nord. Grosse envergure! Changeons de sujet, c'est trop déprimant.

Aimez-vous la bouffe d'aujourd'hui? Le McDo, les OGM, la vache folle? Dégoûtant. C'était meilleur avant. Dans le temps du roast-beef à maman, de son pâté chinois et de son gâteau au chocolat. Ça, c'était de la bouffe! De la vraie. De la bonne. On s'assoyait à la table et on avait hâte de manger. Aujourd'hui, on stresse. Dès qu'on se met quelque chose dans la bouche, on ne sait pas si on va poigner le cancer, l'E. coli ou des boutons. Même le lait est rendu dangereux. Il paraît que si on en boit trop, on n'arrête pas d'entendre chanter Adamo. C'est grave! Changeons de sujet, c'est trop déprimant.

Aimez-vous la société d'aujourd'hui ? Les urgences bondées, l'éducation ratée, l'absence de morale ? Vraiment pas. C'était meilleur avant. Dans le temps où l'on soignait les gens. Dans le temps où ils savaient lire et écrire. Dans le temps, où l'on croyait en quelque chose. Ça, c'était une société. Une bonne. Une vraie. Comme il ne s'en fait plus.

Bon, il faut se rendre à l'évidence, tout était meilleur avant. C'est clair. Même vous. Oui, vous, monsieur ! Vous croyez que vous êtes meilleur aujourd'hui. Ha ! ha ! Demandez à votre femme, elle va vous le dire. D'ailleurs, elle vous le dit au moins cinq fois par jour : « T'étais plus romantique avant. T'étais plus fin avant. T'étais moins gros avant. T'avais plus de cheveux avant. T'avais pas besoin de Viagra avant ».

C'est sûr que c'est très déprimant de constater que la vie était meilleure avant. Que le monde ne fait que régresser. L'empire s'empire. Et depuis longtemps. Parce qu'avant, on disait aussi que c'était meilleur avant. Dans le temps des Beatles, on disait que la musique était meilleure dans le temps d'Elvis. Dans le temps d'Elvis, on disait que la musique était meilleure dans le temps de Bing Crosby. Et dans le temps de Bing Crosby, on disait que la musique était meilleure dans le temps de Fernand Gignac. Au hockey, c'est la même chose. Dans le temps de Lafleur, on disait que le hockey était meilleur quand il y avait seulement six équipes. Et dans le temps des six équipes, on disait que le hockey était meilleur quand il y avait seulement une équipe !

C'est quand même incroyable que tout ait toujours été meilleur avant. En allant au bout de ce raisonnement, ça veut dire que l'homme préhistorique fut le grand chanceux de la Création. C'est lui qui aura bénéficié de la meilleure musique, du meilleur hockey, de la meilleure politique, de la meilleure bouffe et de la meilleure société. Pas étonnant que les Pierrafeu aient toujours une aussi bonne cote d'écoute à TQS.

Face à ce cruel constat, que tout, depuis toujours, est meilleur avant, il faut donc changer sa façon de penser. Sa façon de voir le monde. Au lieu de se dire que la musique d'aujourd'hui est moins bonne que celle d'hier, il faut se dire qu'elle est meilleure que celle de demain. Quand on regarde un match de hockey plate, il faut s'encourager en se disant qu'on regarde un match de hockey moins plate que celui qu'on va regarder demain. Mesdames, au lieu de vous dire que votre chum était meilleur avant, dites-vous qu'il est bien mieux que ce qu'il sera demain. Ça, c'est certain.

Voilà une bonne façon de vivre au présent et d'arrêter de vivre dans le passé. Il faut remplacer « Meilleur avant » par « Mieux que demain ». Bien sûr, c'est une vision un peu pessimiste du futur, mais c'est pas grave, parce que le futur n'existe pas. Quand on est rendu dans le futur, c'est qu'on est dans le présent.

Bonne semaine à tous. Profitez-en car elle sera bien meilleure que la semaine prochaine !

Charrier en direct

D ans un bar branché de Montréal, un gars et une fille discutent :

« Ouais, j'te dis que Christiane Charette, elle a complètement perdu les pédales avec Bernard Landry !

— Ben voyons mon beau, tu disjonctes ! Christiane, elle n'a rien à se reprocher !

— J'comprends qu'elle a de quoi à se reprocher ! Elle était ben trop agressive ! Elle devait être en SPM !

— Non, elle était en BBM !

— En tout cas, Bernard Landry a eu peur. Il a trouvé qu'elle avait des yeux méchants !

— Ton pauvre ti-Bernard Landry, y'est ben fragile. Il est mieux de se préparer psychologiquement avant de passer à Jean-Luc Mongrain. Il va voir c'est quoi des yeux méchants !

— Au moins, Mongrain, il ne s'habille pas toujours en noir. Des fois, il s'habille en brun. Christiane Charette est toujours habillée en noir. Comme les méchants. Comme le Pingouin, Hannibal ou Fantômas. Bernard

Landry a prouvé qu'il était un homme très courageux.

— Tant qu'à faire, dis donc que Bernard Landry est un martyr. On devrait le canoniser pour avoir été torturé par la méchante Christiane. Appelons-le Saint-Bernard ! Mettons-lui un baril de whisky autour du cou et attendons que la neige nous enterre pour qu'il vienne nous sauver en nous léchant la face !

— Tu sauras que ta Christiane, elle est chanceuse d'avoir eu en face d'elle un gentilhomme comme Bernard Landry. Si elle avait agi de la sorte avec Jean Chrétien, il l'aurait égorgée comme il a fait avec le manifestant avec la tuque. Pis ensuite, Aline l'aurait achevée à coups de statue esquimaude !

— En tout cas, Ottawa a pas à s'en faire avec le Sommet des Amériques. Le gouvernement canadien a juste à engager Christiane Charette comme présentatrice. Bernard Landry, il voudra pas parler ! Il va avoir trop peur !

— C'est ça, moque-toi ! Toujours est-il que Radio-Canada devrait la punir. Il devrait l'envoyer animer *La semaine verte*.

— Wô ! *La semaine verte* ! Il ne faut pas mettre la Charette devant les bœufs !

— Très drôle ! C'est sûrement une fédéraliste. Elle doit être dans la clique d'Antonine Maillet.

— Pourquoi tu dis ça ?

— Pélagie la Charette, c'est sûrement sa grand-mère !

— Très drôle, toi aussi ! En parlant de grand-mère. C'est Bernard Landry qui a été polisson avec Christiane et non pas le contraire. Il lui a demandé si elle était grand-mère !

— Quoi, Christiane Charette, c'est pas Véronique Cloutier ! Le petit qui joue des tables tournantes à côté d'elle, il pourrait être son petit-fils.

« — C'est pas grave. On ne demande pas à une femme si elle est grand-mère. Ça ne se fait pas !

— Y'a pas de quoi en faire un scandale !

— À Chrétien, on en a ben fait un scandale de Grand-Mère !

— Ha ! Ha ! Sérieusement, j'ai entendu dire, entre les branches, qu'il paraîtrait que si Christiane Charette a été si raide avec Bernard Landry, c'est parce qu'elle aurait déjà eu une liaison avec lui, et il l'aurait sacrée là. Pis elle l'a pas pris !

— Tu dis n'importe quoi ! Une liaison avec Bernard Landry ! Voyons donc ! Lui, ce qui l'excite, c'est de voir le taux de chômage baisser ! Méchant amant !

— En tout cas, il manie bien la langue !

— Franchement ! De toute façon, Christiane, elle n'a pas été si bête que ça avec lui. Elle lui a offert un bonbon. C'est lui qui l'a pas pris !

— C'était un bonbon rouge. Pis y'aime pas les rouges !

— Moi je trouve que Christiane a réalisé l'entrevue de l'année, et on devrait lui donner un Métrostar juste pour ça !

— Moi je pense qu'elle devrait prendre sa retraite. Qu'elle s'en aille à Canal Vox, remplacer Pierre Marcotte !

— C'est effrayant de dire ça ! En tout cas, tu me feras pas changer d'idée. Christiane a eu raison. Christiane est la meilleure.

— Moi non plus, tu me feras pas changer d'idée. Elle a fait une folle d'elle. Vive Landry !

— Au fait, as-tu vu l'émission ?

— Euh... Non, je regardais Mario Lemieux contre le Canadien. Toi l'as-tu vue ?

— Euh... Non, je regardais *Le Retour*. »

Trois petites marches

Un bel après-midi de mars 1985. Je marche sur la rue de l'Esplanade. J'ai rendez-vous avec le plus grand agent d'auteurs du Québec, John Goodwin. Je suis nerveux. Intimidé. Mais j'ai hâte. Je sais que lui, mieux que personne, peut m'aider à faire dans la vie, ce que j'ai envie de faire : écrire. J'arrive devant sa maison. Il y a un très grand et très long escalier à monter. J'accroche la rampe et je monte. Une bonne vingtaine de marches. Rendu presque tout en haut, il en reste encore trois. Trois petites marches pour accéder à la porte. Mais il n'y a plus de rampe pour se tenir. La rampe finit tout juste avant. Pour quelqu'un comme vous, ces trois petites marches se gravissent facilement. Un, deux, trois ! Et on n'en parle plus. Mais pas pour moi. Mon handicap aux jambes m'empêche de me donner la poussée nécessaire. J'ai besoin d'un appui. D'une rampe. J'essaie quand même. Je monte un pied. Mes jambes se mettent à trembler. Si je manque mon coup et que je tombe par en arrière, je risque de me tuer. L'escalier est haut. Et le trottoir en ciment, tout en bas, est dur. Je ne sais plus quoi faire. Je suis là. Tout en haut de l'escalier, à quelques pieds de la porte de la maison où je veux aller, et je ne suis pas capable. C'est niaiseux de ne pas être capable.

Je voudrais bien faire les enjambées qui me mèneraient au sommet. Mais mon corps ne peut pas. Il est figé. Trois petites marches qui sont pour moi l'Everest. Trois petites marches qui me font avoir l'air con. Je m'assieds dans l'escalier. Désespéré. J'ai le cœur qui bat fort. Deux heures moins quart. Mon rendez-vous est dans 15 minutes. Je ne peux pas croire que je vais devoir retourner chez moi. Perdre la chance que j'ai de rencontrer un homme qui peut m'aider à réaliser mon rêve, parce que je ne suis pas capable d'atteindre la porte. De rejoindre la sonnette. À cause de trois marches. À cause de mes maudites jambes.

Normalement, je trouve toujours un moyen. Je me mets à genoux. Je monte à quatre pattes. Je me glisse. Mais là, c'est impossible. Trop risqué. J'ai pas le choix. Il faut que quelqu'un m'aide. J'haïs ça. Mais c'est ça. Je redescends l'escalier. Lentement. Et rendu en bas, j'essaie de voir dans la physionomie des piétons, lequel aurait l'air assez gentil pour m'escorter. Il n'y en a pas. Ils ont tous un pas pressé. Et ils me regardent bizarrement. Ma posture un peu spéciale semble leur faire peur. Je me risque quand même. J'aborde un barbu costaud : « Pardon, monsieur... ». Il traverse la rue. Il ne veut rien savoir.

Je rage. Je regarde le grand escalier. J'aurais le goût de le monter à toute vitesse. Comme Rocky. D'arriver en haut, les bras en l'air. Et de prouver qu'on peut dépasser ses limites. Que rien n'est impossible. Mais, on n'est pas dans un film. On est dans la vie. Et dans la vie, quelqu'un avec un handicap comme moi ne peut pas monter les trois dernières marches d'un escalier à pic s'il n'y a pas de rampe.

Il va falloir que je pile sur mon orgueil. Moi qui est fier comme quatre paons, il ne me reste plus qu'une seule solution. Si les inconnus n'ont rien à foutre de mes problèmes, il va falloir que je me retourne vers ceux qui m'aiment. Je marche vers une cabine téléphonique. Et j'appelle mon vieux chum Stéphane Tremblay qui travaille dans le coin : « Mon bon Stef, peux-tu te libérer tout de suite, j'ai besoin de toi ! Je suis sur la rue de l'Esplanade, devant le parc. Je t'expliquerai... »

10 minutes plus tard, Stéphane arrive en trombe.

« Qu'est-ce qu'il y a ?

— Tu vas me trouver ridicule, mais j'ai un rendez-vous important dans cette maison-là, et je ne suis pas capable de monter les trois dernières marches parce qu'il n'y a plus de rampe. M'aiderais-tu ?

— Pas de problème mon homme. »

Il me fait un beau clin d'œil. Grâce à son sourire, je ne me sens même pas épais. J'accroche le bras de mon ami. Mon grand ami. Et j'arrive tout en haut. Un petit pas pour l'homme, un bond de géant pour l'humilité ! Monsieur Goodwin n'a jamais su à quel point j'étais heureux d'être enfin chez lui !

Il ne faut pas avoir peur de demander de l'aide. Même si on aime toujours mieux pas. Les gens comme moi le savent. Et les parents d'enfants handicapés devraient prendre exemple sur leurs enfants. Si leur enfant accepte d'être aidé pour marcher, manger ou s'habiller, pourquoi eux, n'accepteraient-ils pas de se faire aider aussi ? Quand ils sont rendus au bout du rouleau. Quand ils sont démoralisés. Épuisés. Découragés. Plutôt que de se lancer en bas de l'escalier avec leur enfant, ils devraient demander de l'aide. À un ami ou à la société. Il n'y a pas de honte.

On peut être handicapé des jambes. On peut être aussi handicapé du moral. Handicapé du courage. C'est pas grave. Suffit de trouver un bras sur lequel s'appuyer.

J'ai beau avoir un handicap léger, je sais bien que certaines personnes qui me croisent dans la rue pensent que je suis zinzin. Et que ma vie est pénible. Alors qu'elle est très agréable. Imaginez ce que les gens pensent de ceux qui ont un handicap lourd. On est certain que leur vie ne vaut pas la peine. Pourtant, on ne sait pas. On ne sait pas si derrière toutes leurs barrières, au fond de leur corps affligé, il n'y a pas une âme qui aime être ici. Avec nous sur la Terre. Et qui apprécie chaque petit moment de joie. Comme vous et moi. Je comprends que ça ne doit pas être évident de toujours devoir les aider. Je comprends qu'un jour, on peut en avoir assez. Ce jour-là, il faut se retourner vers les autres. Et espérer que quelqu'un viendra à notre secours. Avant de demander à la mort de nous aider, il faut demander à la vie. Souvent. Sans relâche. Le ciel, c'est les autres.

Des escaliers qui m'ont forcé à demander de l'aide, j'en ai rencontré beaucoup. Je ne pensais jamais en parler dans la grosse *Presse*. Un homme a sa fierté. Mais je me suis dit, on ne sait jamais, ça peut peut-être aider quelqu'un...

Arrêtez de sacrer !

« Tabarnak ! »
Une auto vient de m'éclabousser. C'est sorti tout seul. Ça m'arrive parfois. Quand la colère me prend par surprise. Un petit juron revole. On dirait que ça me fait du bien. Mais en même temps, j'ai un peu honte. J'suis pas fier. J'sais que c'est pas beau. Quand j'entends quelqu'un d'autre lâcher un sacre, je trouve ça laid. Très laid. Sacrer, c'est comme couper quelqu'un avec sa voiture. Quand, c'est nous autres qui le fait, c'est parfait. Quand c'est les autres, c'est dégueulasse ! À part Michel Chartrand et Régis Lévesque qui savent sacrer de façon poétique, le sacre est foncièrement agressant. Écorchant. Et en plus, il est complètement dépassé.

Non, mais c'est vrai, qu'est-ce qu'on a l'air, nous les Québécois, avec nos « tabarnak ! », « ostie ! », « callisse ! » ? On a l'air d'une gang de colons. Quand nos cousins français nous entendent jurer, ils se mettent à rire. Ce qui n'est vraiment pas l'effet recherché. Quand tu sacres, c'est pour faire peur à ton interlocuteur. Pas pour le faire

marrer. Mais c'est plus fort qu'eux. Plus on dit de sacra-
ments, de crisses, de calvaires, plus les Français rigolent.
Ils n'en reviennent pas qu'on utilise encore de vieux termes
religieux pour manifester notre insatisfaction. Et ils ont
raison ! C'est vrai. C'est quoi le rapport ? Il fut un temps
où la religion était toute puissante au Québec, alors dans
ce temps-là, le blasphème était signe de révolte. Mais
aujourd'hui ? Plus personne ne va à la messe. La majorité
des gens qui disent tabarnak n'ont jamais vu de leur vie un
tabernacle. Ils ne savent même pas c'est quoi. En continuant d'utiliser ces termes, on a l'air d'anachronismes.
Comme si on sortait tout droit du film *Les Visiteurs*.

À l'heure de la mondialisation, il serait peut-être temps
qu'on choisisse d'autres expressions pour traduire notre
trop plein d'émotions. Nos cousins, eux, se servent du
mot « putain ». Putain ci ! Putain ça ! Ici, avec la force du
Conseil du statut de la femme, on est mieux d'oublier ça.
Imaginez Claudel Toussaint, qui en conférence de presse,
lance un : « Putain mesdames, allez-vous me lâcher ! »
Il n'est pas mieux que mort !

Nos voisins américains utilisent abondamment le mot
fuck. Chez nous, le mot *fuck* n'a pas le même impact.
Il nous fait penser à Brigitte Bardot ou à Beau Dommage.
Rien pour nous faire dresser le poil. La plupart des peuples
puisent dans le langage sexuel les termes de leur frustra-
tion : putain, con, *motherfucker*. Mais au Québec, ça ne
marche pas. Que voulez-vous, on n'est pas frustré sexuellement. Peut-être est-ce grâce à Louise-Andrée Saulnier ou
à Anne-Marie Losique, mais le cul ne nous scandalise pas.
Si tantôt, après avoir été éclaboussé, j'avais hurlé le mot
« pénétration », j'aurais pas eu un gros effet. Le gars dans
sa bagnole n'aurait pas compris que je n'étais pas content.

Au contraire. Il aurait cru que j'ai aimé ça. Pourtant, c'est ce que les Américains disent lorsqu'ils hurlent un gros *fuck*. Et on comprend qu'ils sont fâchés !

Puisqu'il est plus que temps qu'on laisse la religion tranquille, et que le sexe ne nous choque pas, il va donc falloir innover. Se trouver de nouveaux jurons. Nos aïeux avaient choisi les saints objets de l'église parce que la religion dominait leurs vies. Qu'est-ce qui domine nos vies aujourd'hui ? L'argent. Le *cash* ! Et quelle est l'église du XXIᵉ siècle ? La Bourse. Donc, c'est simple. La prochaine fois que vous allez vous frapper sur le doigt avec votre marteau, criez «NASDAQ !»

Quand vous allez vous tourner un pied en marchant dans un nid-de-poule, lâchez un gros « Dow Jones ! »

Quand vous allez retrouver sous l'essuie-glace de votre voiture une contravention, échappez un bon « Krach ! »

Quand vous voulez insulter quelqu'un, dites-lui : « Mon indice TSE, toé ! T'es juste un ti-fonds mutuel ! »

Quand votre comptable va vous apprendre combien vous allez payer d'impôt, cette année, lâchez une série de « Nortel de Bre-X de CINAR de Quebecor de Microsoft ! » Ça va vous faire du bien !

La Semaine sainte débute aujourd'hui, alors faites un effort, essayez de ne pas sacrer jusqu'à Pâques. Laissez de côté les hosties, les calices et les tabernacles. Et s'il faut vraiment que vous laissiez échapper votre colère, défoulez-vous sur le monde financier.

Sploutche ! Bon, une autre auto vient de m'éclabousser :

« Ta... xation ! »

❧

La fausse balle de Willie Stargell

Un soir de printemps 1969. J'ai 8 ans. J'assiste pour la première fois à un match de baseball. Les Expos jouent contre les Pirates. Au Parc Jarry. J'ai les yeux plus grands que la place Ville-Marie. C'est vraiment le paradis ici.

D'abord, il y a des lumières, des énormes lumières, tout le tour du parc.

Elles sont tellement fortes qu'on dirait qu'il fait jour. Si on avait ça dans la ruelle, on pourrait jouer jusqu'au lendemain matin.

Sur le terrain, il y a les joueurs. On est tout près d'eux. À la télé, ils ont l'air d'hommes sérieux, importants, mais sur place, ils ont l'air de ce qu'ils sont : des grands enfants qui jouent à la balle. Comme moi. Ce qui m'impressionne le plus, ce sont leurs gants. Ils sont tellement beaux. Et la balle fait un si beau bruit quand elle rentre dedans. Demain, après l'école, il faut à tout prix que je me *pitche* avec mon frère...

Dans les estrades, il y a un gars qui crie : « Coke, Pepsi, Seven Up ! » Et un autre qui crie : « Chips, Pop Corn,

Ice Cream, Crème glacée ! » C'est ça, le bonheur ! Entendre crier toutes les choses que j'aime. Coke ! Pepsi ! Seven Up ! Chips ! Pop Corn ! Ice Cream ! Crème glacée ! C'est presque meilleur que de les manger.

En plus de tout ça, on est dehors. C'est l'fun d'être dehors à 8 ans quand il fait très noir. Qu'il est passé l'heure du dodo depuis longtemps. C'est comme Noël. Il y a même des étoiles.

Et puis surtout, il y a mon père. Mon père qui dort toujours devant le baseball, quand on le regarde à la télé. Ce soir, il ne ronfle pas. Il sourit même. En fumant son Export A. Je sais qu'il n'aime pas le baseball. Je sais qu'il est venu pour moi. Mais il semble s'amuser quand même. Ça doit être le grand air. L'atmosphère relax du Parc Jarry qui le détend autant. Il est tellement de bonne humeur, que durant l'hymne national, il a chanté très fort le « Ô Canada ». Pas parce qu'il est fédéraliste. Non, parce qu'il est allé à l'école avec Yoland Guérard, et quand il chante, il se prend pour lui ! Les gens, tout autour, le regardaient. Ça me gênait un peu. Mais j'étais tellement content de le voir joyeux que je n'ai rien dit. Je ne le vois pas souvent comme ça.

Les lumières, les gants, le gars qui crie « Coke, Pepsi, Seven Up ! », l'autre qui crie « Chips, Pop Corn, Ice Cream, Crème glacée ! », les étoiles, mon père qui sourit, il y a tellement de choses à regarder, que j'en oublie presque la partie.

L'annonceur-maison hurle : « Willie Stargell ! » Le gars à ma gauche dit à son chum : « Lui, y'est bon ! » C'est vrai qu'il a l'air bon. Il s'installe à la plaque. Il fait aller ses bras comme un moulinet. On dirait que son bâton est un cure-dent. Moi aussi, je vais faire ça avec mon frère. McGinn lance la balle. Stargell la frappe. Vers nous !

Tout le monde se lève. Mon père me prend dans ses bras. Et la fausse balle atteint de plein fouet la madame juste devant moi. Bang! Sur le front. La madame est dans les pommes. Les ambulanciers arrivent. Avec une civière. Ils l'amènent à l'infirmerie. Toute notre section se rassoit. La partie continue.

Moi je suis sous le choc. Tout était si parfait. Les lumières, les gants, le gars qui crie «Coke, Pepsi, Seven Up!», l'autre qui crie « Chips, Pop Corn, Ice Cream, Crème glacée! », les étoiles, mon père qui sourit. Et puis clac! Une fausse balle de Willie Stargell! Et une madame se fait mal. Très mal. Quelques pouces plus loin, et c'est moi qui l'aurais reçue sur la tête. J'aurais peut-être perdu connaissance. Je serais peut-être mort. Ou pire, la balle aurait pu frapper mon père...

Angoisse. La fausse balle de Willie Stargell venait de me faire réaliser que même dans les plus grands moments de bonheur, même quand tout va bien, quand tout semble flotter, on ne sait jamais ce qui peut arriver. On ne sait jamais quand la vie peut vous frapper. Vous ramener sur terre.

La fausse balle de Willie Stargell, c'est le destin.

Ça m'a pris du temps pour digérer tout ça. Durant des années, chaque fois que j'ai vu Willie Stargell s'amener au bâton, j'ai eu peur. Peur de recevoir une balle dans le front. Même quand je le regardais à la télé! C'était plus fort que moi.

Willie Stargell, le Pops des Pirates, est mort cette semaine. Et je lui dois beaucoup. C'est grâce à lui que j'ai su très jeune qu'il faut profiter de chaque moment de bonheur, pendant qu'il est là. Car on ne sait jamais combien de temps il va durer.

Je n'entendrai plus jamais mon père chanter le « Ô Canada » trop fort. Il est décédé l'année dernière. Et souvent depuis, je me sens vide comme le Stade olympique. Mais me souvenir des bons moments partagés avec lui me fait du bien. Ça me donne l'impression qu'il revit. Joyeuses Pâques tout le monde !

De Ben Johnson et de Baudelaire

E ncore la maudite drogue ! Toujours la maudite drogue !
Il ne se passe pas une semaine sans qu'un scandale
de dopage éclabousse le merveilleux monde du sport.
Mercredi, c'était le tour des joueurs de football italiens.
Samedi, celui des skieurs finlandais. Et il y a eu les lutteurs
allemands, les sauteurs à ski russes, les kayakistes
italiennes. Ça, c'est sans parler des cyclistes du Tour de
France et de tous les athlètes bannis des Jeux de Sydney.
Ça n'arrête jamais. Et le pire, ce ne sont pas ceux qu'on
dépiste. Ce sont ceux qu'on ne dépiste pas et qui ont le cou
couvert de médailles. C'est rendu que toute performance
extraordinaire d'un athlète éveille les soupçons.

Pauvres sportifs ! Tout le monde les accuse ! Tout le
monde déboulonne leur statue. Non mais mettez-vous à
leur place. C'est pas drôle ! Ils sont rendus tellement
traumatisés par les tests antidopage qu'ils font pipi
partout. Comme Stéphane Ouellet. C'est grave. Mais
pourquoi y'a juste eux qu'on teste ! Han ? Pourquoi ?

Ben Johnson gagne le 100 mètres à Séoul. Il est

l'homme le plus rapide de l'Histoire. C'est notre héros. Notre dieu. Puis on apprend qu'il a pris de la drogue. Alors il devient un zéro. Une tache. Un moins que rien.

Charles Baudelaire a écrit dans *Les fleurs du mal* :

Mon enfant, ma sœur,
Songe à la douceur
D'aller là-bas
Vivre ensemble !
Aimer à loisir,
Aimer et mourir
Au pays, qui te ressemble !
Les soleils mouillés
De ces ciels brouillés
Pour mon esprit ont les charmes
Si mystérieux
De tes traîtres yeux,
Brillant à travers leurs larmes.

C'est beau, han ? ! Quel poète ! Quel génie ! Ben le beau Baudelaire, il a écrit ça sous l'effet de la drogue ! Est-ce que ça change notre opinion sur lui ? Allons-nous faire retirer ses livres ? Allons-nous débaptiser les rues qui portent son nom ? Ben non ! Il reste notre idole. Et s'il vivait encore, Bernard Pivot serait à quatre pattes devant lui.

Pourtant, si Baudelaire n'avait pas consommé de substances illicites peut-être aurait-il simplement écrit :

C'est ma vie, c'est ma vie
Je n'y peux rien
C'est elle qui m'a choisi
C'est ma vie

C'est pas l'enfer,
Mais c'est pas l'paradis

Et on l'aurait complètement oublié aujourd'hui.
À moins qu'une annonce de lait le ressorte des boules à
mythes.

Deux poids, deux mesures

Imaginez si après les spectacles de Jean Leloup ou des
Rolling Stones, on leur demandait d'aller faire pipi. Et s'ils
testaient positifs, on les priverait de leur cachet et on les
suspendrait. Y'a pu un chanteur qui pourrait exercer son
métier ! Si pour gagner un Félix, les chanteurs québécois
devaient tester négatif, c'est Fernard Gignac qui aurait
tous les trophées. La pipe étant une drogue admissible !
Heureusement pour eux, les artistes, on les laisse tranquille. On est seulement sur le cas des athlètes. C'est pas
juste. Pourquoi la dope ne peut pas aider Ben Johnson
à courir, mais elle peut aider les Beatles à créer ? Pourquoi
on enlève les médailles d'or aux Ben et on couvre de
disques d'or les Éric Lapointe ?
Vous voulez vraiment une société propre ? Parfait !
Alors tout le monde doit être visé. Toutes les professions.
Parce que, de toute façon, c'est pas mal plus grave pour
votre santé si le pilote de l'avion que vous prenez s'est
drogué, que si un joueur de ping-pong chinois a pris des
amphétamines. Et il faudrait surtout pas oublier nos
politiciens, non plus. Combien de décisions rendues par
nos gouvernants sont prises avec un verre dans le nez ?
Tricofil, Québec 84, le virage ambulatoire, la réforme
scolaire, pensez-vous qu'on pense à ça à jeun ?

Denis Coderre, il faut le tester ! Bernard Landry, il faut le tester ! Jean Chrétien, il faut le tester ! Le boss de Nortel, il faut le tester ! Les ingénieurs de BAR, il faut les tester ! Le patron du McDo sur la rue Peel, il faut le tester ! George W. Bush, il faut le tester ! (Quoique lui, ça lui ferait peut-être du bien de fumer un peu de jamaïcain. Ça le calmerait ! Ça le relaxerait !)

C'est sûr que c'est plus facile de ne s'en prendre qu'aux athlètes. De les montrer du doigt. De les traîner dans la boue. D'en faire des exemples. Et de laisser le reste du monde s'empiffrer de drogues et d'alcool. On a bonne conscience. On a sacrifié le veau d'or. Virenque est viré. Johnson est déchu. Mais avant de lancer la première pierre aux sportifs, allons passer un test antidoping pour savoir si ce n'est pas parce qu'on en a pris nous-mêmes qu'on la lance si fort !

Amis lecteurs, vous êtes peut-être surpris que je prenne ce matin la défense des athlètes. Peut-être allez-vous même croire que c'est parce que je suis sous l'effet de la drogue que j'agis ainsi. Détrompez-vous ! Je n'ai pas consommé. Mais une chose est sûre, c'est que cette chronique est beaucoup plus drôle si vous avez fumé un joint avant de la lire !

Le clonage Le clonage

Êtes-vous pour ça vous, le clonage ? Êtes-vous pour ça vous, le clonage ? Le clonage humain. Le clonage humain. C'est le grand débat en ce moment. C'est le grand débat en ce moment. Non, inquiétez-vous pas, je ne répéterai pas tout deux fois. Non, inquiétez-vous pas, je ne répéterai pas tout deux fois. Je vous le promets. Je vous le... OK, ça fait ! Aïe ! C'est achalant, la répétition. Ben, c'est ça le clonage ! Alors, ceux qui voudraient se faire cloner sont mieux d'y penser deux fois !

Voulez-vous ben me dire quel est l'intérêt qu'il y ait sur la Terre un autre être exactement comme nous ? Ça nous fait sacrer quand on rencontre quelqu'un qui a la même robe ou la même chemise que nous. Imaginez s'il a tout le reste ! Les cheveux. Les yeux. Le nez. La bouche. Le corps. Le cerveau. Tout comme nous. On l'haïrais-tu ! Pis si en plus, il réussissait mieux que nous. S'il avait une femme plus fine que la nôtre. S'il avait une plus beau job. S'il faisait plus de *cash* que nous. On aurais-tu l'air cave ? Se faire battre par quelqu'un qui a le même bagage génétique que nous. Y a-t-il quelque chose de plus humi-liant ! ? Monsieur le psy, mon double est meilleur que moi !

On va donc oublier tout de suite le clonage de notre propre personne. Trop perturbant. Et pensons plutôt au clonage des autres. Parce que ce qu'on n'est pas prêt à faire sur nous, on est souvent prêt à le faire sur les autres. C'est sûr que si sur la planète toutes les filles ressemblaient à Sophie Marceau, ce ne serait pas désagréable. Quoique. C'est la rareté qui fait la beauté. On finirait par les trou-ver ordinaires. Si dans une foule de 100 000 Sophie Marceau, on retrouve une Sheila Copps, c'est elle que l'on va remarquer. C'est comme si on clonait Mario Lemieux. Et que toutes les équipes de hockey de la Ligue nationale étaient composées de 24 Mario Lemieux. Ça serait plate. On ne s'en rendrait pas compte que ce sont des Mario Lemieux. Si Mario Lemieux est un joueur supérieur, c'est parce qu'il joue contre des Tie Domi, des Brian Skrudland, des Jim Campbell. La journée où Mario Lemieux ne jouera que contre des Mario Lemieux, il va devenir un joueur moyen. Un joueur comme les autres. Un Mario Lepapire !

On va donc oublier aussi le clonage intégral d'une autre personne. Y'a déjà assez de gens qui nous tapent sur les nerfs, on ne va pas faire en sorte qu'il y en ait deux fois plus ! UN patron pis UN beau-frère, ça va faire !

Il reste le clonage à la carte. Méthode permettant aux parents de choisir chacun des petits bouts de leur enfant. En théorie, ça peut paraître tentant, mais en pratique, on n'est pas sortis du bois ! Un homme et une femme ont de la misère à s'entendre sur la couleur des murs du salon. Là, il faudrait qu'ils s'entendent sur le bagage génétique de leur bébé. Oh ! *boy* ! Juste avant qu'ils finissent par s'accorder sur le sexe, ils ont le temps de divorcer sept fois ! Admettons que, par miracle, ils veulent tous les deux un gars. L'homme va vouloir un gars avec les gènes de Tiger Woods, la femme va vouloir un gars avec les gènes de Garou. Ils vont donc être obligés de faire des compromis. Qu'est-ce que ça va donner ? Charles Biddle Jr !

C'est ça la vie de couple. Les fameux compromis. Parce qu'on n'est vraiment pas pareils. On est des anti-clones ! À moins que... Oui ! Là, le clonage pourrait, peut-être, être utile. Pas pour choisir les gènes de son bébé. Non. Pour choisir les gènes de son partenaire. L'agence de rencontres *Faites-le vous même*. Ça, ça poignerait ! Un clone de soi-même, mais avec les attributs de l'autre sexe. Mes goûts dans le corps de Cameron Diaz.

Imaginez, monsieur, une femme qui aimerait le golf autant que vous. Qui aimerait regarder le hockey, le baseball, le football, la boxe et Alain Chantelois autant que vous. Qui aimerait faire l'amour aussi souvent que vous. Et aussi peu longtemps que vous ! Et surtout, qui vous aimerait autant que vous vous aimez ! Imaginez madame, un homme qui aimerait dialoguer autant que vous. Qui aimerait regarder des films français et *Another World* autant que vous. Qui saurait enfin comment vous faire jouir ! Fantastique !

Le problème avec le clonage, c'est qu'on a tendance à penser que le clone *pop-up* immédiatement. Comme une photocopie. Il arrive tout de suite pareil comme nous. C'est pas ça. Au début, c'est juste une cellule. Puis un fœtus. Puis un bébé. Donc avant de recevoir notre conjoint idéal, il y aurait un délai de livraison. Admettons qu'à 25 ans, tu passes ta commande, 18 ans plus tard, tu reçois ton PGM, ton Partenaire Génétiquement Modifié.

C'est sûr qu'entre-temps, tes goûts risquent d'avoir changé. À 25 ans, tu voulais une blonde qui aime écouter du Eminem à planche. À 43 ans, tu préférerais qu'elle s'éclate sur l'album du Lait.

Non. Le clonage ne règle rien. Surtout que la technique est loin d'être au point. Avant de réussir à cloner la brebis Dolly, il y a eu 279 tentatives. 279 brebis ratées. Qu'est-ce qu'on ferait avec les 279 clones de vous-même ratés ? Le monde serait rempli de Ti-Clones ti-counes. Raël affirme qu'il est un clone. C'est assez pour nous convaincre de ne jamais en faire d'autre !

Entre vous et moi, les scientifiques travaillent comme des fous pour réussir à créer la vie en laboratoire, quand il y a une façon très simple de créer la vie en laboratoire, ils n'ont qu'à baisser leurs culottes ! C'est vrai. La nature nous a donné une façon tellement agréable de faire des enfants, pourquoi essayer d'en trouver une autre ? Qui a le goût, en ce beau dimanche, d'aller donner des fleurs à une éprouvette ou à une seringue ? C'est tellement plus émouvant d'en donner à une maman.

Bonne fête à toutes les mamans !

La course ? Quelle course ?

D ans quelques heures, un privilégié qui aura regardé le Grand Prix de Montréal depuis les loges au-dessus du paddock, va revenir chez lui. Son voisin va lui demander :

« Pis, comment c'était ?

— C'était fantastique ! J'étais dans une loge au-dessus du paddock !

— Qui a gagné la course ?

— La course ? Quelle course ? »

Il ne l'aura pas suivie. Il aura été trop occupé. Trop occupé à se montrer.

À montrer à tous les gens qu'il connaît qu'il est assez important pour être dans une loge au-dessus du paddock au Grand Prix de Montréal. Il aura passé une bonne heure à se promener de loge en loge pour rencontrer des clients potentiels. Pour établir des contacts. Pour parler *business*. Il aura arrêté son baratin quelques secondes. Le temps du départ. Puis aussitôt la course lancée, il aura recommencé à jouer au *big*. Il aura passé une demi-heure à parler au cellulaire avec ses relations. Pour qu'elles sachent qu'il est au Grand Prix de Montréal. Dans une loge au-dessus du paddock. Une autre demi-heure à dévorer le buffet. Parler, ça donne faim. Enfin, il aura dragué les hôtesses de Marlboro pendant une grosse heure. Sans succès. La course terminée, il retournera chez lui, satisfait. En comptant le nombre de gens qui l'ont vu. Quel beau Grand Prix !

J'espère que les Expos et le Canadien ont compris. Qu'ils savent maintenant comment vendre leur sport. Toute la semaine, la ville a vibré au rythme de la Formule 1. Il n'y en a eu que pour ça. Dans les journaux, à la télé, à la radio, dans les rues. Partout. Mais avez-vous, pour autant, entendu parler de chars ? Jamais ! Pas une fois ! On a parlé de bar, d'argent, de poupounes, de Julia Roberts, de Garou, d'Elvis Gratton, et même de la survie de la langue française. Mais jamais, il n'a été question de chars. Pourtant, c'est ça la Formule 1. Une vingtaine de chars qui tournent en rond durant deux heures. Le char qui tourne le plus vite gagne. C'est juste ça, dans le fond. Mais le fond est loin. Et il y a beaucoup de choses par-dessus.

Pour avoir du succès, un sport doit maintenant transcender le sport. Élargir les horizons. Devenir un événement.

Prenez le nom de ce sport : Formule 1. Ça fait pas char. Formule 1. Ça pourrait être le nom d'un médicament miracle, d'une arme nucléaire, d'une loi spéciale. Ça sonne important. Ça sonne savant. Et le nom de la compétition est tout aussi prestigieux. Le Grand Prix de Montréal. Pas La course de Montréal. Pas Le tournage en rond de Montréal. Non, le Grand Prix. Ça fait chic. Ça fait riche. Qu'est-ce que vous pensez qui paraît le mieux, le lundi matin ? Dire : « Je suis allé au Grand Prix de Montréal »,

« Je suis allé à la Formule 1 ». Ou dire : « Je suis allé au baseball », « Je suis allé à la game des Expos » ? Les deux premiers sonnent branchés. Les deux derniers sonnent colons. Baseball. Ça fait buveur de bière. Ça fait grosse bédaine. Ça fait primate. Il faut rebaptiser ce sport. Au lieu d'appeler ça baseball, appelons ça Mission 3. Trois, pour les trois prises, les trois retraits. Au lieu d'appeler ça une partie, appelons ça le Grand Couronnement. Hier, je suis allé au Grand Couronnement de Mission 3. Le Stade va être plein. Le hockey devrait faire la même chose. Le Grand Gala de Ice War 6. Six pour le nombre de joueurs sur la glace par équipe. Et pour le nombre de dents dans la bouche des joueurs. C'est *cool*.

Et surtout, surtout, le baseball et le hockey doivent cesser de nous ennuyer avec leurs maudites statistiques. Les plus et les moins, la moyenne au bâton, le nombre d'erreurs, le taux d'efficacité, le nombre de matchs nuls, l'avantage de la glace, on en a rien à foutre ! Est-ce que cette semaine, on nous a achalés avec la vitesse de pointe de Jacques Villeneuve ou la moyenne de temps aux arrêts au puits de l'équipe de BAR ? Pas du tout. Les statistiques, ça n'intéresse que les maniaques. Et ça n'attire pas les gens. Ce que le monde veut, c'est du croustillant. Du potin. De la variété.

Que Patrice Brisebois s'ouvre une boîte de nuit sur Saint-Laurent. Le Brakewood. Ça, ça va être intéressant à couvrir. On va avoir du jus. Il pourrait donner une conférence de presse. Déclarer que les Québécois ne doivent pas s'énerver avec la protection de la langue française. Les Anglais seraient contents. Ils arrêteraient de le huer au Centre Molson. Brakewood serait leur héros.

The name of the game is not pitching. The name of the game is marketing.

Au Centre Molson, comme au Stade olympique, il faut changer la disposition des sièges. Le spectateur n'a pas besoin de voir toute la glace, tout le terrain. Au Grand Prix, on ne voit pas toute la piste. On en voit juste un petit bout. On est dans une courbe. Le char passe. On le regarde. Et après ça, on a plus de temps pour jaser. Pour *relationner*. Les sièges au Centre Molson et au Stade devraient donc faire dos au jeu. Comme ça, tout le monde serait bien vu. On pourrait se montrer plus facilement. Et remarquer plus rapidement les gens qu'on désire rencontrer. Puis, si le match est ennuyant, c'est pas grave, on ne se retourne pas, on ne le voit pas ! Bien sûr, le fait de ne plus être obligé de regarder le match, quand on va voir une partie de hockey ou un match de baseball, pardon, je veux dire un Grand Gala de Ice War 6 ou un Grand Couronnement de Mission 3 devrait attirer un beaucoup plus grand public féminin.

Il est plus que temps que ces deux vieux sports poussiéreux que sont le baseball et le hockey prennent le virage de la Formule 1. Sinon, ils vont disparaître. Comme Felipe Alou.

Bon Grand Prix tout le monde ! Amusez-vous bien !

જ્જ

Le 17 juin 2001

La place de mon père

J'ai toujours su où était mon père. Il était assis au bout du divan vert. Dans le salon. C'était sa place. Il arrivait du bureau. Vers 6 heures. Il enlevait son veston. Mais gardait sa cravate. Il déposait son paquet de cigarettes sur la table. Et s'assoyait sur le divan vert. Pour regarder les nouvelles. Puis il se levait. Pour aller souper. Il faisait la vaisselle. Et retournait passer la soirée sur le divan vert. Autour de 8 heures, il enlevait ses souliers. Et s'allongeait sur le dos. C'était pas long, après ça, qu'il se mettait à ronfler ! Et ma mère commençait à lui dire : « Bertrand, va te coucher ! » Au bout d'une couple d'heures, il finissait par l'écouter. Il se levait et disparaissait dans sa chambre. Bonsoir la famille.

Papa n'aimait pas sortir. Aller au restaurant. Au cinéma. Voyager. Il aimait être chez lui. Dans sa maison. Dans son salon. Quand on était petits, parfois, le samedi, il nous emmenait chez nos cousins à Anjou. On partait vers midi. On revenait vers 4 heures. Aussitôt qu'il remettait les pieds dans la demeure, mon père disait : « On est-tu bien chez nous !» L'air soulagé. Ça venait du fond du cœur ! Puis il s'allongeait sur son divan vert. Pour la soirée.

Nous, on ne le comprenait pas. On le trouvait plate. On lui disait de faire quelque chose. De bouger un peu. De vivre. Il fallait le forcer pour aller une semaine en vacances à Kennebunk durant l'été. Toutes nos activités, nos sorties, nos jeux, on les faisait avec ma mère. Mon père allait nous reconduire. Et allait nous chercher. Entre-temps, il retournait s'asseoir sur le divan vert.

Puis, un jour, je suis arrivé chez mes parents, et mon père n'était plus dans le salon. Il était dans mon ancienne chambre. Au fond de la maison. À cause de son emphysème, il s'était installé là. Dans mon ancien lit. Devant une petite télé. C'est là qu'il passait ses journées. C'est là qu'on allait lui dire bonjour. Lui demander : « Comment ça va ? » Il répondait : « Pas si pire ».

C'est encore là que j'irai le voir aujourd'hui. En ce dimanche de la fête des Pères. Je vais sûrement lui parler. Mais il ne me répondra pas. Ses cendres sont dans une urne. Sur une bibliothèque de mon ancienne chambre. Pourtant ça fait plus d'un an qu'il est parti. Le 20 janvier 2000. Ma mère avait dit qu'on enterrerait ses cendres au printemps. Le printemps est passé. Puis l'été, l'automne et l'hiver. Et mon père est toujours dans la maison.

Je n'ai pas demandé à ma mère pourquoi l'enterrement des cendres n'avait pas encore eu lieu. Ma sœur m'a dit que ma mère n'était pas pressée. Que souvent, elle allait dans la chambre se recueillir. Et parler à papa.

C'est fou. Pendant des années, on a achalé papa pour qu'il sorte de la maison. Pour qu'il vienne avec nous. Chez ma tante. Chez Gibby's. Au spectacle d'Yvon Deschamps.

Voir *Star Wars*. À Paris. N'importe quoi. C'était toujours non.

« Allez-y, je vais vous attendre ici. »

Y'avait juste le récital de ballet de ma sœur pour le faire sortir. Et les *shows* d'André-Philippe Gagnon. Mais ça, c'était à cause de son gars. Pour tout le reste, il ne voulait rien savoir. Au point où ça nous choquait. Et maintenant qu'il est parti, plus loin que nous ne sommes jamais allés, c'est nous qui le retenons. En gardant ses cendres au fond de la maison.

C'est comme si nous réalisions, enfin, la chance qu'on avait qu'il soit toujours là.

Peu importe ce que je faisais, où j'allais. Que j'aie 5 ans, 10 ans, 20 ans, 30 ans, je savais que mon père était chez nous. Et qu'il m'y attendait. Tout le temps. Même si je vivais ailleurs. Même si je n'y allais plus souvent. Mon père était là. Pour moi.

Il y a des gens qui sont des bateaux. Il y en a d'autres qui sont des ancres. Mon père était une ancre. Bien accroché dans sa maison. Il n'avait pas besoin d'aller plus loin. Toute sa vie était là. Sa femme, sa fille et ses deux garçons. Des fois, je me dis que c'est lui qui avait peut-être raison. On passe sa vie à courir la planète. À vouloir tout voir. Tout essayer. Sans jamais trouver rien de comparable à la douceur d'un foyer. D'un chez soi.

Je ne sais pas quand ma mère décidera d'enterrer ses cendres. Mais je sais que ça ne changera rien. Que mon père restera toujours dans cette maison. Qu'à chaque fois que j'irai, je le verrai sur le divan vert. Ou dans la chambre du fond. Aussi silencieux qu'avant. Aussi présent. Dans mon cœur.

J'ai toujours su où était mon père. Maintenant, je sais seulement qu'une partie de lui est encore ici. Dans sa maison. Dans moi. Mais l'autre partie. Où est-elle ? Je ne sais pas. Je sais juste, que s'il y a un ciel, il doit être assis à côté de la porte. À nous attendre. Et lorsque j'irai le rejoindre, il m'accueillera en me disant ce qu'il me disait quand j'entrais tard : « Oussé que t'étais ? »

Pour une fois, je ne lui répondrai pas : « Laisse-moi tranquille ! » Comme je lui répondais quand j'étais ado. Pour une fois, je lui répondrai : « Oussé que t'étais toi-même ! » En me jetant dans ses bras. Et en le serrant très fort.

Pour tous ceux et celles qui ont encore la chance de pouvoir serrer et embrasser leur père aujourd'hui. Dans la vraie vie. Dépêchez-vous à aller le faire. Vous ne savez pas la chance que vous avez qu'il soit là. Toujours là.

Et souhaitez-lui bonne fête de ma part !

L'amour est comme Jagr

Patrick et Véronique, c'est fini. Le beau Tom et Nicole, aussi. Même chose pour Luc et Sylvie. Et deux autres de mes amis. Je ne sais pas ce qu'il y a dans l'air en ce moment, mais partout, autour de nous, les couples cassent. Les cœurs se ramassent. Les conjoints sont abandonnés. Comme des pauvres Stockwell Day !

L'amour ne dure plus. Pourquoi ? Parce qu'on ne s'endure plus ! Il y a trois ans, à la Saint-Jean, je soupais sur la terrasse avec ma blonde et des amis. Six petits couples bien heureux.

Si je réinvitais les mêmes gens aujourd'hui, on ne serait plus douze, on serait vingt-quatre ! Plus personne n'est ensemble. Tout le monde est avec d'autre monde. Et faudrait que je me dépêche d'envoyer les invitations, parce ce que plusieurs de ces nouveaux couples-là achèvent déjà ! Ça va vite. Ça zappe ! On n'est même plus capable de suivre.

Quand s'est rendu compte qu'un *show* de Jean-Marc Parent dure plus longtemps que ton couple, il y a un problème ! La seule relation durable dans la vie d'un être humain en 2001, c'est son psy! L'espérance de vie d'une union est de trois ans. Trois ans!

Si vous avez regardé les derniers Jeux olympiques d'été avec votre blonde, dites-vous que les prochains Jeux olympiques d'été, vous allez les regarder avec une autre!

Si vous êtes allé voter aux dernières élections fédérales avec votre blonde, dites-vous qu'aux prochaines, Chrétien va être encore là, mais votre blonde, elle, elle ne sera plus là!

Si vous êtes allé voter aux dernières élections municipales avec votre blonde, dites-vous qu'il ne vous en reste plus pour longtemps parce que les prochaines sont en novembre!

Admettons que tu commences à t'accoupler à 20 ans, et que t'arrêtes à 80 ans. Ça donne 60 ans de vie de couple. À raison d'une partenaire à tous les trois ans, ça donne 20 conjointes. En ce moment, vous trouvez peut-être ça amusant, 20 conjointes, mais attendez qu'on se retrouve, toute la gang, à l'hospice! Ça va être beau! Tout le monde va avoir couché avec tout le monde! Imaginez les chicanes que ça va faire durant le bridge.

Pis ce ne sera pas drôle pour notre mémoire. On va avoir de la misère à raconter nos anecdotes : « Ça, ça s'est passé, en 1994, j'étais avec Suzon... Non, je me trompe. J'étais avec Suzon, l'année du référendum. Donc en 95. Ça veut dire qu'en 94, je devais être avec Patsy. À moins que j'étais avec Roger. Non, ça se peut pas, je suis devenu gai seulement en 2000... »

C'est pathétique. Mais c'est à l'image de notre époque. L'amour est rendu comme le sport. Avant, on jouait toute notre vie pour la même équipe. Durant 30 ans. 40 ans. Nos parents étaient des Jean Béliveau. Des Henri Richard. Ils se repêchaient à 18, 20 ans. Et évoluaient, tout le temps, l'un à côté de l'autre. Aujourd'hui, on n'arrête pas de changer de chandails. On est des Pierre Turgeon. Des Luc Robitaille. Des Patrick Traverse (mesdames, Patrick Traverse a joué pour quatre équipes différentes en seulement quelques mois, Ottawa, Anaheim, Boston et Montréal !)

C'est fini, pour le meilleur et pour le pire. On prend le meilleur et quand le moins bon arrive, on se sauve en courant. On Traverse ! Voir ailleurs. Si notre conjoint ne fait pas les séries, on le laisse, et on se trouve un aspirant à la Coupe Stanley ! Pas plus compliqué que ça.

L'amour est comme Jagr. On choisit le plus offrant. Quelle personne comblera le plus nos besoins ? Quelle personne nous apportera le plus ? Il y en a qui choisissent l'équipe avec le plus de *cash*, d'autres l'équipe avec le plus beau corps, d'autres l'équipe avec le moins d'enfants. Peu importe le chandail qu'on revêt, une chose est sûre, quand ça ne fera plus, on retournera sur le marché des cœurs autonomes. Trouver une autre équipe qui est prête à nous en donner plus !

Le sentiment d'appartenance n'existe plus. On n'a personne de tatouer sur le cœur. On ne se donne pas. On prend.

Et on pense être heureux comme ça. À ne profiter que des débuts de relations.

C'est sûr que c'est l'fun les débuts. On est toujours l'un par-dessus l'autre. On pense juste à ça. On fait ça chez elle. On fait ça chez nous. Des fois, on n'est même pas capable d'attendre, on fait ça entre chez elle et chez nous. C'est merveilleux ! Mais ça dure environ deux mois. Après deux mois, on reprend son souffle, on a mal au dos, et c'est là, qu'on fait l'erreur fatale : on se parle ! Oh ! *boy* ! Tout dégringole ! Tant qu'on faisait juste se toucher, ça allait bien. Mais parler, c'est se dévoiler. Et ça, on haït ça.

Alors avant que l'autre nous connaisse trop, on lâche. On s'en va retrouver quelqu'un qui nous connaît pas. On est tellement moins vulnérable avec quelqu'un qui nous connaît pas. Et on recommence.

En changeant de partenaires aussi souvent, on ne fuit qu'une seule personne au fond. Nous-mêmes. Parce que rester longtemps avec une personne, c'est aussi rester longtemps avec soi-même. Et on a peur de ça.

Le pire, c'est qu'avec ce petit manège, on risque de vivre toute sa vie sans jamais connaître l'amour. Le vrai. Et là, j'entends Céline susurrer : « D'abord c'est quoi l'amour ? Je ne sais pas l'amour... » Moi, je pense que l'amour, c'est être là. Pas plus compliqué que ça. L'amour, c'est être là. Toujours là. Pour quelqu'un.

ॐ

La mort du pénis

Quelle a été la grande vedette du festival *Juste pour rire*, cette année ? Le pénis ! Oui, Monsieur ! *Puppetry of the Penis*, le spectacle des deux Australiens qui font de l'origami avec leurs organes génitaux a été le plus populaire. On ne cesse d'ajouter des supplémentaires. Vous trouvez ça drôle ? Vous ne devriez pas. Car ce succès annonce une épouvantable catastrophe pour notre espèce. Réalisez-vous que notre pénis, notre fierté, notre étendard, est devenu un bouffon ? Un mime ! On rit de lui. Ça n'a pas de bon sens ! Y nous restait juste ça. Ce petit bout-là. Pour nous sentir supérieurs. Pour nous sentir hommes. Avant, on avait le travail, l'argent, le pouvoir, pour nous différencier de la femme. Aujourd'hui, il ne nous reste que notre membre viril. Et voilà qu'il est devenu un membre risible.

Avant, quand on baissait nos culottes, la femme se pâmait à la vue de notre tige de bambou. Elle hurlait : « Fais-moi l'amour ! Fais-moi l'amour ! » Maintenant, quand on baisse nos culottes, la femme ricane et demande : « Fais-moi le hamburger ! Fais-moi le hamburger ! » C'est désolant.

Nous étions tous convaincus, nous les hommes, que nous avions dans nos pantalons la première merveille du monde. Un organe magique, qui se transformait et grandissait au besoin, en procurant le plaisir et en donnant la vie. Nous savons maintenant que tout ce que nous avons dans notre pantalon, c'est une vulgaire balloune de clown qu'on étire. Freud disait que les petites filles étaient frustrées de ne pas avoir de pénis. Elles ne le seront plus. Au contraire. Qui voudrait avoir un accessoire des Fous Braques entre les deux jambes?

Et ce n'est que la petite pointe de l'iceberg. Car, voyez-vous, ce n'est pas par hasard que ce soit deux Australiens qui aient décidé de recycler leur pénis en humoriste : c'est parce qu'ils ont su, eux, avant tout le monde, que le pénis allait perdre sa fonction première. Que le pénis allait perdre son job. Des scientifiques australiens ont trouvé, cet été, le moyen de féconder un ovule sans l'aide d'un spermatozoïde. La femme pourra maintenant avoir des enfants sans la semence de l'homme. Dans ce pays où les kangourous femelles ont une poche, on vient, à toutes fins pratiques, de sonner le glas du gland.

Le pénis va donc, dans un avenir rapproché, connaître le même sort que les cartouches huit pistes, les cassettes Béta, ou les disques vinyle. Il va devenir un objet complètement désuet. Bien sûr, l'homme aura de la misère à s'en défaire. On est tellement attaché à lui. On essaiera de se convaincre qu'il peut encore servir à quelque chose. On ira tous l'inscrire à l'école *Juste pour rire*. Tous les hommes rivaliseront d'adresse pour faire avec leur zizi les formes les plus originales : le pont Jacques-Cartier, la tour du CN ou la statue de Guy Chevrette. Mais un jour, il y aura saturation. Il y aura trop de pénis humoristes.

Ça ne fera plus rire personne. On essaiera alors de trouver une autre vocation à notre verge : tuteur de violette africaine, gallon à mesurer les petites affaires ou figurine du mois chez McDonald's. Il faudra tôt ou tard se résigner. Le pénis aura fait son temps. Ce sera la mort du pénis.

Messieurs, mesdames, si vous en avez un à la portée de la main, regardez-le deux secondes. Avouez qu'il a l'air préhistorique. Qu'il a l'air issu d'une autre époque. On dirait un ver de terre du Parc Jurassique. Avec son cap craquelé, ses poils, ses veines, sa peau extensible, son sac mou, il n'est pas du tout aérodynamique. Il n'a pas su s'adapter à l'ère moderne, comme notre visage ou nos mains. Tout s'est raffiné chez l'homme, sauf sa bite. Sa bite est demeurée une bibitte.

Et le cycle de l'évolution se chargera de faire disparaître cette excroissance qui ne sert plus à rien. Cela est irréversible. Quand une partie de l'anatomie humaine n'a plus de véritable fonction, elle s'efface. Jadis, nous avions une queue dans le dos. Pour chasser les moustiques. Puis un jour, on a inventé le Raid, et cette queue est devenue inutile. Au fil du temps, elle a disparu. Il n'en reste plus que notre coccyx. Notre queue du devant connaîtra le même destin que notre queue du derrière. Elle rapetissera de génération en génération. Six pouces... Trois pouces... Un pouce... Avant de devenir une simple petite verrue au bord de la cuisse, que les hommes se feront enlever, comme ils se font enlever les amygdales. Tel est le sombre avenir de notre sexe.

Une fois le pénis disparu, il ne faudra pas beaucoup de temps au reste pour disparaître aussi, puisque tout le corps de l'homme était fait en fonction de son pénis. Nos mains ne serviront plus à rien, puisqu'elles ne servaient qu'à nous gratter le zizi. Nos jambes ne serviront plus à rien, puisqu'elles ne nous servaient qu'à courir après les femmes pour satisfaire notre zizi. Notre cerveau ne servira plus à rien, puisqu'il ne servait qu'à penser au sexe. Bref, l'homme ne servira plus à rien. Comme les dinosaures avant lui, l'homme disparaîtra à jamais de la surface terrestre. L'homme sera devenu une femme. On n'arrête pas le progrès. La vie sur Terre ne sera plus qu'une longue émission des *Copines d'abord*.

Vous pouvez continuer à rire en regardant les deux Australiens faire le monstre du Loch Ness avec leur pénis. Mais sachez que cela est le début de la fin. Qu'un jour, le pénis sera comme le monstre du Loch Ness. Une légende. Quelque chose qui n'existe pas.

Mesdames, en ce beau dimanche de l'an 2001, soyez gentilles avec nous. Nous n'en avons plus pour très longtemps. Quelques centaines d'années, tout au plus.

&ᵒᴥᵒᔿ

Le 2 septembre 2001

Les héros sont des fleurs coupées

On en avait trouvé un. Et on aime tellement ça en trouver un. Un vrai. Un beau. Un héros. Pas plus tard que la semaine dernière. Le commandant Robert Piché d'Air Transat venait de sauver la vie à 304 personnes en réussissant un atterrissage en catastrophe. Comme dans les films. Wow! Quel homme! Il n'était même pas encore sorti de son Airbus qu'il était déjà un gladiateur maximus. Un exemple! Un ange! *Superman*! Ça n'a même pas duré une semaine. Jeudi, on commençait déjà à sous-entendre que c'était peut-être à cause d'une de ses décisions, si l'avion avait été mis en danger. Et vendredi, on ressortait de son passé qu'il avait déjà été arrêté pour trafic de drogue. Bye bye héros! Merci beaucoup, *thank you*. Au suivant!

Avoir un job de héros, c'est comme avoir un job chez Nortel. On sait qu'on va finir par la perdre. Et assez vite merci. Rappelez-vous l'hiver dernier, Patrick Roy. Il venait de battre le record de Terry Sawchuk. Il était le plus grand gardien au monde. Dans les lignes ouvertes de sport, on affirmait même qu'il était le plus grand être humain de la planète. Puis le lendemain, on apprenait qu'après son record, il avait arraché une porte chez lui. Et que son épouse avait appelé le 911. Oups ! Un à héros. Un à zéro. On prend un autre appel...

Et le plus bref de tous les héros. Ben Johnson. Vous vous souvenez ? Le matin, après sa victoire au 100 mètres à Séoul, Ben Johnson était l'homme le plus rapide au monde. Les Canadiens disaient qu'il était avant tout un Canadien, les Jamaïcains disaient qu'il était avant tout un Jamaïcain, les Noirs disaient qu'il était avant tout un Noir. Le soir, après les résultats de son test d'urine, Ben Johnson n'était ni Canadien, ni Jamaïcain, ni Noir, il n'était plus rien. De Big Ben à Mini Ben, en moins de 12 heures.

Les héros ne durent pas. Et vous savez pourquoi ? C'est parce que les héros sont des fleurs coupées.

On se promène sur le chemin de la vie. On passe nos journées à voir des roches, de la garnotte, des mauvaises herbes et des nids-de-poule. Et soudain, on voit une fleur. Une belle fleur. Toute rouge. En plein milieu du champ. Elle nous éblouit. On est tout content. On aime tellement ça en voir une. Elle est tellement belle. On veut l'emporter chez nous. Pour qu'elle nous inspire. Alors on la coupe. Et on la met dans un vase. Bien en évidence. En plein milieu du salon. Et on la regarde. Passionnément. Mais après quelques jours, la fleur se met à faner. Jusqu'à temps qu'on se demande ce qu'on a bien pu y trouver. Alors on la jette. Et on reste sans fleur. Sans couleur. Jusqu'au moment, où on en trouve une autre. Par bonheur.

Les héros ne durent pas. Et c'est très bien ainsi. Sinon, ce ne serait pas des héros. Ce serait des robots. Des fleurs en plastique. Si les héros sont des héros, c'est parce que ce sont des humains. Comme vous et moi. Et qu'ils ont réussi à se dépasser, le temps d'une chanson, d'un vol d'avion, d'une fleuraison. Mais avant ou après, ils sont des hommes, elles sont des femmes. Tout simplement.

Le mieux, ce serait, bien sûr, de laisser les fleurs dans les champs. Elles dureraient plus longtemps. Laisser les héros là où ils sont. On ne les croiserait que le temps de leur exploit. Et après, on les laisserait en paix. On ne serait pas là, le jour où ils perdent leurs couronnes. Mais c'est plus fort que nous. On a besoin d'eux. Pour embellir nos vies. On les traîne partout. On ne veut plus les quitter des yeux. On les encense. On les honore. On leur fait des fêtes. Mais c'est beaucoup plus pour nous que pour eux. Alors quand ils redeviennent ordinaires, ou qu'on apprend qu'ils l'ont déjà été, il ne faut jamais oublier qu'à l'instant où ils étaient à leur sommet, on s'est servi d'eux pour se grandir nous-mêmes un peu. Et ça, c'est une dette qu'on a envers eux. Peu importe, ce qui est arrivé après ou ce qui est arrivé avant. Mais on ne pense pas à ça. Quand on s'en débarrasse. Brutalement.

Les seuls héros qui durent sont les héros qui meurent : James Dean, Marilyn Monroe, John Kennedy, Jim Morrison. Parce que ce sont des fleurs séchées. Et qu'on les garde précieusement entre les pages de nos livres. Entre les pages de notre mémoire. Mais pour eux, c'est trop tard.

Au fond, les héros les plus chanceux sont les héros qu'on ne voit pas. Qu'on ne connaît pas. Tous ces gens qui travaillent dans les hôpitaux, tous ces gens qui aident les autres, tous ces gens qui font de leur mieux. Des fois, ils doivent se sentir un peu seuls. Pas valorisés. Mais qu'ils ne s'en fassent pas trop. C'est mieux ainsi. Car les héros sont des fleurs qui ont besoin d'ombre. Pour fleurir plus longtemps.

À tous les héros qu'on ne connaît pas, lâchez pas !

∂∞∫

Il faut changer le monde

Il faut changer le monde.

On ne peut pas vivre comme ça. Il y a une boule dans notre gorge. Il y a de la peine dans nos yeux. Et de la peur dans notre cœur.

Il faut changer le monde.

Des hommes qui avaient l'impression de vivre pour rien, décident de mourir pour quelque chose. Alors ils prennent un avion. Et s'écrasent sur des buildings. En tuant des milliers de gens. Des milliers d'innocents.

Il faut changer le monde.

Des compagnies immensément riches exploitent des enfants pour faire encore plus d'argent.

Il faut changer le monde.

Des hommes qui disent aimer des femmes, les frappent et les tuent. Parce qu'ils ont trop bu.

Il faut changer le monde.

Des parents méprisent leurs enfants. En les traitant de pas bons. En brisant leurs corps. En cassant leurs âmes. En les battant.

Il faut changer le monde.

Des sans-abri meurent de froid. Sans que personne les voit.

Il faut changer le monde.

Des personnes âgées meurent d'ennui. Sans que personne s'en soucie.

Il faut changer le monde.

Des milliers d'Africains meurent de faim, mais ils meurent trop loin pour que ça nous touche. Pour qu'on lève le petit doigt.

Il faut changer le monde.

Un oiseau vole dans le ciel. Et l'on tire dessus.

Il faut changer le monde.

Un homme pense à son argent, ses voitures, ses maisons, ses actions. Mais il ne pense pas aux autres qui sont autour de lui.

Il faut changer le monde.

Un homme empêche un autre homme de rêver.

Il faut changer le monde.

Un homme se réjouit qu'un autre n'a pas réussi.

Il faut changer le monde.

Un homme abuse de la confiance de quelqu'un.

Il faut changer le monde.

Un homme fait de la peine à quelqu'un, en riant de son physique. De son statut. De sa faiblesse.

Il faut changer le monde.

Des hommes haïssent d'autres hommes. Seulement parce qu'ils ne sont pas comme eux. Parce que leur peau n'est pas de la même couleur. Parce qu'ils ne croient pas au même Dieu qu'eux. Parce qu'ils n'ont pas la même orientation sexuelle. Parce qu'ils sont différents. Ils les haïssent. Du plus profond d'eux-mêmes.

Il faut changer le monde.

Un homme n'a jamais entendu quelqu'un lui dire : « Je t'aime ».

Il faut changer le monde.

Un homme à qui on a dit que sa vie ne valait rien, croit que celle des autres n'en vaut pas plus. Alors il maltraite. Alors il fait mal. Pour se venger.

Il faut changer le monde.

Sur une plage, un bébé de 2 ans fait un château de sable. Il est tout beau. Avec ses deux tours. Un autre bébé de 2 ans arrive. Et donne un coup de pied dessus. Volontairement. Le château de sable s'effondre. Le bébé se met à pleurer. Pourquoi l'autre a fait ça ? On ne sait pas. C'est comme ça.

Il faut changer le monde.

Le 11 septembre 2001, c'est toute la méchanceté, toute la violence, tout l'égoïsme, toute l'injustice du monde que nous avons fait, qui nous a frappés de plein fouet. En plein cœur. Et qui a tué des milliers de gens. Et qui a gâché la vie de tous ceux qui les aimaient. À jamais.

Il faut changer le monde.

C'est la seule chose à faire. Tout le reste sera vain. Tout le reste ne servira à rien. On aura beau raser tous les pays ennemis. On aura beau tuer tous les coupables. Il y en aura d'autres. Il y en a toujours eu d'autres. Tant que le monde ne changera pas. Tant que le monde sera comme ça.

Il faut changer le monde.

Et la seule façon de faire ça, c'est de se changer nous-mêmes. D'arrêter d'être pas fin. D'arrêter d'être méchant. Trop souvent. D'arrêter de critiquer, de blesser, d'exploiter les autres. De se servir de tous et chacun pour arriver à nos fins.

Il faut aimer les autres enfin. Les aider. Vraiment.

Si chacun de nous change, le monde sera changé. Le monde sera meilleur.

Le jour où nous aurons tous l'âme de ces sauveteurs new-yorkais qui risquent leur vie pour sauver celle de leur prochain, le monde sera beau. Et nous serons bien.

Et la boule disparaîtra de notre gorge. Et la joie remplacera la peine dans nos yeux. Et l'amour remplacera la peur dans notre cœur.

Il faut changer le monde.

Ce n'est pas qu'une prière.

Il faut changer le monde.

Avant l'horreur et la guerre.

Il faut changer le monde.

Avant que le monde ne nous change en poussière.

Il faut changer.

☙❧

Le 30 septembre 2001

Y a-t-il un passager dans l'avion ?

OK, ce matin, on va faire une thérapie de groupe pour nous redonner l'envie de reprendre l'avion. C'est très important. Le président Bush l'a dit : il faut que l'on reprenne l'avion. Sinon l'économie va s'écraser. Et dans notre système capitaliste, un krach économique, c'est beaucoup plus grave qu'un crash aéronautique. Parce qu'un crash aéronautique, ça fait juste des morts, tandis qu'un krach économique, ça peut mettre en faillite du monde riche. Ça, c'est effrayant !

C'est sûr que c'est facile pour le président Bush de nous dire de remonter dans les avions. Lui, il voyage à bord d'Air Force One. Y'est tout seul avec 30 policiers. Les chances qu'un terroriste se retrouve sur son vol sont assez minces. Il ne doit pas avoir beaucoup de musulmans fanatiques dans son entourage immédiat. Il paraît qu'il a même congédié un de ses aides de camp parce qu'il avait un chien afghan. En temps de guerre, on ne prend pas de chance.

Mais pour nous, le petit peuple, monter à bord d'un aéroplane n'est vraiment pas évident. Ça fait 20 jours qu'on voit à la télé, à toutes les cinq minutes, un avion s'écraser dans un building. C'est pas ça qui donne le goût. C'est pas un très bon commercial. On est loin de « Mon bikini, ma brosse à dents ! » de Dominique Michel. « Mon exacto, mon turban », c'est beaucoup moins tentant.

On a beau nous dire que les mesures de sécurité sont resserrées, ça ne nous rassure pas tant que ça. Même si, désormais, les petits canifs, les limes à ongles et les cure-dents sont interdits à bord, le danger demeure. Jackie Chan, y'a pas besoin de couteau, ni de fusil. Juste avec ses mains, il tue 3 000 personnes par film. On ne peut quand même pas interdire aux gens d'emmener leurs mains dans l'avion !

C'est sûr que la présence d'un policier armé à bord peut calmer les esprits. Mais encore faut-il que ce soit un bon policier en pleine maîtrise de la situation. Tout d'un coup qu'on tombe sur un petit policier nerveux. Un petit policier nerveux qui n'a jamais voyagé avec des Québécois. Quand on se met à applaudir après l'atterrissage, ça lui fait peur, et il nous tire tous dessus. On aurait l'air fin ! Surtout que maintenant, la paranoïa est à son comble dans les avions. L'armée américaine a reçu ordre d'abattre tout avion commercial pouvant constituer une menace pour la sécurité publique. C'est pas le temps de se plaindre que le film n'est pas bon ! Ni de courir pour aller à la toilette ! Au moindre comportement anormal, tu risques de recevoir un missile dans le derrière. Ça te coupe l'envie, ça monsieur !

Descendre l'avion, ça règle le problème des gens en bas, mais ça ne règle pas le problème des gens qui étaient en haut avant d'être en bas. Si on veut vraiment que les voyageurs prennent l'avion l'esprit en paix, il faut imposer des mesures de sécurité encore plus drastiques que celles qui sont en vigueur. C'est simple, il faudrait traiter les humains en avion comme on traite les chiens et les chats. Nous faire voyager dans des petites cages barrées. Parce que, quand on y pense comme il faut, c'est pas mal plus dangereux un terroriste lousse dans les allées qu'un chihuahua lousse. Alors tout le monde dans sa petite cage, durant tout le vol. Rendu à destination, une hôtesse nous sort de notre cage, en nous flattant le nez et en nous disant : « T'as été sage, maman est contente ! » Et nous, on se met à courir partout dans l'aéroport pour se dégourdir les jambes. Vaut mieux être courbaturé et vivant que confortable et mort !

Malgré que ce soit une excellente idée, j'ai bien peur que pour des raisons d'image, les compagnies aériennes refusent de traiter leurs passagers comme des chiens. Quoique, avec la bouffe qu'ils nous servent dans les avions, on peut penser que l'expérience est déjà commencée !

Tout cela étant dit, nous allons maintenant commencer notre thérapie de groupe pour nous aider à retrouver le chemin des aéroports. On va libérer notre inconscient de toutes les pensées négatives qu'il a emmagasinées depuis 20 jours. On va tourner la page sur ces événements et reprendre confiance dans l'aviation, en chantant, tout le monde ensemble, *Tourne la page* de René Simard. On y va :

Un avion déchire le soir
Emporte quelque chose de moi
Un signal dans ta mémoire
Tourne la page ! Tourne la page !

Bon, ça va un peu mieux. Nous avons fait le vide dans nos têtes. Maintenant, il suffit d'y aller par étape. Avant de monter à bord d'un avion normal, on peut commencer par monter à bord d'un avion d'Air Transat. Car comme plusieurs l'ont fait remarquer, y'a pas un terroriste qui va voler sur les ailes d'Air Transat, ça c'est sûr, leurs avions ne contiennent pas assez d'essence pour faire exploser quoi que ce soit ! Le mieux, si on veut vraiment se sentir en sécurité, c'est de voyager dans un avion d'Air Transat piloté par le commandant Piché. Qui de mieux qu'un héros pour te défendre. Pour être sûr de faire un bon *trip*.

Reprenons l'avion. Pas pour sauver l'économie. Mais pour une bien meilleure raison. Pour répandre la paix. Car c'est en allant vers les autres, qu'on s'en fait des amis. Et qu'un jour, il n'y aura plus rien à craindre de personne. Ni sur Terre. Ni dans les airs.

Bon voyage !

☙❧

OK ben, t'as gagné !

C'est parti ! La réplique américaine est enclenchée. Tassez-vous de là ! La musique de *Star Wars* au fond ! *Let's go*, on bombarde ! Nuit et jour. Quin toé, l'Afghanistan ! Petow ! Petow ! Petow ! Ah pis un autre petow ! Regardez, comme on est fort ! Vous pouvez le voir à la télé. C'est tellement beau. Du vert avec des lumières blanches qui s'allument. On dirait un sapin de Noël en super gros plan. Un sapin de Noël filmé par un caméraman d'Arcand !

C'est bien beau tout ça, mais qu'est-ce que ça donne ? Ils ont fait sauter tous les camps d'entraînement des terroristes ? Watatow ! *Big deal !* À voir, ce que les terroristes ont fait le 11 septembre, je pense que leur camp d'entraînement est fini. La saison est commencée. Même que je pense qu'ils sont en séries. *Wake up Yankee !* C'est pus le camp d'entraînement, c'est la Coupe Stanley !

C'est pas parce que tu rases l'Afghanistan que tu vas raser la barbe à ben Laden. Ben Laden, il reste dans sa grotte comme Fred Caillou et il attend que la tempête de bombes soit finie. En jouant aux quilles avec son voisin, Arthur Mohamed.

Bombarder ! C'est la seule stratégie militaire des Américains. Bombarder ! Bombarder ! Bombarder ! Le problème, c'est que ça ne donne rien. Prenez la guerre du Golfe. Y'ont bombardé des millions de bombes sur la tête à Saddam Hussein. Résultat ? Zéro. Saddam Hussein est encore là. Et il n'a même pas mal à la tête.

C'est pas les bombardements en Afghanistan qui vont empêcher un groupe de terroristes de Cleveland de faire sauter autre chose. Là, les Américains vont se remettre à bombarder durant une autre semaine. Là, les terroristes vont faire sauter une autre affaire. Les Américains vont se remettre à bombarder durant un mois. Là, les terroristes vont faire sauter une autre autre affaire. Les Américains vont se remettre à bombarder durant un an. Ça ne finira jamais !

Les gros sabots, ce n'est pas ça le génie militaire. Où est passée la ruse ? Où est passée l'astuce ? A-t-on oublié les grandes leçons de l'histoire antique ? Les Grecs, comment ont-ils gagné la guerre de Troie ? Pas en bombardant Troie pendant trois mois. Non, en étant subtils. Ils n'étaient pas capables d'entrer dans la ville. Alors ils ont capitulé. Ils ont dit aux Troyens : « Vous êtes les plus forts. Vous êtes les meilleurs. Vous êtes tellement bons que non seulement on se rend, mais en plus, on vous donne un cadeau, en témoignage de notre admiration : un beau gros cheval sculpté ! » Ça peut paraître difficile à croire, mais les Troyens ont cru ça. Parce que quand tu dis à un homme qu'il est bon, il va toujours te croire. C'est immanquable. Donc les Troyens ont pris le gros cheval sculpté. Sans se douter de rien. Ils l'ont placé sur la grande place. Et durant la nuit, Ulysse et sa gang sont sortis du gros cheval et ils ont tué tous les Troyens. Est-ce assez brillant ?! C'est traître en tabarnouche. Mais c'est brillant !

C'est sûr que si Bush offre en cadeau à ben Laden un beau gros cheval western gossé avec plein de G.I. dedans, Oussama risque de ne pas l'emporter dans sa grotte. Ben, il connaît son histoire antique. Même qu'il vit encore dedans.

Il faut que Bush soit encore plus subtil que ça. Il faut qu'il fasse le coup du cheval de Troie mais à l'envers. Au lieu d'entrer chez Ben, il faut que ça soit Ben qui rentre chez lui. Et voici comment. Ce soir, Bush s'adresse à la planète et dit : « Mister ben Laden, vous êtes le plus fort. L'Amérique est à terre. Vous avez gagné. Je vous cède ma place. » Du coup, tout le peuple américain, habillé en Francine Grimaldi, descend dans la rue et crie « *We want ben Laden ! We want ben Laden !* » Les McDonald's deviennent des Mohamedonald's. Disneyworld devient Islamworld. Les États-Unis se donnent à Oussama.

Là, ben Laden, il est piégé. Si la Mercedes du voisin t'écœure, tu peux toujours la grafigner tous les matins avec ta clef. Mais si le voisin te donne sa Mercedes, tu ne peux plus la grafigner. Au contraire. Tu vas passer ton temps à la frotter.

Donc si les Américains se rendent à ben Laden, ben Laden, il va falloir qu'il commence à aimer l'Amérique. Il va falloir qu'il sorte de sa grotte. Qu'il prenne l'avion pour Washington. Pis qui s'installe dans la Maison-Blanche. Il va s'apercevoir que ce n'est pas si évident que ça être président des USA. C'est facile d'imposer la burqa à des femmes soumises depuis des siècles. Essaye d'imposer la burqa à Madonna, Oprah et Pamela ! Oh ! *boy* ! *Ti-ben* va en manger toute une !

Le démon américain n'existant plus, sa gang d'extrémistes n'aura plus de raison de se battre. De se suicider pour la cause. Ils vont donc vouloir commencer à profiter de la vie. À s'acheter un petit bungalow. À se faire poser une soucoupe. À aller au cinéma. Ils vont s'américaniser. La défaite rend agressif. Mais la victoire rend mou.

J'en suis sûr, dire à ben Laden qu'il a gagné, c'est la meilleure façon de s'en débarrasser.

C'est comme quand on se battait avec un autre petit gars quand on était petit. Si l'autre petit gars commençait à nous fesser trop fort, on lui disait : « OK ! Arrête ! T'as gagné ! » L'autre petit gars était déçu. Il ne voulait pas gagner, il voulait te faire mal. Le laisser gagner, c'était la meilleure façon de casser son fun. J'espère, cher George W., que vous lisez *La Presse* ce matin. Vous savez maintenant quoi faire. Sur ce, vous m'excuserez, *Mister President*, je dois maintenant essayer de régler un problème beaucoup plus énorme que le terrorisme mondial, je vais essayer de régler le problème de Gérald Tremblay ! Je ne suis pas couché ! *Goodbye* !

෯෴ග

Le téléphone arabe

« A llô Roger ! C'est ton cousin Bobby de Miami. As-tu entendu la nouvelle ? Faut faire très attention avant d'ouvrir son courrier. Les terroristes de ben Laden envoient, par la poste, des colis contenant une bactérie. Ils la mettent dans une espèce de poudre blanche. Ça donne la maladie du charbon. Plein de taches noires sur la peau. Si tu l'inhales, ça attaque ton système respiratoire pis en moins d'une semaine, t'es mort. Pour avoir une chance de t'en sortir, faut que tu sois rapidement traité aux antibiotiques. Ici, en Floride, y'a un gars qui en est décédé, un qui en est malade et un autre qui est contaminé. Y'a trois malades à New York et 31 personnes contaminées au Capitole de Washington !

— Oh ! *boy* ! Merci Bobby. Je vais appeler Maurice à Ottawa pour lui dire ça. Allô Maurice ! C'est Roger, ton beau-frère de Montréal. As-tu entendu la nouvelle ? Faut brûler toutes ses lettres avant de les ouvrir ! Les terroristes de ben Laden envoient, par la poste, des colis contenant des milliers de bactéries. Ils les mettent dans une espèce de poudre blanche. Ça donne la maladie du charbon. Des millions de taches noires sur la peau. Si tu l'inhales, ça attaque tes trois systèmes respiratoires, pis en moins d'une seconde, t'es mort. Pour avoir une chance de t'en sortir, faut que l'armée américaine te bombarde d'antibiotiques. Y'a 10 gars en Floride qui sont décédés. Y'a 20 malades à New York et 100 personnes contaminées au Capitole de Washington !

— Oh ! tabouère ! Merci Roger ! Je vais appeler Denis à Paris pour lui dire ça. Allô Denis ! C'est Maurice, ton ami d'Ottawa. As-tu entendu la nouvelle ? Faut mettre un condom avant d'ouvrir son courrier, sinon on risque d'attraper une MTP. Une Maladie Transmise par la Poste ! Les terroristes de Bush Laden envoient des colis contenant une bactérie nommée e-colis. Parce qu'elle est dans les colis. C'est logique comme nom. C'est même biologique ! Ça donne la maladie du charbon ardent. Plein de taches noires sur la peau. Faut que tu mettes de la poudre blanche Anthrax de Flex-o-flex par-dessus ça pour guérir. Si tu l'avales, tu meurs pendant une semaine. Y'a 30 gars en Floride qui sont décédés. Y'a 60 malades à New York et toute l'équipe des Capitals de Washington est contaminée, même Jagr et Bondra !

— Oh ! merde ! Oh merde ! Merci Maurice. Je vais appeler tante Annick à Trois-Rivières pour lui dire ça. Allô Annick ! C'est Denis, ton neveu à Paris. As-tu pigé la *news* ? Quand le facteur vient nous porter notre courrier, faut dire à notre chien de le mordre ! Les terroristes de ben Lafgenistan envoient des lettres parfumées à l'Anthrax. L'Anthrax, ça sent meilleur que Poison de Christian Dior, mais c'est plus dangereux quand tu le respires ! Ça s'appelle la maladie du charbon parce que ça te donne mauvaise mine. Pis plein de taches noires. La seule façon de s'en tirer, c'est de mourir. Il y aurait des milliers de cas en Floride State, à New York City Town et dans les murs du Washington Capitole.

— Oh ! *gosh* ! Merci Denis. Je vais appeler Guy à Québec pour lui dire ça. Allô Guy ! C'est Annick, ton ex de Trois-Rivières. As-tu entendu la nouvelle ? Faut lécher les timbres de l'autre côté astheure, sinon on risque de mourir. Les terroristes de Bush Garden envoient par la poste des coupons rabais pour l'achat de bactéries. Faut pas que tu les utilises ! Sinon tu vas attraper la maladie du charbon et tu ne pourras plus manger de BBQ. Tous les habitants de la ville d'Anthrax en Floride sont contagieux ! New York a de la misère à respirer ! Pis le Capitole de Washington a plein de taches noires !

— Oh ! catalogue ! Merci Annick ! Je vais appeler Rita à Chicoutimi pour lui dire ça. Allô Rita ! C'est Guy, ton beau-frère de Québec. As-tu entendu la nouvelle ? Si jamais tu vas à *La Poule aux œufs d'or*, faut plus que tu cries : "L'enveloppe ! L'enveloppe ! L'enveloppe ! L'enveloppe !". Parce que les enveloppes sont rendues contagieuses à cause de Benoît Laden. Il a envoyé de la biologie par la poste. Ils appellent ça la maladie du charbon, parce que les Arabes, ils ne veulent pas faire mal au pétrole. Alors ils font mal au charbon, pour faire monter les prix du pétrole. Tu comprends ? Jusqu'à maintenant, il y a des victimes en Floride, des malades à New York. Et Elvis en serait mort au Capitole de Québec !

— Oh ! que ça fait simple ! Merci Guy ! Je vais appeler mon père à Miami pour lui dire ça. Allô Popa ! C'est Rita, ta fille de Chicoutimi. As-tu entendu la nouvelle ? Si tu ouvres une lettre, pis il n'y a pas le mot cher au début de la lettre, c'est parce qu'il y a une bactérie mangeuse de cher dans la lettre. Les terroristes de ben Ladenladineladan ont remplacé tous les codes postaux par de l'Anthrax. Ils appellent ça la maladie de Steve Charbonneau. Tu as l'impression d'avoir la cage thoracique écrasée par une équipe de football. Pour avoir une chance de guérir, faut que l'hôpital t'envoie une lettre avec des antibiotiques dedans au plus sacrant ! Tous les colis envoyés au Canada seraient infectés surtout ceux où la Reine a pas l'air bien sur le timbre. Comme le premier symptôme, c'est que tu ne sens rien et que tu vas bien, on peut dire que toute la population de l'Amérique est atteinte en ce moment !

— Ah ! ben coudon ! Merci ma fille ! Je vais appeler mon cousin Roger pour lui dire ça. Allô Roger, c'est encore Bobby, ton cousin de Miami ! As-tu entendu la nouvelle ? Y'aurait pas juste le courrier de contagieux, le téléphone le serait aussi. Il paraît que si tu réponds au téléphone ces jours-ci, tu risques d'attraper des niaiseries !

— Clic ! »

☙❧

Que c'est triste Verdun

Aujourd'hui, pour la première fois de leur vie, les gens d'Outremont ne voteront pas pour élire le maire d'Outremont, les gens de Verdun ne voteront pas pour élire le maire de Verdun, les gens d'Anjou ne voteront pas pour élire le maire d'Anjou.

Ils voteront tous pour élire le maire de Montréal. Leur ville n'existe plus. En ce beau dimanche de novembre, 160 villes, villages et cantons du Québec disparaissent de la carte. Bombardés par une loi.

Pour ne pas que ces villes tombent à jamais dans l'oubli, j'ai décidé de leur écrire des odes. Paris, New York, Rio, Londres ont été immortalisées dans des chansons célébrant leur beauté. Permettez-moi, avant qu'il ne soit trop tard, d'immortaliser Kirkland, Verdun, Roxboro, Shipshaw. Toutes ces villes qui furent. Mais qui ne seront plus.

Voici l'album des villes rayées du Québec.

Chantons tous ensemble *Que c'est triste Verdun* (sur l'air de *Que c'est triste Venise* de Charles Aznavour) :

Que c'est triste Verdun
Au temps des villes mortes
Que c'est triste Verdun
Quand ça n'existe plus
On cherche encore des mots
Mais la loi les emporte
Même Gérald Tremblay
Ne saurait les trouver
Adieu tous les pigeons
Qui nous ont fait escorte
Adieu rue Wellington
Adieu bingos perdus
C'est trop triste Verdun
Au temps des villes mortes
C'est trop triste Verdun
Quand ça n'existe plus.

Kirkland (sur l'air de *Bruxelles* de Jacques Brel) :

C'était au temps où Kirkland rêvait
C'était au temps du cinéma Guzzo
C'était au temps où Kirkland votait
C'était au temps où Kirkland kirklandait
Boulevard Hymus on voyait des vitrines
Encadrement Frame-U, Brohman Graphics
Boulevard Hymus on voyait de l'anglais
Canton Auto Parts, West-Island Financial Services.

Roxboro (sur l'air de *Mexico* de Luis Mariano) :

Roxboro, Roxbo-o-o-o-o-ro...
Sous ton soleil qui chante

Le temps paraît trop court
Pour goûter au bonheur de chaque jour
Roxboro, Roxbo-o-o-o-o-ro...
Tes femmes sont ardentes
Et tu auras toujours
Le boulevard des Sources
Et de l'Amour.

La Belle de Cap-Rouge (sur l'air de La Belle de Cadix de Luis Mariano) :

La Belle de Cap-Rouge a les yeux pas mal rouges
La Belle de Cap-Rouge ne veut pas de Québec !
Chi-ca ! Chi-ca ! Chic ! Ay ! Ay ! Ay !
Chi-ca ! Chi-ca ! Chic ! Ay ! Ay ! Ay !
Chi-ca ! Chi-ca ! Chic ! Ay ! Ay ! Ay !
Ne veut pas de Québec !

Shipshaw, c'est fini (sur l'air de Capri, c'est fini d'Hervé Villard) :

Shipshaw, c'est fini
Et dire que c'était la ville
De mon premier amour,
Shipshaw, c'est fini,
Je ne crois pas
Que j'y retournerai un jour
Shipshaw, c'est fini
Shipshaw, c'est pus shaw !

Beauport (sur l'air d'*Amsterdam* de Jacques Brel) :

Dans le port de Beauport
Y a des maires qui gueulent
Qui chialent et se rebellent
Contre les fusions d'Harel
Ils ne peuvent rien y faire
Ils ne sont même plus maires
Mais dans le port de Beauport
Ils conjurent leur mauvais sort
En jurant d'sortir le PQ
À grands coups de pied dans le Q
Dans le port de Beauport.

Je reviendrai à Montréal-Nord (sur l'air de *Je reviendrai à Montréal* de Robert Charlebois) :

Je reviendrai à Montréal-Nord
Dans un grand métro bleu de mer
J'ai besoin de revoir Yves Ryan
Et ses cigares qui sentent fort.

I left my heart in Old Beaconsfield (sur l'air de *I left my heart in San Francisco* de Tony Bennett) :

I left my heart in Old Beaconsfield
High on a hill, it calls to me
I veut rien savoir du Maire Bourque
I va continuer à faire sa p'tite affaire
My only boss it's Jean Chrétien !

Do you Do you Do you Saint-Hubert (sur l'air de *Do you
Do you Do you Saint-Tropez*) :

Do you Do you Do you Saint-Hubert
Do you Do you Do you Saint-Hubert
Do you Do you Do you Saint-Hubert
La ville de Saint-Hubert est partie comme un petit poulet
Maintenant, c'est Do you Do you Do you Longueuil !

Senneville (sur l'air de *Paquetteville* d'Édith Butler) :

Senneville, Senneville
Tu peux ben mourir tranquille
Senneville, Senneville,
Tu peux ben mourir tranquille.

Westmount, Westmount (sur l'air de *New York, New York*
de Frank Sinatra) :

Start spreadin' the news,
I'm leavin' today
I don't want to be a part of it
Montreal, Québec
If I can't make it here,
I'll make it in Toronto
Goodbye to us,
Westmount, Westmount !

৵৽৹

The ben Laden Bowl

Mais qu'est-ce qui se passe ? Les Américains ne l'ont plus l'affaire !? Non mais c'est quoi cette guerre-là ? On ne voit rien ! On a vu toutes les horreurs de la guerre du Vietnam. On a vu tous les bombardements en vert de la guerre du Golfe. Qu'est-ce qu'on voit de la guerre en Afghanistan ? Deux trois terrains vagues et des gars en train de se raser ! Grosse cote d'écoute ! C'est tellement plate que c'est quoi la grosse affaire en ce moment ? Normand Lester ! Lester est plus *big* que la guerre, faut le faire ! On peut même pus compter sur les Américains pour nous faire un bon *show*. Il faut qu'on se désennuie nous-mêmes !

Qu'arrive-t-il avec nos voisins du Sud ? C'était eux, les *kings* de la télé. Ils se font battre sur leur propre terrain. Oussama ben Laden a eu plus le sens du spectacle qu'eux. Les tours, on les a vues tomber à tous les postes. En direct. Y'a pas fait ça la nuit à Canal Vox ! Qu'est-ce que nous montrent les Américains pendant qu'ils écrapoutillent l'Afghanistan ? *Survivor in Africa* ! Watatow ! Des gars en bédaines pis des filles en bikinis en train de manger des papayes en Afrique. C'est pas en Afrique qu'on veut les voir survivre ! C'est en Afghanistan ! *Wake up, Yankees !* Vous avez le contexte rêvé pour faire de la grande télé. De la vraie télé américaine ! Organisez *The ben Laden Bowl.* Le championnat du ben Laden. La chasse à l'Oussama ! Pour 25 millions de dollars, c'est pas les candidats qui vont manquer. C'est un peu plus attirant comme prix qu'un forfait week-end pour deux personnes au Chantecler !

On munit chaque participant du *ben Laden Bowl* d'une petite caméra et on les parachute au-dessus de l'Afghanistan. Bebye ! Là, débrouillez-vous ! Faut que vous trouviez Oussama. Un paquet de filles en bikinis et de gars en bédaines qui courent de grotte en grotte à la recherche de l'ennemi public numéro un. Ça, c'est un *show* ! *Move over La Course autour du monde !* Vive *La Course autour du ben Laden.* À chaque semaine, un participant est éliminé. Mais vraiment éliminé ! Pus personne va regarder les autres postes ! On va tous suivre le *ben Laden Bowl !* Les commanditaires vont faire la queue pour pouvoir annoncer durant cette émission-là : American Airlines, les rasoirs Gillette, Federal Express !

Les Américains pourraient même vendre le concept aux télévisions étrangères. Verriez-vous ça, une belle équipe du Québec débarquer à Kandahar ! Guy Mongrain en tête. Avec les nains de Fort Boyard. Capables de rentrer dans les toutes petites grottes. Et comme Oussama ressemble au père Fourra, on pourrait même lui demander de poser une énigme au candidat qui l'aurait trouvé. Je vois déjà Sylvie Bernier crier aux participants courant dans un champ de mines : « Prends ton temps, mais fais ça vite ! »

Mais ce qui sera le plus passionnant avec le *ben Laden Bowl,* c'est de voir les participants recourir à divers moyens plus imaginatifs les uns que les autres pour découvrir la cachette de l'oncle ben. En voici d'ailleurs quelques-uns.

Huit trucs pour trouver ben Laden :
1. Ouvrir une pizzeria Domino qui livre aux grottes en moins de 30 minutes et attendre qu'Oussama appelle.
2. Faire renifler à un chien un turban ayant déjà appartenu à ben Laden. C'est sûr que c'est pas évident de trouver un turban ayant déjà appartenu à Oussama, mais avec 75 enfants, y'a ben dû en laisser traîner quelques-uns !
3. Construire une grosse statue de George W. Bush en plein milieu du désert. Ben Laden haït deux choses plus que tout : les statues et George W. Bush. Alors il va sûrement sortir de sa grotte pour la détruire.
4. Suivre le camelot qui livre, tous les matins, devant une grotte, le *USA Today*, *Le Monde*, le *Times*, le *Daily News*, le *Herald*, et *La Presse*.
5. Organiser un concours de la caverne la mieux décorée pour le magazine *Les Idées de ma Caverne* et attendre que ben Laden s'inscrive en envoyant son petit coupon avec son adresse dessus.
6. Se promener au-dessus des grottes en faisant jouer à tue-tête *God bless America* de Céline Dion en attendant que ben sorte de sa caverne en criant : « Allez-vous baisser votre maudite musique ! »
7. Offrir à tous les propriétaires de cavernes une métamorphose gratis à l'Institut Lise Watier. Ben ne pourra résister.
8. Dire que toutes les cavernes de l'Afghanistan ont été fusionnées à Longueuil et attendre que ben Laden sorte de sa caverne pour protester contre la fusion.

J'ai donc hâte de voir tout ça ! Le gouvernement américain va se rendre compte rapidement que pour trouver quelqu'un, y'a rien de plus efficace que des participants à un concours. L'armée a l'air de scouts à côté d'eux. Ôtez-vous de là ! Quand les madames de *La Poule aux oeufs d'or* vont se ruer sur l'Afghanistan pour gagner leurs 25 millions, ben Laden est pas mieux que mort !

Je sais, chers amis américains, que vous êtes encore sous le choc. Que vous n'êtes pas remis. Que vous êtes toujours traumatisés. Pas juste du 11 septembre. Non. Surtout du 1er décembre. Le terrible 1er décembre. Le 1er décembre vous a marqués. Le 1er décembre vous a rachevés. Quand vous avez vu la gang de Canadiens déguisés en feuille d'érable vous crier *We love you*, vous avez eu encore plus peur que le 11 septembre ! C'est sûr que pour des gens pas préparés, voir Édith Butler chanter *Paquetteville*, ça donne un coup ! Et de graves séquelles psychologiques. Qui durent très très longtemps. Mais ne vous inquiétez pas, vous allez finir par vous en sortir. Vous allez réussir à passer par-dessus toutes ces horreurs. Vous allez redevenir vous-mêmes. Et la meilleure façon de le faire, c'est d'organiser *The ben Laden Bowl*.

God bless America ! God bless The ben Laden Bowl !

Un pays à deux étages

Ça a dure depuis toujours. Et on dirait bien que ça ne se terminera jamais. Non, je ne parle pas de *Broue*. Je parle du conflit israélo-palestinien. Pourtant, en 1993, ils s'étaient donné la main. Et on leur avait donné le prix Nobel de la paix. C'était censé être fini. Il y a eu des milliers de morts depuis. Mais ils ont gardé leur prix quand même.

Ça paraît bien sur le foyer.

À chaque fois qu'ils s'entendent pour faire la trêve, il y a au moins trois attentats le lendemain. Ça fait tellement partie de nos vies, qu'on y est habitués.

Le nombre de victimes au Proche-Orient, c'est comme la météo, on l'entend à tous les jours. On l'entend même tellement, qu'on ne l'entend plus. Pour nous, c'est devenu une particularité régionale. À Miami, y fait chaud, à Londres, il pleut, à St-Tropez, on bronze les seins nus, et à Jérusalem, on se tue. C'est comme ça.

Comment changer ça ? Le problème n'est pas évident. Il y a un territoire et deux peuples qui veulent l'avoir. Vous direz, on n'a qu'à séparer le pays en deux. Et que chaque peuple habite sa moitié. C'est ce qu'on essaie de faire. Et ça ne marche pas. Chacun des peuples veut le terrain au complet. Et chacun des peuples dit que ça lui appartient.

C'est le syndrome de la place de stationnement. Vous arrivez au centre commercial pour compléter les emplettes des Fêtes. C'est bondé. Le parking est rempli. Soudain, vous apercevez une place juste devant les portes des magasins. Vous venez pour y glisser votre Taurus verte. Une Miata rouge vous bloque le chemin. Lui aussi a vu la place. Vous baissez votre vitre et vous dites : « Je m'excuse, mais je l'ai vue avant toi ». Et le propriétaire de la Miata baisse la sienne en disant : « Non, c'est moi qui l'a vue avant ». Vous lui faites un doigt d'honneur et vous décidez de vous stationner là quand même. Il décide la même chose. Et vous vous rentrez dedans. Et vous recommencez. Et vous vous rentrez dedans encore. Et vous vous rentrez dedans durant 60 ans. C'est ça le conflit israélo-palestinien.

Même si un intermédiaire arrive en voulant diviser la place de stationnement en deux, ça ne règle rien. On ne peut pas stationner deux voitures dans une seule place de stationnement. Quoiqu'à force de se rentrer dedans, les deux voitures finiront peut-être, un jour, par pouvoir y entrer toutes les deux. À force de se tuer, il n'y aura peut-être plus, un jour, assez de gens pour occuper ce pays tant désiré.

Je sais bien que mes lecteurs palestiniens ne seront pas tout à fait d'accord avec mon exemple de place de stationnement.

Ils diront que leur Miata était déjà garée à cet endroit. Et que la Taurus est arrivée avec une remorqueuse de l'ONU pour enlever leur Miata de là, et s'y stationner. Tandis que les lecteurs juifs prétendront que cette place était réservée à leur Taurus depuis Les dix commandements.

Mais le problème reste le même. Deux chars qui veulent le même parking. Deux peuples qui veulent le même pays.

Bien sûr, on pourrait faire d'Israël et de la Palestine, un pays à garde partagée. Une semaine, les Palestiniens l'occupent. Une autre semaine, ce sont les Israéliens. Vous direz que c'est difficilement réalisable. Mais les solutions proposées par tous les diplomates depuis 60 ans ont l'air de l'être autant.

Voilà pourquoi, je me permets de proposer mon plan de paix pour le Proche-Orient. La création d'un pays à deux étages. Un pays duplex. Les deux peuples auront tout le territoire au complet, mais à deux niveaux différents. Pas de chicane dans ma cabane. On construit un pays par-dessus le pays. Pour déterminer qui prend le haut, qui prend le bas, on fait comme avec les enfants qui ont un lit superposé dans leur chambre. On tire au sort. Admettons que ce sont les Palestiniens qui habitent le bas et les Juifs le haut. Tout le monde est content. Tout le monde est sur la même Terre sacrée. C'est juste qu'il y en a un qui doit faire attention de ne pas tomber en bas.

Il risque d'y avoir encore quelques engueulades, quand les Palestiniens vont trouver que les Juifs marchent trop fort. Ou quand les Juifs ne pourront pas dormir à cause de la musique arabe. Mais ça, c'est la vie. Au moins, les deux seront chez eux.

Et si jamais un troisième peuple revendique ce territoire, on pourra toujours creuser une cave en dessous du pays. Après tout, la gang de ben Laden a l'air d'aimer ça les souterrains.

Un pays à deux étages, fallait y penser. C'est fait. J'attends mon prix Nobel de la paix. Il ne reste qu'à faire les plans. À appeler Bombardier.

Je ne vois pas d'autre solution. Ou plutôt, si. Il y en a une autre. Une seule autre. C'est que Juifs et Palestiniens réalisent qu'au fond, ils sont le même peuple. Le peuple des humains. Que Yahvé et Allah, c'est comme Francis Martin et James K. Field. C'est la même personne. Le même Dieu. Un même peuple. Un même pays. Et le problème est réglé. Et on cesse de se tuer.

Merci Bécaud !

Ce matin, je sors de chez moi
Il m'attendait, il était là
Il sautillait sur le trottoir
Mon Dieu, qu'il était drôle à voir
Le p'tit oiseau de toutes les couleurs...

Durant toute ma petite enfance, quand je jouais dans ma chambre, les chansons de Bécaud jouaient aussi. Les chansons de Bécaud jouaient avec moi. *Le petit oiseau de toutes les couleurs, Les Cerisiers sont blancs, Nathalie*, je les ai chantées en faisant mes dessins, en courant dans la maison, en collant ma maman. Les chansons étaient belles. Joyeuses. Et la vie aussi.

Puis la vie est devenue un peu plus compliquée. J'ai les jambes croches depuis que je suis né. Un gros handicap. Mais jusqu'à 5 ans, c'est à peine si je m'en étais aperçu. C'est en allant à l'école, c'est en allant dans le monde, que j'ai réalisé que j'étais différent. Que j'étais pas comme il le faut. Et le malaise des autres en a créé un en moi.

C'est pas toujours évident, vous savez, quand t'as 6 ans, et que la première question que les gens te posent quand ils te voient, ce n'est pas « Comment ça va ? » c'est « Qu'est-ce que t'as ? » Ça blesse. Quand les gens te regardent en pensant que t'es un nono. Quand les gens te regardent en étant surtout contents de ne pas être comme toi.

J'aurais pu aller me cacher. Me refermer sur moi-même. Me faner. Mais heureusement, dans ma tête de petit enfant, j'avais les chansons de Bécaud. Ces chansons heureuses, ces chansons pleines de soleil avaient déjà donné le rythme à ce qu'allait être ma vie. Alors, j'ai foncé. Alors, j'ai pris ma place. Parce que rien n'est jamais trop grave. Parce que *l'important, c'est la rose.*

Vous trouvez que je donne beaucoup de pouvoir aux chansons. Mais elles en ont... Je me souviens un soir. J'avais pas encore 10 ans. J'étais couché sur mon lit. J'avais le cafard. J'avais de la peine. Et j'écoutais *Seul sur son étoile.*

Quand on est seul sur son étoile
On ne voit pas le temps courir
On est au chaud et on s'installe
Comme un cheval qui va mourir...

Et plus Bécaud chantait, plus je pleurais. À chaudes larmes. Parce que j'étais sûr que j'étais pour être toujours tout seul sur mon étoile. Que jamais une fille ne voudrait de moi. Avec l'allure que j'ai. Puis est arrivé le dernier couplet :

Quand on est seul sur son étoile
Y'a des fois des coups du bon Dieu
Et l'on est deux sur son étoile
C'est idiot, mais on est heureux...

Vite, je me suis accroché à cet espoir. De toutes mes forces. Je me suis dit qu'un jour, il y aurait un coup du bon Dieu, pour moi aussi, et que je serais deux. Et j'ai cessé de pleurer. J'étais consolé. C'est ça le génie de Bécaud. Sa grande générosité. Il pense à nous. Il ne nous chante pas seulement que ça va mal. Ça, il sait qu'on le sait. Il nous chante surtout que ça peut aller mieux. Il nous remet de l'espoir dans les yeux. Comme le fait un ami. Il est l'ami de tous ceux qui sont seuls sur leur étoile.

Les chansons de Bécaud ne sont peut-être pas des grandes chansons songées comme celles de Cohen ou de Ferré. Elles sont toutes simples. Sans prétention. Elles s'adressent au cœur. Pas à la tête. Ce sont les chansons d'un petit gars. Bécaud fut, toute sa vie, un petit gars. Un petit gars plein de vie. Dieu, merci !

J'aurais pu avoir l'enfance triste. L'enfance boiteuse. Mais j'ai eu l'enfance heureuse. Grâce à Bécaud. Grâce à l'amour de ma famille aussi, bien sûr. Surtout. Mais mon amour à moi de moi, c'est lui qui m'a aidé à le voir. À me le donner. Cette voix intérieure qui nous dit de ne pas lâcher. De continuer. Que ça vaut le coup. Qu'on en vaut le coup. Cette voix intérieure qu'on a en nous, moi, elle me parle sur une musique de Bécaud.

Tout jeune, au moment où c'est le plus important, ses chansons m'ont aidé à aimer la vie. À aimer ma vie. Merci Bécaud ! Merci de m'avoir montré le chemin. Merci d'avoir été mon p'tit oiseau de toutes les couleurs. Et bon voyage !

On est arrivé sur le port
Il chantait de plus en plus fort
S'est retourné, m'a regardé
Au bout d'la mer s'est envolé

J'peux pas voler, dis
J'peux pas nager, dis
J'suis prisonnier, dis
M'en veut pas
Et bon voyage, dis
Reviens-moi vite, dis
Le p'tit oiseau de toutes les couleurs

La magouille mène le monde

La magouille ! Toujours la magouille ! La magouille est partout, mesdames et messieurs ! Pas moyen de regarder nulle part, on ne voit que ça ! La magouille !

Prenez votre journal, vous allez voir, pas une nouvelle, sans que la magouille se montre la face. L'affaire Salé-Pelletier, c'est à cause de qui ? À cause de la magouille. Le scandale Gagliano, c'est à cause de qui ? Encore la magouille ! Les lobbyistes et le PQ, c'est quoi ? Toujours de la magouille. L'affaire Enron, c'est la faute à qui ? La magouille ! Jeffrey Loria et les Expos ? La magouille ! La magouille ! La magouille !

C'est pas mêlant, il n'y a rien qui se fait sur la Terre sans que la magouille soit impliquée. Même si Salé-Pelletier avaient gagné l'or dès lundi, la magouille serait quand même à Salt Lake City. Même si les grosses descendeuses de luges allemandes ne prenaient pas d'hormones, la magouille aurait quand même été à Salt Lake City.

Parce que sans la magouille, les Jeux ne seraient même pas à Salt Lake City. C'est grâce à elle, qu'ils les ont obtenus. Sans elle, les Jeux seraient à Québec. Et la petite juge française aurait passé un mauvais quart d'heure. Le Bonhomme Carnaval se serait assis dessus ! Quin, ton 5.8 !

C'est pas le cul qui mène le monde, c'est la magouille ! Bush, pensez-vous qu'il est devenu président des États-Unis à cause de son intelligence ? Il s'étouffe en regardant le football ! Jean Chrétien, pensez-vous qu'il est devenu premier ministre... j'ai même pas besoin de finir ma question ! Y sait même pas de quel bord mettre son casque ! C'est grâce à la magouille qu'ils sont là. C'est la magouille qui nous dirige.

Chirac, Poutine, ben Laden, Sharon, sont pas là parce qu'ils sont les plus fins et les plus sages. Y sont là parce qu'ils sont des médaillés d'or de la magouille ! Pensez-vous que les milliardaires deviennent milliardaires à cause de leur REER ? C'est la magouille. Dans la vie, si tu sais pas magouiller, oublie ça !

Même notre existence dépend de la magouille. C'est pas à cause de nous qu'on est là ! C'est à cause de nos parents. On a été pistonnés sur la Terre. Toute la gang ! Et c'est pas long qu'on apprend. À 6 ans, quand le beau petit garçon apporte une pomme à sa maîtresse, il sait très bien ce qu'il fait. Il commence sa longue carrière de magouilleur. Quand il se sert de papa pour obtenir des choses de maman, et vice-versa, le petit proute sait très bien où il s'en va. Dans la magouille. On magouille comme ça jusqu'à notre mort. Pis même le jugement dernier, ça doit être arrangé. Y doit avoir une juge française qui fait passer ses amis au ciel, pis qui garroche ceux qu'elle n'aime pas en enfer ! Où l'on magouille pour l'éternité.

L'Histoire du monde, c'est l'Histoire de la magouille. Le serpent, Adam, Ève et la pomme, c'est la magouille originelle. Les bâtisseurs de pyramides qui se mettaient de l'argent dans les poches pendant que leurs esclaves crevaient, c'est de la magouille. Aujourd'hui, on regarde les pyramides en disant que c'est une des plus grandes réalisations de l'homme. On fait WOW ! Je pense pas qu'on aurait dit WOW si on avait été l'esclave qui en allant mettre le petit bout pointu en haut en haut, est tombé en bas. On aurait plutôt fait PLOUTCHE. Derrière chaque réalisation de l'homme, il y a de la magouille.

Parce qu'il y a donc deux sortes de personnes sur la planète : les magouilleurs et ceux qui ne se font pas poigner ! Car l'important, c'est de savoir bien choisir sa magouille. Il y a la magouille acceptée. Et la magouille pas acceptée. La magouille *light*. Et la magouille *heavy*. Que les juges des pays de l'ancien bloc de l'Est donnent la première position aux patineurs russes, même s'ils ont été moins bons, ça, c'est correct. Ç'a toujours été comme ça. Personne ne s'offusque de ça. On n'en parle même pas. Mais qu'une juge française de France, donne la première position aux patineurs russes, même s'ils ont été moins bons, ça c'est pas correct. Elle n'est pas censée faire ça. Si elle veut magouiller, qu'elle magouille du bord des pays de l'Ouest, ça passera inaperçu. Mais pas pour les Russes.

Il faut donc toujours pratiquer la magouille érigée en système. Jamais la « new magouille ». Que le gouvernement nomme tous ses amis à la tête des sociétés d'État, ça c'est normal, ç'a toujours été comme ça. Tout le monde le fait, fais-le donc. Mais qu'un ancien chef de cabinet devienne lobbyiste. Là, wô ! Le gouvernement a le droit de nommer ses amis à la tête des entreprises, mais les entreprises ont pas le droit de nommer les amis du gouvernement à leur tête. *It is a one-way magouille !*

La magouille, c'est comme le bruit. Quand c'est nous qui en faisons, c'est correct. Quand c'est les autres, ça nous dérange ! C'est MA-gouille, pas TA-gouille !

Mais peut-on enrayer la magouille ? Ha ! Ha ! Ha ! Pensons-y un peu. Quel est le contraire de la magouille ? La justice. Qui est responsable de la justice ? Les avocats et les juges. Quelles sont les personnes qui ont la réputation de magouiller le plus ? Les avocats et les juges. La Française de Salt Lake City, elle n'est pas une athlète, une bénévole ou une masseuse. Elle est juge. Elle magouille.

La magouille est le fumier des réalisations humaines. Pour qu'une fleur pousse, il en faut. Pour que les Olympiques, les pyramides ou le Danemark existent, il en faut aussi.

Trêve de cynisme, il y a quand même sur la Terre des gens qui ne magouillent pas. Il n'y en a pas beaucoup. Mais il y en a. Plus précisément, il y en a deux. Seulement deux. Vous et moi !

Lâchons pas !

∂∾❀

Avant de m'endormir

Il doit être minuit et demi. Je viens d'éteindre la télé. Ma blonde dort à poings fermés. Je me prépare à faire comme elle. J'enfonce ma tête dans l'oreiller. Je ferme les yeux. Et je me parle. Oui, je me parle. Dans ma tête. Ou plutôt dans mon cœur.

Je sais pas si vous êtes comme moi, mais tous les soirs, juste avant de m'endormir, je me dis plein de choses. Ça dure pas très longtemps. Deux trois minutes, quand tout va. Deux trois heures, quand rien ne va !

J'sais pas pourquoi je fais ça. C'est peut-être parce que c'est le seul moment de la journée où je suis vraiment seul avec moi-même. Ou que j'ai pris cette habitude, tout jeune, du temps où je récitais ma petite prière à Dieu.

En tout cas, c'est immanquable, tous les soirs, avant de m'endormir, je pense à comment je suis. Je pense à comment je devrais être. On dirait qu'avant de quitter ce monde, même si ce n'est que pour quelques heures, mon âme sent le besoin de faire comme un petit bilan. De me faire comme un petit sermon. Et tant mieux, si là-haut, il y a quelqu'un qui m'entend...

Ce soir, je pense à la remarque que j'ai dite, ce midi, à un ami, et qui a semblé lui faire quelque chose. Je disais ça juste comme ça. Mais c'était vraiment pas brillant. Je pense que dorénavant, je ferai plus attention.

Je pense aussi à ma blonde qui me dit qu'on devrait sortir plus souvent. Je pense qu'elle a raison. Que je devrais faire un effort. Travailler un peu moins fort. Je pense à ma mère que je n'ai pas eu le temps de rappeler. Je pense que je suis nono. Qu'il n'y a personne de plus important qu'elle sur cette planète. Que je devrais toujours avoir le temps de lui parler. Je pense à la photo d'Arnaud que Jean-René m'a envoyé par e-mail. Je pense que c'est ça la vie, un petit bébé de sept mois qui te sourit.

Je pense au Proche-Orient. Je pense que c'est effrayant que ça ne me bouleverse pas plus que ça. Je pense à Doug Gilmour. Oui à Doug Gilmour ! J'ai passé le mois de décembre à chialer contre lui. À dire qu'il n'était pas bon. Qu'il était fini. Et aujourd'hui, si le Canadien fait les séries, c'est grâce à Théodore et à lui. Je pense que cela me prouve qu'il ne faut jamais parler contre les autres. Que cela ne donne rien. Et que de toute façon, on a toujours tort de le faire. Je pense que je ne le ferai plus jamais. Promis.

Je pense à la vie qui passe trop vite. Je pense qu'il faut vraiment que j'en profite. Et puis finalement, je pense que... Je pense que je dors.

Si j'étais toujours comme je suis juste avant de m'endormir, durant ce court instant, je serais la personne la plus fine au monde. Mère Theresa, Gandhi, saint Stéphane. Malheureusement, ça ne dure pas ! Ça ne dure jamais. Le matin, la vraie vie revient. Et je recommence à dire des niaiseries. À oublier de rappeler ma mère. À chialer.

À penser trop souvent à moi, plutôt qu'aux autres.

Pourtant, juste avant de m'endormir, ça paraît si simple, si évident comment je dois être, pour que les autres soient bien, et que moi aussi, je le sois. Mais quand on est juste au bord du rêve, ce n'est pas comme dans la réalité. Dans la réalité, on dirait qu'il faut toujours se défendre. Se défendre de qui ? De quoi ? On ne sait pas. Mais il y a comme une tension qui nous rend con.

Pourtant, au fond, le vrai moi, c'est celui que je suis, juste avant de m'endormir. Durant ce moment de grâce. Et c'est peut-être la même chose pour vous. Si on pouvait tous se rencontrer à cet instant précis où notre esprit s'éclaircit, le monde serait plus beau. Je suis sûr que même Sharon et Arafat sont moins belliqueux, juste avant de s'endormir. Quand ils entrent en eux. Ils doivent regretter tous ces morts. Si seulement, ils pouvaient se parler au moment de leurs remords. Se chuchoter leurs craintes, leurs angoisses, et leurs rêves. Ça règlerait le conflit. Mais on peut rêver, ça serait étonnant qu'ils soient dans le même lit !

La voix de notre conscience, elle est tellement enterrée par les bruits de la vie, qu'il ne lui reste que les quelques secondes qui précèdent notre sommeil pour nous parler. Il faudrait peut-être lui faire plus de place. Lui permettre de se tenir debout. De vivre le jour aussi.

Je sais pas pourquoi je vous parle de ça, ce matin. Ce n'est pas Pâques, ni Noël. Je n'ai pas pris de brosse. Ni fumé du Harmonium. Mais il y a cette guerre qui n'en finit pas. Il y a tous ces gens qui meurent pour rien. Il y a le 11 septembre qui n'a rien changé. Alors je me dis, si on pouvait tous être juste un peu plus fins. Un peu plus gentils les uns avec les autres. C'est pas grand-chose, mais c'est peut-être la seule façon qu'un jour cessent les horreurs.

C'est juste ça. Soyons gentils. Comme on l'est la nuit. Même le plus grand des bandits a l'air d'un cœur d'or quand il dort. Et s'il l'était...

J'espère que je ne vous ai pas trop endormi avec mes états d'âme. Quoique, si ça vous rend plus gentil...

Bon somme !

La guerre du Pif gadget

Mai 69. Mon père, comme tous les dimanches après la messe, est allé au dépanneur acheter le *Dimanche matin*. Et il a ramassé aussi, comme tous les premiers dimanches du mois, le nouveau numéro de *Pif Gadget*. Une revue de bandes dessinées qui contient un petit gadget à bricoler soi-même.

Aussitôt arrivés à la maison, mon frère, ma sœur et moi, nous nous lançons sur l'objet tant désiré. On arrache le plastique qui recouvre la revue. Mon frère s'exclame : « Wow ! Une fusée ! » Le gadget à assembler est une petite fusée rouge avec une rampe de lancement capable de propulser l'engin à 10 mètres dans les airs !

« Papa, c'est comment haut dix mètres ?

— Dix mètres ! ? Euh... Demandez à votre mère.

— Maman, c'est comment haut dix mètres ?

— Dix mètres ! ? Euh... environ 30 pieds...

— 30 pieds ! Wow !

— C'est moi qui fais la fusée !

— Non, c'est moi !

— Non, c'est moi ! »

Et la chicane commence. Comme à tous les mois. Parce que voyez-vous, il n'y a qu'un seul gadget à assembler dans le *Pif Gadget* et nous sommes trois enfants. Ma mère intervient : « Arrêtez de vous disputer. Sinon, c'est la dernière fois que votre père vous achète votre Pif machin ». Mon frère Bertrand plaide sa cause : « C'est à moi de faire la fusée, parce que Stéphane est trop petit, y sera pas capable. Et Dominique, c'est une fille. Une fusée, c'est pas pour les filles. Quand le gadget sera une poupée, c'est elle qui la fera ».

Dominique et moi sautons sur Bertrand. La bataille poigne. Ma sœur tire les cheveux de mon frère. Je lui donne un coup de poing dans le ventre. Nous aurions pas dû. Il est deux fois plus grand que nous. Il me tord le bras et écrase la face de ma sœur. On se met à pleurer. Ma mère nous tire le collet. Fin du premier round.

« Allez dans votre chambre, immédiatement. Donnez-moi votre bidule. Je vais le ranger. Méditez, ça va vous faire du bien ! »

On est chacun sur notre lit. Je ne sais pas à quoi mon frère et ma sœur méditent, mais moi je ne pense qu'à la petite fusée rouge. Je la vois décoller. Percer les nuages ! Et toucher la Lune.

Après une heure de pénitence, ma mère revient nous chercher :

« Bon, allez-vous arrêter de vous chicaner ?

— Oui maman !

— Allez-vous être gentils les uns avec les autres ?

— Oui maman !

— Je vous redonne votre truc, mais vous allez le faire les trois ensemble.

En vous aidant. Compris ?

— Oui maman. »

On est installés dans le salon. C'est beau de nous voir. Ma sœur lit les instructions. Moi, je trouve les morceaux. Et mon frère les assemble. On file doux. Le bonheur et l'harmonie. Ça ne dure pas.

« Le ressort en B doit être placé sous la base de la fusée en A dans une verticale V, à 45 degrés avec la rampe de lancement en D, selon le vecteur Z.

— Je comprends pas comment tu lis !

— Tu comprends pas tout court ! Donne, je vais la faire !

— Non, c'est moi qui va la faire ! »

La chicane recommence. Cette fois, c'est mon père qui intervient. Il n'aime pas que l'on se dispute pendant qu'il lit son *Dimanche matin*. Surtout quand il est rendu à la chronique de Jacques Francoeur: Fourré partout même si ça vous choque, et si ça vous choque, ne lisez pas ceci.

« Retournez dans votre chambre. Tout de suite ! »

Finalement, après une dizaine de batailles et de pénitences, on réussit tant bien que mal à assembler la fusée. Tout juste avant qu'il fasse nuit. Et on sort sur la galerie l'essayer.

« Maman, maman ! Viens voir ! »

Ma mère vient assister au grand décollage. Elle est fière de nous : « Elle est belle votre fusée ! Vous voyez quand vous arrêtez de vous chicaner et que vous réussissez à vous entendre, vous êtes capable de grandes choses ! Que cela vous serve de leçon ».

Je fais le décompte : « 5, 4, 3, 2, 1... 0 ! » Mon frère pèse sur le ressort. La fusée tombe sur le côté. Elle n'a même pas levé d'un pouce !

« C'est ta faute !

« — Non, c'est la tienne !

— Non, c'est la tienne ! »

Et mon frère lance la fusée sur le nez de ma sœur. Et moi je lui envoie la rampe de lancement. Ma mère nous sépare :

« C'est assez les enfants ! Allez vous coucher tout de suite !

— Mais y'est juste huit heures... »

Ainsi se terminait notre journée, tous les premiers dimanches de chaque mois.

Le gadget de *Pif* venait encore de faire patate. Et nous nous blâmions les uns les autres. Sans savoir qu'au fond, c'était la faute à la camelote de *Pif*. Même Einstein n'aurait pas été capable de faire décoller la maudite fusée rouge.

Avant de nous endormir, on promettait à maman de ne plus jamais nous chicaner. Que c'était la dernière fois. Juré. Puis la guerre reprenait quatre semaines plus tard, pour un fusil à pois ou un télescope en carton.

Jusqu'à ce dimanche midi, où mon père est arrivé avec le *Pif Gadget*. J'ai sauté dessus. Comme d'habitude. Mais pas mon frère. Ni ma sœur. Je leur ai dit : « Regardez, un avion avec des hélices, qui peut voler sur une distance de 100 mètres ! » Mon frère a levé les épaules. Et il est descendu au sous-sol, étudier. Ma sœur a dit : « C'est l'fun ! » Et elle est partie parler au téléphone.

Ils étaient rendus trop vieux pour le gadget du *Pif Gadget*.

Moi je ne l'étais pas. Mais soudain, l'avion avait à mes yeux beaucoup moins d'attrait. Je l'ai laissé dans son plastique. Et je suis sorti lancer la balle sur le mur. Tout triste. De ne plus avoir personne avec qui me chicaner.

C'est con à dire, mais on ne réalise pas assez que se chicaner, c'est une façon de s'aimer. La preuve ; on se chicane toujours avec ceux qu'on aime le plus.

Si on s'en rendait compte sur le coup, nos chicanes seraient moins *heavy*. Et elles déboucheraient sur encore plus d'amour.

Lors de votre prochaine chicane, avec un être cher, pensez-y ! Et au beau milieu de la discorde, donnez lui un gros bec, en lui disant : « Merci de te chicaner avec moi ! »

಄಄಄

Le 12 mai 2002

La fête de la vie

E lle monte l'escalier. Puis entre dans mon bureau. Le grand sourire aux lèvres. Belle comme un cœur. L'œil rieur. Elle respire le bonheur : « Bonjour, je suis Valérie Mouton, vous êtes monsieur Laporte ? » Je lui donne la main. Elle s'assoit. On dirait un soleil. Ou encore mieux, la vie. Oui, c'est ça. La vie vient d'entrer dans mon bureau.

Je lui dis qu'il fait beau. Elle me dit oui. Qu'il fait vraiment... Mais elle n'a pas le temps de finir sa phrase. Elle se met à tousser. À tousser. À tousser. Elle prend un peu d'eau. Je lui tends des mouchoirs. Elle tousse encore. Et encore. Pendant quelques secondes, emporté par sa bonne humeur, j'avais oublié pourquoi elle est venue me voir. Valérie a la fibrose kystique. Une maladie mortelle héréditaire qui touche les poumons et l'appareil digestif.

Annie vient nous rejoindre. Annie est une directrice artistique. On s'est croisés à l'agence Marketel. Elle m'a salué en me disant qu'elle était la femme de Jean-Charles, un de mes anciens confrères de la faculté de droit. Qu'ils ont deux petits gars, Guillaume et Charles-Antoine.

Et que les deux sont atteints de la fibrose kystique. Elle m'a demandé d'écrire une chronique sur cette maladie. Parce que le mois de mai est le mois de la collecte de dons.

J'ai bafouillé un peu. Je veux bien. Mais comment ? Je ne suis pas un médecin. Même pas un journaliste. Juste un petit comique. Qui pleure parfois. Annie m'a dit : « Je vais te faire rencontrer une jeune malade. Tu vas tout comprendre... »

Voilà pourquoi Valérie est assise dans mon bureau. Elle tousse encore. Annie la regarde tendrement. Elle sait ce que c'est. Même si ses enfants sont atteints beaucoup moins gravement que Valérie. Elle lui passe la main dans le dos. Valérie arrête de tousser. Les nuages sont passés. Son grand sourire réapparaît. Comme un arc-en-ciel.

« Je m'excuse, c'est l'escalier, je l'ai monté un peu vite. J'étais énervée... »

Elle rit. Puis elle me parle de sa vie. Valérie a 23 ans. Elle travaille. Elle étudie. Elle joue du violoncelle. Elle garde son neveu. Elle sort. Elle aime les gars. Elle déborde d'énergie.

« J'ai juste un problème, je ne suis pas capable de me suivre ! »

Vous et moi, on respire à environ 100 % de notre capacité pulmonaire. Valérie, quand elle va bien, respire à 40 %. Elle doit se battre, à chaque instant, pour rester en vie. Pour bouger, marcher, exister. Quand elle va moins bien. Quand elle respire à 20 %, le combat devient inégal. Et c'est là que tout s'arrête. Qu'elle doit être hospitalisée. Une semaine. Deux semaines. Deux mois. Le temps de reprendre le dessus. Depuis sa petite enfance, elle a été hospitalisée des dizaines et des dizaines de fois. Elle a toujours réussi à remonter la pente. Elle est chanceuse.

La plupart de ses amies atteintes de la fibrose kystique sont mortes.

« Le mois dernier, on en a perdu 11... »

Valérie ne va pas très bien en ce moment. Elle est sortie de l'hôpital pour venir me voir.

« J'aime ça me promener même quand je suis hospitalisée. Dimanche dernier, je suis allée aux tam-tams sur la montagne. C'est pratique, c'est juste à côté de l'Hôtel-Dieu. Mais j'ai pas dansé. J'étais trop essoufflée. Je suis à 30 % en ce moment. C'est pas beaucoup. Il faut que je remonte plus que ça. Sinon... »

Sinon, ce sera la greffe. Des deux poumons. Son ultime espoir.

« Avec une greffe réussie, on peut vivre quelques années de plus. Mais je ne veux pas l'avoir tout de suite. C'est trop tôt. »

En 1960, les enfants nés avec la fibrose kystique ne vivaient pas plus de quatre ans. Aujourd'hui, plusieurs réussissent à dépasser la trentaine.

Valérie m'explique tout ça avec le sourire. Sa vie est trop courte pour la perdre à être malheureuse. À l'hôpital, elle a décoré le poteau qui tient le sac contenant son sérum. Elle se promène dans le corridor avec des guirlandes de Noël accrochées à son soluté !

« Tu es Patchette Adams ! » lui dit Annie. Elle est encore mieux que ça. Patch Adams est le médecin qui fait rire les malades. Valérie est la malade qui fait rire les médecins !

« J'aime ça rire. Mais il ne faut pas que je ris trop parce que ça me fait tousser. Des fois, je vais au cinéma voir une comédie, avec une gang d'amis qui ont tous la fibrose kystique. On tousse durant tout le film ! Les autres spectateurs trouvent pas ça drôle ! »

Je lui demande si, parfois, elle parvient à oublier sa maladie. À oublier, ce qui l'attend.

« Non, à chaque respiration que je prends, je le sais que c'est là. »

À chaque respiration qu'elle prend, elle sent la mort pas loin. Mais elle lui dit merde. Et profite de chaque instant. Comme si c'était le dernier.

Elle n'a qu'un regret : « À cause de la fibrose, je ne pourrai jamais être mère. Et c'est ce que j'aimerais le plus au monde, être une maman... »

Elle a des petites larmes au bord des yeux. Je ne dis rien. J'ai la gorge nouée. D'admiration. Son seul regret, ce n'est pas de ne pas être en santé. Ce n'est pas de ne pas pouvoir courir, danser, à son goût. Ce n'est pas de ne pas avoir une vie normale. Non. Son seul regret n'a rien d'égoïste. Son seul regret est tourné vers les autres. Son seul regret, c'est de ne pas pouvoir prendre soin de quelqu'un. De ne pas pouvoir avoir d'enfants. Faut-il qu'elle aime la vie pour être à ce point généreuse ! Malgré tout. Et dire que nous, au moindre problème, on ne pense qu'à notre petite personne.

Valérie est partie. Le sourire aux lèvres. Elle retournait à l'hôpital. Subir son traitement. Annie est allée la reconduire. Je suis resté tout seul. Et tout ému. Je n'avais jamais rencontré quelqu'un d'aussi en vie. J'étais heureux. Et très triste.

En ce jour de la fête des Mères, je te souhaite bonne fête Valérie. Car toi aussi, tu donnes la vie. À chaque personne à qui tu souris. Tu lui permets de comprendre enfin que chaque moment est important. Que chaque jour, chaque seconde, chaque respiration, est la fête de la vie. Être en vie est la seule raison d'être heureux. C'est ce que tu m'as appris, mardi dernier, dans mon bureau. Merci Valérie. Je t'enverrais bien des fleurs. Mais je vais faire mieux. Je vais envoyer un don à l'Association québécoise de la fibrose kystique (425, rue Viger Ouest, bureau 510, Montréal, H2Z 1X2). Et sait-on jamais, si on est plusieurs à t'en envoyer, les petites Valérie pourront peut-être un jour être mamans...

Le 26 mai 2002

La voix de Jacques Doucet

Il y en a pour qui l'été, c'est une chanson de Carlos Jobim, le chant des oiseaux ou le murmure des ruisseaux. L'été pour moi, c'est la voix de Jacques Doucet.

Je l'écoutais dans la ruelle. Tout petit. Pendant que je lançais la balle sur le mur de la voisine. « Joe Morgan frappe une flèche ! » et je plonge pour attraper la balle en m'éraflant les genoux.

Je l'écoutais dans l'auto de mon père. Pendant que ma mère faisait les courses au marché Atwater. Mon père trouvait un stationnement à l'ombre. Et on restait dans la voiture pour entendre Chris Speir réussir un double jeu.

Je l'écoutais au bord du quai. Au lac des Français. En lançant des roches dans l'eau. Le soleil se couchait dans les arbres. Et Pete Rose fonçait, tête première, dans le receveur.

Je l'écoutais dans mon lit. En dessous des couvertures. Les soirs où les Expos jouaient sur la côte Ouest. Le volume pas trop fort. Pour pas que ma mère le sache. Et je m'endormais pendant que Woody Fryman effectuait ses tirs de réchauffement.

Je l'écoutais, écrasé sur la galerie. Dans la ville humide. Les journées où il fait trop chaud pour faire quelque chose. Avec un verre de limonade. En lisant Astérix et Tintin. Puis *l'Actualité* et *le Nouvel Obs* ont remplacé les bandes dessinées. Et le Coke, la limonade. Mais la voix de Jacques Doucet était toujours là. Les après-midi de farniente.

Je l'écoute encore. Par petits bouts. En prenant ma douche avant de sortir. En attendant ma blonde, dans l'auto, devant un magasin. En lisant un livre, un dimanche de pluie. Et je l'aime toujours autant.

Jamais agressive. Jamais déplaisante. Jamais stressante. Toujours heureuse. Tranquille. Intelligente. Rassurante. Reposante. Comme le baseball. Comme l'été.

C'est elle qui projette le film de la partie dans notre tête. Tout est là. Le lanceur qui enlève sa casquette pour s'éponger le front. Le frappeur qui se retire de la cage pour s'étirer les bras. L'avant-champ qui se resserre craignant un coup retenu. Les joueurs de champ extérieur qui collent la ligne de démarcation. Et les spectateurs qui tapent des mains. La voix de Jacques Doucet nous fait tout voir. La voix de Jacques Doucet n'oublie rien.

On sent qu'elle aime ça. On sent sa passion. Et sa sagesse. Elle a tout le temps devant elle. « Les Expos perdent 6 à 1. Mais on est juste en troisième. Ils ont en masse le temps de faire une remontée... » Elle est tout en espoir.

Le baseball est un sport en dehors du temps. Un match peut durer deux heures, trois heures, cinq heures. Tant que le dernier retrait n'est pas effectué, il faut jouer. Même si c'est 100 à zéro. Le baseball, c'est Charlie Brown, seul sur son monticule. Tous ses coéquipiers sont rentrés chez eux, manger. Mais lui continue de lancer. Et de se faire frapper. Pour l'éternité ! Pour décrire ce sport, ça prend une voix qui coule. Une voix dont on se lasse pas. Une voix qui sait que rien n'est jamais gagné. Que rien n'est jamais perdu. Une voix qui connaît ça.

Pour décrire un match de baseball, il ne faut pas un ouragan. Il faut une brise. Une brise douce. Une brise Doucet.

La voix de Jacques Doucet est une voix en dehors du temps. Elle n'a pas changé. De Mack Jones à Vladimir Guerrero, de Coco Laboy à José Vidro. Elle n'a pas vieilli d'une année. Elle est raccord avec mon enfance. Quand je l'écoute, j'ai l'âge d'un petit cul qui passe sa journée avec son gant de baseball à la main. Même au souper!

À cause de la voix de Jacques Doucet, j'ai toujours préféré écouter le baseball à la radio. C'était peut-être ça le problème des Expos!

Car le temps va finir par nous rattraper. Fin septembre ce sera la fin des Expos. Et la voix de l'annonceur deviendra un silence.

Je ne m'ennuierai pas des joueurs millionnaires, des propriétaires et de Youppi. Mais je m'ennuierai longtemps de la voix de Jacques Doucet. L'été ne sera plus jamais le même. Sans elle. Sans lui.

Merci, Monsieur Doucet.

❧❦

La piscine du voisin

On crève. Il fait chaud. Il fait beau. À la télé, ils disent qu'avec le facteur humidex et le facteur exagérex, il fait 96 degrés Celsius. Je suis dehors sur la terrasse. Étendu sur la chaise longue. Avec un verre de thé glacé. Et le *Nouvel Obs*. Peinard.

Avant, pour moi, c'était ça le bonheur. Me prélasser dans ma cour. Je ne pouvais pas être mieux que ça. C'était le summum. Mais c'est fini ce temps-là. Tout a changé depuis que les voisins ont une piscine. Une belle piscine creusée. Je les entends plonger. Rire. S'amuser. Et je réalise que je pourrais être mieux que je suis. Que je pourrais être plus heureux. Si j'avais une piscine, comme eux.

Avant, je me dorais au soleil. Maintenant, j'y sèche. Pendant qu'eux se rafraîchissent. Je suis dans un four. Ils sont au Club Med.

J'ai bien essayé de le nier. De me dire qu'une piscine, c'est niaiseux. Que je suis parfait avec ma belle terrasse. Mais c'est de l'enron (nouveau mot pour *bullshit*). Une piscine, en pleine canicule, à Montréal, c'est sûr que c'est génial.

Jadis, quand mes amis venaient sur ma terrasse, ils s'émerveillaient. Ils me disaient : « Wow, la belle terrasse ! Tu dois être bien. Comme t'es chanceux ! » Maintenant, quand ils arrivent sur ma terrasse, ils disent : « Wow ! La belle piscine ! Ton voisin est chanceux ! » Et je sens même qu'ils préféreraient être chez le voisin que chez moi. Le temps d'une saucette.

Maudite piscine ! Ça fait 15 ans que j'habite ici. Quinze ans que je suis heureux. Totalement satisfait. Sans eau ni chlore. Pourquoi ne pourrais-je pas continuer de l'être ? Parce que le ver est dans la pomme. Le ver, c'est l'envie. La pomme, c'est ma tête.

C'est pas vrai la maxime : « Quand on se regarde, on se désole, quand on se compare, on se console ». C'est plutôt : « Quand on se regarde, on apprécie, quand on se compare, on meurt d'envie ! » Prenez le beau petit José Théodore. L'année dernière, on lui aurait donné trois millions de dollars US par année, il aurait été fou de joie. Aujourd'hui, si on lui donnait trois millions US, il se sentirait insulté. Bafoué. Pourquoi ? Parce qu'il se compare à son voisin. Si Curtis Joseph a huit millions, il ne peut en accepter seulement quatre. Et il a raison. Même si au fond, ça ne change pas grand-chose à sa vie. T'as beau avoir cinq Porsche, tu n'as seulement qu'un cul. Tu peux t'asseoir seulement dans une Porsche à la fois. Mais c'est une question de principe. On ne peut accepter que d'autres jouissent de ce dont on ne peut pas jouir.

Si Joseph gagnait deux millions, Théo serait très heureux avec ses quatre millions. Si mon voisin n'avait pas de piscine, je serais très heureux avec ma terrasse. Mais il a une piscine, et tout mon équilibre émotif bascule.

Pour la première fois de ma vie, je me sens atteint du

syndrome du voisin gonflable. Le problème, c'est que je n'ai pas de place pour gonfler. La piscine du voisin est tellement proche de ma terrasse, que si j'étais Annie Pelletier, je pourrais y plonger, sans danger. Où voulez-vous que je mette la mienne ? Bien sûr je peux faire démolir ma terrasse et mon garage. Et tasser ma maison d'une dizaine de pieds pour me creuser un bassin. J'y pense. J'en aurai pour quatre mois à entendre la pépine défoncer ma cour. Je le sais. L'année dernière, j'ai enduré durant quatre mois le bruit d'enfer de la pépine du voisin. Quatre mois à me réveiller au son de l'apocalypse. Et j'ai même pas pu me tremper un orteil.

Admettons que je sois mentalement prêt à revivre ça. Et que je transforme ma tranquille demeure en chantier olympique, ai-je vraiment le goût d'avoir une piscine telle-ment proche de mes voisins que je risque à tout instant de les éclabousser dans leur salon ? Non, il n'y a vraiment pas de place pour deux piscines dans mon coin. Il fallait avoir l'idée en premier. C'est mon voisin qu'il l'a eue. Tant mieux pour lui.

Maintenant qu'est-ce que je fais ? J'arrête de prendre du soleil sur ma terrasse pour ne pas être en contact avec l'objet de mon malheur. De toute façon, à quoi bon bronzer, je suis vert de jalousie.

Je me fais bâtir un mur de Berlin pour ne plus voir la piscine. Et quand j'entendrai les cris de joie et le bruit de l'eau, je me ferai croire qu'ils sont en train de regarder des vieilles cassettes de *Flipper*.

Ou j'opte pour la solution du téteux. Je deviens ami avec mes voisins. Et je m'invite chez eux, souvent. Pour me baigner. Pas évident. Ça fait quatre ans qu'ils habitent là, et on s'est dit trois mots. Ils me verraient venir de loin.

Avec mon Vinier. Non, je préfère suer que de téter.

Alors je n'ai pas le choix. Je dois essayer d'être grand. M'élever au-dessus de ma petite personne. Comme un moine tibétain. Être heureux du bonheur de mon voisin. Mieux que ça. Avoir tellement à cœur le bonheur de mon prochain qu'il faut que ça me fasse plus plaisir que mon voisin ait une piscine que si moi j'en avais une. J'en ai pour l'été avant d'atteindre ce niveau d'altruisme. Ça va travailler fort sur la chaise longue ! Heureusement, l'été est vite passé.

En espérant que le voisin ne se fasse pas bâtir un centre de ski dans sa cour cet hiver !

Si la France avait gagné

En ce jour de la fête des Français, rêvons à ce que serait notre vie, si la France avait gagné. Pas au Mondial. Non, sur les plaines d'Abraham. Si l'armée française avait battu l'armée anglaise. Et que le Québec était demeuré une région de la France. Comme la Normandie, la Provence ou l'Alsace.

Si le Québec faisait partie de la France...

Jean Chrétien ferait des phrases complètes.

Les artistes québécois ne se péteraient pas les bretelles chaque fois qu'ils font un spectacle en France, ce serait chez eux.

On aurait une opinion sur tout, pas juste sur le hockey.

Nos enfants mangeraient mieux, mais ils mangeraient aussi des claques.

Il y aurait toujours deux langues d'usage : le français et l'arabe.

Sur la plage Doré, les femmes bronzeraient les seins à l'air. Mais ils seraient moins gros.

Elvis Gratton porterait un béret des Expos.

Thierry Ardisson nous aimerait puisqu'on serait comme lui.

On trouverait le Stade olympique beau. Et Taillibert serait un héros.

Il y aurait un TGV qui relierait Montréal à Laval en 2 minutes.

Jacques Villeneuve n'aurait plus d'accent. Ou plutôt, on aurait tous le sien.

Johnny Halliday aurait chanté au mariage de Mom Boucher. Puis il serait parti en moto avec son pote.

On comprendrait les blagues des humoristes français à *Juste pour rire* !

Napoléon aurait été exilé sur notre île Sainte-Hélène. Et il aurait passé son temps au Casino.

Les ventes de rasoirs pour femmes seraient moins élevées.

Des Français plus normaux que Raël viendraient s'établir ici.

Dans toutes nos émissions de télé, les gens seraient assis en rond avec des micros à la main.

On bâtirait un tunnel sous l'océan pour relier la France au Québec. À la vitesse où avancent les travaux sur le pont Champlain, le tunnel serait prêt pour les fêtes de l'an 3000.

Jacques Chirac serait notre président. Et ça ne changerait rien.

Marie-Chantale Toupin serait choisie pour poser pour le buste de Marianne.

Durant la Deuxième Guerre mondiale, on serait entré dans le maquis en se cachant dans le parc La Fontaine.

On ne dirait plus « Les maudits Français », parce que ce serait de nous qu'on parlerait.

Au lieu que ce soit notre Tercel, c'est notre Peugeot qui ne partirait pas l'hiver.

L'architecture de Montréal serait plus jolie, mais il y aurait du caca de chien partout.

Les politiciens du Québec adoreraient faire campagne en France surtout dans la région de Bordeaux.

Michel Chartrand dirait « putain » au lieu de « viarge » !

Les cyclistes du Tour de France trouveraient le tour pas mal plus long !

Dans les annonces de Brault et Martineau, la fille serait nue. Dans les annonces de Tim Horton aussi.

Il y aurait du monde aux matchs de l'Impact.

Les restaurants français seraient des restaurants tout court.

On mangerait du P'tit Québec avec de la baguette.

L'inventeur de la poutine aurait été guillotiné.

De Gaulle n'aurait jamais crié : « Vive le Québec libre ! »

Le Pen serait animateur de radio à Québec.

Il y aurait des manifestations partout, pas juste devant Vidéotron.

On serait le seul endroit en Amérique dont la monnaie serait l'euro.

Notre système de santé serait toujours aussi nul, mais on dirait qu'il est excellent.

Nos ambulances feraient pin pon !

Aux Jeux de la francophonie, on serait avec l'équipe qui gagne.

Les gens de Plattsburgh pourraient aller en France beaucoup plus rapidement.

Quand les Warriors monteraient leurs barricades sur le pont Mercier, c'est l'armée française qui viendrait nous aider. Ce serait beau. Tous les petits soldats français voulant se faire photographier avec les Peaux-Rouges.

Lors de la Révolution française, Louis XVI se serait sauvé au Québec. Il aurait ouvert un magasin Le Roi du matelas. Et aurait inventé le lit King Seize.

Stéphane Ouellette parlerait comme Bernard Pivot. Mais il boxerait comme lui, aussi !

TV5 battrait TVA dans les sondages.

À la radio, on entendrait davantage de chansons anglaises.

On aurait des gougounes signées Saint Laurent.

Jean-Marie Messier serait à la tête de Nortel.

On pourrait montrer des photos de nos gosses sans passer pour un pervers.

Denise Bombardier serait heureuse.

Le Québec ne voudrait plus se séparer du Canada. Il voudrait se séparer de la France !

Sur ce, bonne fête à tous les Français. On vous aime beaucoup. Mais vous auriez pu vous forcer un peu plus sur les plaines d'Abraham. Zidane devait être blessé !

❧

Toute la famille sur la galerie

Ma mère vient de finir de me donner mon bain. Elle m'aide à enfiler mon pyjama bleu, celui avec des autos dessus. J'ai joué presque une heure dans l'eau. Mais ça ne m'a pas rafraîchi. J'ai toujours aussi chaud. En ce soir d'août 1967, c'est la canicule à Montréal. La grosse canicule. Et je suis content. Car au lieu d'aller me coucher, comme tous les soirs après mon bain, je m'en vais sur la galerie. Youppi !

Les soirs où la maison est un vrai four, où la chaleur, bien installée dans chacune des pièces, ne veut plus sortir, on émigre toute la famille sur la galerie d'en avant – en arrière, c'est trop petit. Ça n'arrive pas souvent. Un ou deux soirs par année. Comme Noël et le jour de l'An.

Ma sœur Dominique est là, en pyjama elle aussi, assise sur une chaise pliante. Mon grand frère Bertrand est à califourchon sur la rampe de l'escalier. Mon père est debout, une cigarette au bec ; il arrose le gazon. Ma mère s'assoit sur la plus haute marche de l'escalier, avec moi dans ses bras.

Je trippe. Être dehors, le soir tard, en pyjama, est pour moi la chose la plus folle que j'aie faite durant ma vie. Durant mes six ans de vie.

On ne fait rien. On cherche de l'air. Personne ne parle. Il fait trop chaud. Ça serait trop fatigant. Chacun regarde quelque chose. Mon frère regarde les autos qui passent en rêvant d'en avoir une. Ma sœur regarde ses orteils et s'arrache les petites peaux autour des ongles. Mon père regarde le gazon. Ma mère regarde les étoiles. Et moi, je regarde ma mère. Qui me dit de regarder les étoiles avec elle. C'est beau. Mais c'est apeurant. Le ciel est trop grand. Et je suis trop petit.

Il y a des passants qui marchent sur le trottoir. Ils nous regardent. On doit avoir l'air pas mal colons. Toute une famille installée sur la galerie d'en avant. À 9 heures du soir. Mais on s'en fout. Quand il fait chaud, on se fout de tout.

Mon père a fini d'arroser le parterre. Il range le boyau. Puis nous dit : « Est-ce qu'il y en a qui prendraient une p'tite bière d'épinette ? » Ça fait une heure que j'attends cette question. Je crie : « Oui ! » Mon frère dit : « Je vais aller la chercher ! » Ma mère et ma sœur sourient. On aurait gagné le Sweepstake irlandais qu'on ne serait pas plus heureux !

On ne boit jamais de bière d'épinette, d'habitude. Seulement les soirs de canicule, quand il fait trop chaud et qu'on veille sur la galerie. C'est une boisson rare. Comme le bonheur.

Mon père donne de l'argent à Bertrand, qui enfourche sa bicyclette et se dirige vers la rue Décarie. Au dépanneur Lafortune. À toute vitesse.

Je n'en reviens pas. Je suis dehors, en pyjama, le soir, et je vais boire de la liqueur, après 9 heures ! C'est la rumba !

Un ado fumant son premier joint à l'Expo ne plane pas plus que moi. Je suis sur un nuage.

Ma mère est allée me chercher un jouet. Je fais rouler ma Dinky Toy sur la galerie. Ma Mustang roule à quelques pieds des vraies autos. C'est *cool!* Ma sœur s'est endormie sur sa chaise. Ma sœur s'endort partout. Je n'ai pas hâte d'avoir 10 ans. Ç'a l'air fatigant!

Bertrand arrive enfin. En sueur. Il remet la caisse de bière d'épinette à mon père. Avec la monnaie. Papa donne à chacun sa bouteille. Ma mère a trop chaud pour aller chercher des verres. On a le droit de boire à même la bouteille. C'est vraiment la soirée la plus *wild* de ma vie!

Mon père prend une gorgée et dit : « C'est bon, de la bière d'épinette! » Mon père ne parle pas beaucoup. S'il a senti le besoin d'exprimer à haute voix sa satisfaction, c'est que c'est vraiment bon. Ma sœur se réveille. À peine. Et boit sa bière d'épinette en continuant son rêve. Moi je prends mon temps. Je savoure. C'est tellement bon qu'on devrait écrire un livre là-dessus : *La première gorgée de bière d'épinette.* J'aurais dû prendre cette idée en note.

Je bois lentement. Je ne suis pas fou. Je sais très bien que, dans pas longtemps, ma mère va dire : « Stéphane, finis ta bière d'épinette, et après ça, tu vas te coucher ». Plus il me restera de bière dans ma bouteille, plus ça prendra du temps avant que j'aille me coucher.

Les voisins sortent sur leur galerie. Eux aussi. La voisine parle à ma mère :

« Il fait trop chaud en dedans...

— Oui. On est mieux dehors... »

Elles sont un peu gênées. Elles sentent le besoin de justifier, l'une à l'autre, pourquoi elles exposent leur famille devant la rue. Le voisin, lui, n'est pas du tout embarrassé.

Il est en camisole. En « petit corps ». Il nous regarde boire notre bière d'épinette, les yeux remplis d'envie. Il donne de l'argent à son gars. Et le voilà parti vers la tabagie Lafortune.

Ma mère se tourne vers moi : « Stéphane, finis ta bière d'épinette, et après ça, tu vas te coucher ». Oups ! Il ne m'en reste presque plus. J'ai oublié de prendre mon temps. Il fait trop chaud, j'avais trop soif. Je bois la dernière goutte. Et je me lève. J'embrasse mon père et ma sœur. Mon frère, je lui tape dans les mains. Bonne nuit tout le monde ! Et j'entre avec ma mère dans la maison.

Je suis resté un peu plus d'une heure dehors, devant chez nous. À regarder ma rue. Pourtant j'ai l'impression d'avoir fait un grand voyage. Un des plus beaux que je ferai jamais. Tout mon univers était là. Mon père, ma mère, mon frère, ma sœur, et les étoiles au-dessus. J'étais complet. Comme je ne le serai plus jamais.

À moins qu'un soir j'aie dans mes bras mon petit gars ou ma petite fille, dehors en pyjama, en train de boire une petite bière d'épinette. Ce soir-là, je ferai un aussi beau voyage qu'en août 1967. C'est sûr. Mais ce n'est pas pour demain. C'est quand même ce que j'espère, les soirs de canicule, quand, seul sur ma terrasse, je regarde les étoiles, dans le ciel trop grand.

෧ඁ෧

Rien à cirer

L'homme a d'abord ciré son char. Parce que c'est ce qu'il y a de plus important pour lui. Et il souhaitait que son char ait l'air plus beau. Cela a fonctionné. Après la troisième couche de cire, sa Tercel avait l'air d'une Ferrari. L'homme a regardé son char. Émerveillé. Il était tellement fier de son char. Il en a presque pleuré.

Puis l'homme a baissé les yeux. Et il a vu ses souliers. Qui juraient à côté de son beau char. Il a donc décidé de cirer ses souliers. Pour que ses souliers aient l'air plus beaux. Cela a fonctionné. Après les avoir frottés comme il le faut, ses vieux souliers avaient l'air de souliers neufs. L'homme a regardé ses souliers. Émerveillé. Il était fier de ses souliers. Comme il ne l'avait jamais été. Il leur a même donné un dernier petit coup de torchon. Comme une petite caresse

L'homme est rentré chez lui. Et il a trouvé que son plancher avait l'air bien fade en dessous de ses souliers vernis. Il a donc décidé de cirer son plancher. Pour que son plancher ait l'air plus beau. Cela a si bien fonctionné, que tout ce qu'il y avait dans la maison a soudainement eu l'air ordinaire. L'homme agacé, s'est mis à tout cirer. Ses murs, ses plafonds, ses tables, ses chaises, ses comptoirs. Tout. Sa vieille maison avait l'air d'un palais. L'homme a regardé sa maison. Ému. Scrutant chaque recoin pour voir s'il n'avait rien oublié. Et c'est alors que sa femme est arrivée. L'homme a trouvé que sa femme avait l'air bien terne dans sa maison étincelante. L'homme a donc décidé de cirer sa femme. Pour que sa femme ait l'air plus belle. Et cela a fonctionné. Sa femme de 40 ans, cirée, tirée, *liftée* avait l'air d'avoir 20 ans. L'homme a regardé sa femme. Autrement. Il était fier de sa femme. Presque autant que de son char.

Dès lors, l'homme n'a plus été capable de s'arrêter. Il s'est mis dans la tête de tout cirer. Tout ce qui existe sur la Terre. Dieu avait créé le monde. L'homme allait le cirer. Pour que le monde ait l'air plus beau. Il a ciré les légumes, les fruits, les arbres, les oiseaux, les animaux, les mers et les étoiles. Et cela a fonctionné. Le monde a eu l'air d'être plus beau. Comme dans un film de Walt Disney. L'homme a regardé le monde. Subjugué. Il a pris une grande respiration. Ça sentait la cire à plein nez. Et l'homme trouva que ça sentait bon.

Finalement, l'homme a décidé de se cirer lui-même. Il a ciré son corps, son cœur, et son esprit. Pour avoir l'air plus fort, plus fin, plus intelligent. Et cela a fonctionné. Il s'est mis à avoir l'air bien dans sa peau. Il s'est mis à faire les gestes qu'il faut faire quand on veut avoir l'air bon. Il s'est mis à dire les choses qu'il faut dire quand on veut avoir l'air intelligent. Il était reluisant. Tellement, que pour se regarder, l'homme a dû mettre des lunettes fumées. Il brillait trop dans le miroir. L'homme était content. Il était fier de lui. Il se trouvait même plus beau que son auto.

La cire miracle avait tout transformé. La vie ne pouvait pas avoir l'air plus belle. L'homme ciré, qui avait l'air d'avoir réussi, mangeait des aliments cirés qui avaient l'air bons, avec sa femme cirée qui avait l'air belle, et ses enfants cirés qui avaient l'air équilibrés, dans un monde ciré qui avait l'air parfait.

Oui, le monde avait l'air parfait. On avait ciré les pauvres pour qu'ils aient l'air riches. On avait même ciré les bilans financiers des compagnies. Ainsi celles qui perdaient des milliards avaient l'air de nager dans les profits. Tout le monde avait l'air content. Tout le monde avait l'air de gagnants.

Pourtant l'homme ne se sentait pas si bien que ça. Il ne le disait pas. Car il avait l'air si bien que personne ne l'aurait cru. Mais il ne filait pas. Et il se demandait pourquoi. Ça l'inquiétait. Il avait eu beau cirer son inquiétude, elle n'en devenait que plus grande. Il est allé voir son psy ciré, son astrologue ciré et son curé ciré. Aucun d'eux n'a trouvé la réponse. Ils lui ont tous dit : « Vous avez l'air d'avoir tout pour être heureux ! »

C'est alors que l'homme a pensé analyser la cire dont il avait enduit l'Univers. Cette cire qui rendait tout beau, de quoi était-elle faite ? Et il a découvert qu'elle était toxique. Qu'elle figeait les choses. Qu'elle rendait beau le dehors en détruisant le dedans. Que le monde était condamné à paraître, parce qu'il ne pouvait plus être. Qu'elle était composée d'orgueil, d'ambition et d'égoïsme. Et qu'elle rendait tout beau. En rendant tout faux.

Soudain, les effets nocifs de la cire se manifestèrent. L'homme a d'abord vu sa femme le laisser. Car un amour ciré a l'air bien beau, mais il ne dure jamais longtemps. Puis il est tombé malade. Tous ses aliments étaient intoxiqués.

Il aurait mieux fait de manger une vieille pomme toute poquée qu'une belle pomme toute cirée. Les animaux étaient infectés et l'eau n'était plus potable. Même l'air n'était plus respirable. Et dire qu'il avait fait tout ça pour avoir l'air.

L'homme avait voulu prendre un raccourci pour atteindre le bonheur. Sans comprendre que le bonheur, c'est le chemin que l'on prend. Quand on arrive trop vite, il ne nous reste plus qu'à être malheureux. Depuis le début des temps, l'homme ne s'était occupé que de la pelure. Que de la première chose que l'on voit. Que du devant sans comprendre que ce qu'il y a de bon dans un fruit, c'est le dedans. Même chose pour lui.

L'homme, au plus profond de son malheur, a enfin réalisé qu'il n'y en avait rien à cirer de ce monde basé sur l'apparence. De toutes ces teintures, de toutes ces perruques, de tout ce maquillage, de toute cette poudre, de tout cet étalage, de tous ces clin clins, de tous ces faux seins, ces faux cils, ces faux jetons, ces faux témoignages. L'homme a donc décidé de tout décaper. Il en a pour des milliers d'années.

Les rangs

C'est la première journée d'école. Je suis en quatrième année. Mademoiselle Gohier vient de terminer son petit laïus de bienvenue. Tout le monde l'a écoutée sagement. Ça ne durera pas. Demain, on sera des petits monstres. Mais aujourd'hui, on est encore des anges. Elle va maintenant former les rangs. Car on doit aller dans la grande salle pour le discours du directeur. C'est important les rangs.

Toute l'année, on va se déplacer ainsi. Pour aller au gymnase, à la cafétéria, à la piscine, ou au parc. Lors de chacune de nos sorties, on va marcher comme des petits soldats innocents.

Le principe est assez simple : les plus petits en avant, les plus grands en arrière, les filles à droite, les gars à gauche. Sauf que dans ma classe, il y a quelque chose de spécial. Moi. À cause de mon problème aux jambes, la personne à mes côtés doit me donner la main. Ça m'aide.

Pour monter les escaliers. Pour marcher dehors l'hiver. Pour être sûr de ne pas tomber. C'est pas mal gênant d'avoir besoin de quelqu'un, mais il n'y a pas que des désavantages. En première année, j'ai marché toute l'année avec la belle Gabrielle aux longs cheveux blonds. En deuxième année, c'était Louise au beau sourire. Et en troisième, c'était Pascale aux yeux bruns craquants.

Mademoiselle Gohier nous demande de nous lever : « Avant de vous mettre en rang par ordre de grandeur, j'ai une petite faveur à vous demander. Vous savez que Stéphane a un peu de difficulté à marcher, alors la personne à côté de lui doit lui donner la main, qui voudrait donner la main à Stéphane ? »

Je suis étonné. C'est la première fois qu'une maîtresse fait ça. Avant, on formait les rangs normalement, et la fille qui se retrouvait à ma droite se devait de me donner la main. Comme j'étais toujours le plus petit de ma classe, c'est toujours la plus petite qui m'accompagnait. J'étais chanceux, les plus petites sont souvent les plus belles.

Mais cette année, mademoiselle Gohier a dû se dire que les élèves n'étaient plus des bébés. On ne peut plus les obliger. À 8 ans, on est des grands. Il faut leur donner le choix. Certaines de mes consœurs seraient peut-être mal à l'aise de marcher toute l'année, main dans la main, avec un garçon. Même s'il a de beaux yeux ronds.

J'angoisse. Tout d'un coup qu'aucune fille ne veut me donner la main. Qu'est-ce que je vais faire ? Changer de classe ? Décrocher ? Heureusement, mon angoisse ne dure pas longtemps. Car tous les enfants ont levé la main d'un même élan. Même les garçons ! Je ne sais pas si c'est moi, ou si c'est le fait d'être en avant, peu importe, l'important c'est que je ne tomberai pas.

Mademoiselle Gohier se retourne vers moi : « Stéphane, qui choisis-tu ? » Oh ! *boy* ! C'est moi, qui choisis ! Wow !

J'ai toutes les filles de la classe, le bras levé devant moi, et c'est moi qui vais décider laquelle sera tout près de moi, toute l'année ! Je rêve.

C'est trop beau. Je me sens comme un sultan devant son harem ! Je regarde tout le monde rapidement. Et j'aperçois la belle Johanne Latour. La main tendue. Ça fait trois ans que j'espère qu'elle soit dans ma classe. Et cette année, ça y est, elle y est. Je ne vais pas laisser passer ma chance. Elle est deux fois plus grande que moi, mais c'est pas grave, je m'étirerai le bras, c'est tout. Je baisse les yeux. Et je dis, pas fort, du bout des lèvres, tout ému à la pensée de la belle année que je vais vivre : « Johanne Latour ». Mon cœur bat très fort. Juste son nom me fait de l'effet. Imaginez sa main !

Mademoiselle Gohier dit alors : « Charles Lanthier, parfait ! Charles, viens en avant, tu donneras la main à Stéphane, les autres, mettez-vous en arrière par ordre de grandeur croissant, les filles à droite, les garçons, à gauche ». Han ? Quoi ? Qu'est-ce qui se passe ? Comment ça, Charles Lanthier ??? La maîtresse m'a mal compris. J'ai dû trop bafouiller. Trop troublé par la beauté de Johanne Latour.

Et Mademoiselle Gohier a entendu Lanthier au lieu de Latour. C'est effrayant ! C'est un cauchemar. Non seulement je passe à côté de la plus belle fille de l'école, mais en plus je vais donner la main à un gars. UN GARS ! Wouache ! C'est impossible ! Il faut que je dise à Madame Gohier qu'elle s'est trompée. Vite ! Je viens pour ouvrir la bouche, Charles Lanthier est déjà à côté de moi. Le sourire aux lèvres. Tout gentil. Il me tend la main. En disant : « Ça me fait plaisir de t'aider ». Je reste la bouche ouverte. Je me retourne. Je vois la belle Johanne, dans le rang, une vingtaine de têtes plus loin. Je suis défait.

Mademoiselle Gohier lève le ton : « Silence tout le monde, on s'en va dans la grande salle, avancez ! » Je mets ma main dans la main de Charles. C'est encore pire que je pensais. Il a la main moite. Et nous sortons de la classe. On croise les autres élèves. Qui nous regardent, étonnés. Deux gars qui marchent ensemble, main dans la main, ça surprend. Surtout en 1969 ! Le soir, je n'en dors pas. Je ne suis pas pour passer l'année à tenir la main d'un gars. C'est pas que j'aie peur de devenir comme ça, depuis que j'ai vu Jinny dans son costume, je sais très bien quelle est mon orientation sexuelle, mais de quoi j'ai l'air ?

Tous mes amis se paient ma tête. Et toutes les filles n'en reviennent pas que j'aie choisi un gars au lieu d'elles. J'ai beau leur dire que c'est mademoiselle Gohier qui a mal compris, elles ne me croient pas. Elles disent que j'avais juste à lui dire. Elles ne comprennent pas. Elles ne comprennent pas que lorsque j'ai vu Charles Lanthier, tout heureux que je l'aie choisi pour m'aider, ça devenait impossible de le refuser. De lui dire, c'est pas toi que je veux, c'est la grande brune.

Ils sont si peu nombreux les gens heureux d'aider les autres, je m'en serais voulu toute ma vie d'en avoir repoussé un. On ne rejette pas une bonne âme. Même pour Johanne Latour. J'ai donc passé l'année à marcher à côté d'un gars. Et c'est ce qui pouvait m'arriver de mieux. Car lorsque j'étais avec une fille, je lui donnais la main tout le temps, de la classe jusqu'à la piscine. À chaque instant. Tandis qu'avec Charles, je lui donnais le moins souvent possible.

Seulement quand je ne pouvais faire autrement. Devant un escalier trop à pic, ou une plaque de glace. Sinon, je me débrouillais. Ainsi, à la fin de ma quatrième année, je marchais mieux que jamais. Et j'étais beaucoup plus autonome. Tellement qu'en cinquième année, je n'ai plus eu besoin de l'aide de ma compagne ou de mon compagnon de rang. Je volais de mes propres ailes.

Des années plus tard, j'ai remarché, main dans la main, avec quelqu'un. Mais ce n'était plus à cause de mes jambes. C'était à cause de mon cœur. Et du sien. Non, ce n'était pas Johanne Latour. Mais c'était aussi bien !

∞•∞

La guerre des lâches

Bon, encore la guerre ! Misère de misère ! On n'y échappera pas ! Le gros problème avec la guerre moderne, c'est que ceux qui la déclarent ne la font pas. Alexandre le Grand voulait conquérir le monde. Parfait ! Il a monté sur son cheval et il a mené sa gang à travers le Moyen-Orient, l'Asie centrale et l'Inde, tuant sur son passage tous ceux qui ne voulaient pas que le monde soit à lui. C'est un peu draconien comme méthode, mais au moins, il avait le courage de ses ambitions.

Napoléon voulait conquérir le monde. Excellent, mon mec ! Il a sauté sur son cheval et mené ses troupes à travers l'Europe, en massacrant les autres armées qui se dressaient contre lui. Il faut avouer que Napoléon restait un peu plus en arrière qu'Alexandre le Grand durant ses campagnes. Mais c'est parce qu'il était tout petit. Fallait qu'il fasse attention. Mais au moins, il était là où ça se passait. Il entendait le bruit des canons.

Aujourd'hui, les maîtres du monde restent dans leur salon, regardent la guerre sur CNN, pendant que soldats et civils meurent à cause d'eux. C'est pas juste. C'est lâche. Le grand commandant de la guerre contre l'Afghanistan dirigeait les opérations de la Floride ! Le soir, monsieur pouvait aller écouter Paolo Noël chanter à la *Vie en rose*, pendant que ses hommes fouillaient des caves dans le désert. C'est toujours les mêmes qui ont tout !

Il faut que ça change. George W. Bush veut partir en guerre contre l'Irak. Parfait mon Doubleyiou, t'es un homme, pas une moumoune, vas-y ! Mets tes culottes de jogging pis fonce. Vas-y attaquer l'Irak, si tu y tiens tant. Ton ami Tony Blair veut t'aider. *No problem !* Qu'il t'accompagne. Avec ses grandes dents, il devrait être capable de se défendre. C'est la même chose pour Oussama. Tu veux détruire le World Trade Center, mon ti-ben. Montre le chemin à tes hommes. Prends ton exacto et ton billet d'avion. C'est ben trop facile de rester caché dans ta cave et de dire après : « C'est moi qui l'a fait ! Chus le plus fort ! Chus le plus fort ! » C'est pas toi qui l'as fait. Celui qui l'a fait est plus mort que fort.

Arafat veut raser Israël. Vas-y mon Yasser ! Couvre-toi d'explosifs ! Être une bombe, pas dans le sens de Sophie Marceau, mais dans le vrai sens du mot, tu vas voir que ça donne chaud ! Je ne suis pas sûr que dans ces conditions, nos dirigeants seraient aussi belliqueux. Aussi machos. George W. Bush se couche avec son épouse à 9 h tous les soirs. Il est douillet, le président. Il a besoin de son *beauty sleep*. Dans le désert de l'Irak avec des fusées qui lui sifflent dans les oreilles, pas certain qu'il trouverait le sommeil. C'est facile de faire son cow-boy, quand on court dans le parc de la Maison-Blanche avec 10 gardes du corps autour de nous. Mais dans un champ miné de l'Afghanistan, c'est moins évident.

C'est qui les épais dans tout ça ? Nous autres ! Les cons qui acceptent de mourir à leur place. Pourquoi suit-on les ordres de gens qui n'assument pas les conséquences de leurs décisions ? Que s'est-il passé pour que le peuple se laisse emberlificoter de la sorte ? Dans le temps de Napoléon, les hommes avaient plus de couilles. Tu veux conquérir la Russie ? Parfait, on te suit. Et non pas : « Reste à Paris, à manger tes croissants, on y va pour toi ! » On te ramène la Russie dans un mois. Le Français qui aurait réussi à conquérir la Russie sans Napoléon, il l'aurait gardé pour lui !

Avant, les hommes étaient des suiveux qui suivaient. Maintenant, on est des suiveux qui précèdent. Le leader arrive après. Quand c'est le temps de monter le drapeau. De prendre la photo. Les dirigeants modernes sont parvenus à nous faire croire que leur vie valait plus que la nôtre. Qu'ils étaient irremplaçables ! Que le pays serait en grave danger s'ils venaient à mourir. Voyons donc !

Supposons que Jean Chrétien meurt au front, ça va pas prendre cinq minutes que Paul Martin va le remplacer. Vous pouvez être sûrs. Il va avoir l'air triste un peu au début, il va nommer une montagne au nom de Jean Chrétien, pis après, il va diriger le pays. Pareil comme ti-Jean. On ne se rendra même pas compte du changement. Pis si Paul trépasse, ce sera Sheila, ou Denis ou Stéphane. Y'aura toujours quelqu'un. On peut manquer d'infirmières un jour, mais on ne manquera jamais de premiers ministres. De bons premiers ministres, peut-être. Mais ça, ça fait 135 ans qu'on en manque ! Des premiers ministres ordinaires, y'en a partout. La job est trop tentante. Et les avantages nombreux. Mais il ne faut pas les laisser se reposer au chalet d'Everest pendant que nos soldats reçoivent des bombes américaines sur la tête. Il faut qu'ils soient là avec eux. Vous voulez la guerre ? Ben prenez-la.

Quand on arrivera à imposer cette règle élémentaire à nos classes dirigeantes, les conflits devraient être beaucoup moins nombreux. Car l'homme s'est ramolli avec le temps. Avant, l'homme allait lui-même tuer son souper. Maintenant, il l'achète chez Provigo. Si l'humain devait encore chasser pour manger, le végétarisme serait beaucoup plus répandu. Si les chefs d'État devaient partir eux-mêmes en guerre pour la faire, le pacifisme serait beaucoup plus répandu. Il faut abolir les intermédiaires. Et nous vivrons tous plus longtemps.

Citoyens du monde, réveillons-nous. Au hockey, le *coach*, il est derrière le banc des joueurs, il n'est pas chez lui en train de regarder la partie à la télé. Le monde est désincarné, car les conflits se décident dans la froideur des *bunkers*. Va-t-on finir par comprendre que la seule lutte valable, ce n'est pas les É.-U. contre l'Irak, la Palestine contre Israël, l'Inde contre le Pakistan. La seule lutte valable, c'est ceux qui dirigent contre ceux qui subissent.

Le civil de New York qui est mort le 11 septembre est du même côté que le civil afghan qui est mort bombardé en octobre. Ils sont tous les deux les victimes de leurs dirigeants. Idem pour tous les soldats morts au combat. Il est temps que ça cesse. La guerre est le jeu des puissants. Laissons-les jouer tout seuls. Que sont les hommes qui vont mourir à la place de Bush ? Ce ne sont que des Bush-trous.

Voilà, mon discours est prêt pour l'ONU. Il ne me reste plus qu'à convaincre tous les pays du monde à adopter cette résolution : « Tous les chefs d'État voulant la guerre doivent la faire eux-mêmes ». Après, nous pourrons dormir en paix.

Le petit contre le grand

Mon frère et moi, on est en train de chanter le « Ô Canada ». C'est sérieux. Nous sommes le premier dimanche d'octobre, et c'est le début d'une nouvelle saison de hockey dans la cave familiale. On joue l'un contre l'autre. J'ai 7 ans. Je mesure un peu plus de quatre pieds. Je suis le Canadien. Mon frère Bertrand a 14 ans. Il mesure presque six pieds. Il est Boston. La saison va être longue !

Mise au jeu ! Mon frère siffle. C'est parti ! Je m'empare de la balle. Et je dis : « Béliveau s'empare de la rondelle ». J'envoie la balle contre le mur et je la reprends en disant : « Béliveau passe à Cournoyer. » Mon frère me tasse contre le mur en criant : « Cashman plaque Cournoyer ! » Puis il drible avec la balle, tout en continuant de décrire l'action : « Cashman pousse le disque vers Esposito. Qui arrive en zone adverse... » J'essaie de lui soutirer la balle avec mon bâton, tout en disant : « Harper bloque Esposito... » Mais mon frère me déjoue et envoie la balle devant : « Esposito se débarrasse d'Harper et remet la rondelle à Orr. » Je me garroche devant le filet. Mon frère crie : « Orr lance... ».

La balle m'atteint en plein sur le nez. Je dis : « Ayoye, Vachon fait l'arrêt ! » Mais mon frère prend son retour : « Bucyk lance... et compte ! ». C'est 1 à 0 pour Boston.

On fait la reprise. On refait exactement la même séquence de jeu mais au ralenti. Sauf que mon frère ne parvient pas à lancer la balle directement sur mon nez, comme tantôt. Cette fois, je la reçois dans l'œil ! Une chance que dans notre temps, on ne présente pas la reprise sous trois angles différents !

Je me replace au centre pour la mise au jeu. Je suis tout rouge. J'ai chaud. L'œil poqué, le nez enflé. C'est fatigant d'être à la fois le joueur de centre, les deux ailiers, les deux défenseurs, le gardien, le commentateur et le magnétoscope ! Tout ça, avec pour seul salaire, une palette de Kit Kat après le match.

Mon frère remporte la mise au jeu : « Sanderson tricote avec la rondelle ». Je parviens à lui arracher la balle. « Mais là Richard lui enlève le disque. » Et je lance vers le but, sans perdre de temps. « Et compte ! » Un à un. Je saute de joie ! C'est toujours gratifiant de marquer un but contre quelqu'un qui te dépasse par presque deux pieds ! Mais Boston n'a pas dit son dernier mot. Bertrand enfile quatre buts sans riposte. Je parviens tant bien que mal à en compter un autre. Le match se termine 5 à 2 pour lui.

J'ai perdu. Mais je suis content. Je ne suis pas fou. Je sais bien que je ne peux pas battre un gars de 14 ans. Et je voudrais surtout pas que mon frère me laisse gagner. Ça serait pire que de perdre. Et Bertrand le sait. Il en échappe une ou deux durant la saison. Juste pour que je ne sois pas trop découragé. À chaque fois que cela se produit, je lui dis, froissé : « Pourquoi tu as fait ça ? Tu m'a laissé gagner ? » Il me jure que non. Qu'il était fatigué. Ça se peut parce qu'il commence à sortir avec les filles. Alors je le crois. Et je suis fier de moi.

Mais les gros matchs importants, les matchs de la Coupe Stanley, c'est toujours mon frère qui les remporte. Et c'est bien ainsi. C'est lui le plus fort. Moi je fais de mon mieux. Je donne tout ce que je peux. En espérant un miracle. Pendant 10 ans, il n'y a pas eu de miracle. Bertrand a remporté toutes les Coupes Stanley de la cave des Laporte. Parfois, je sentais bien qu'il voulait me laisser en gagner une. Qu'il relâchait son jeu, pour qu'enfin je boive du Coke dans la Coupe. Mais je l'engueulais : « Bert, fais pas ça ! J'aurais pas de fun à gagner comme ça ! » Il m'écoutait. Et m'écrasait !

C'est ça le sport. Jouer pour gagner. Sinon, le jeu ne tient plus. Une victoire donnée par l'adversaire, ce n'est pas une victoire. Ça ne vaut rien. Si moi, j'avais su que mon frère allait me laisser gagner, pourquoi je me serais forcé ? En sachant qu'il ne le ferait jamais, j'avais un défi à relever. Et le défi est plus important que le résultat. Car c'est lui qui donne un sens à l'affrontement.

C'est ce que les gens de la F1 sont en train d'oublier. Schumacher est le Bertrand de la F1. C'est le grand frère trop fort pour les autres. Pis ! ? Placez pas quatre poches de sable dans son char pour le ralentir. Que vaudrait la victoire des autres ? Il y a un principe sacré dans le sport : tout le monde doit donner tout ce qu'il peut. Sinon, ce n'est plus du jeu. Ce principe, que Ferrari l'applique. On aurait au moins une lutte entre Schumacher et Barrichello. Et que les autres écuries se forcent. Un jour, ce sera leur tour.

Moi, j'avais 17 ans. Mon frère en avait 24. Il n'y avait plus que quelques pouces de différence entre nous. Bien sûr, mon frère était plus large, plus fort. Et surtout, il n'avait pas ma démarche compliquée. Comme il étudiait en médecine, on n'avait plus le temps de jouer toute une saison, on jouait juste, au printemps, le match de la Coupe Stanley.

Je m'étais pratiqué tout l'hiver. Comme un fou. En me disant que la seule façon de compenser l'avantage physique de mon frère, c'était le visou. D'être plus précis que lui. D'être un poteu. Lui était un gros Eric Lindros. Je serais un précis Mike Bossy. J'ai lancé des milliers de balles dans le filet. Sept jours par semaine. Sans relâche. Et j'ai fini par devenir vraiment habile pour enfiler l'aiguille. Tellement, qu'un samedi de mai 1978, j'ai pris mon frère par surprise. Et j'ai gagné ma première Coupe Stanley. 9 à 8, en supplémentaire. Ça m'avait pris 10 ans, mais j'avais réussi. Qu'il était bon le Coke bu dans notre vieille coupe en plastique. Mon bonheur était grand, parce qu'il était vrai.

Alors Williams, Mercedes, Renault, BAR et les autres, au lieu de songer à toutes sortes de niaiseries pour arranger votre sport, faites vos devoirs, travaillez fort. Et le jour où vous gagnerez, ce sera une vraie victoire.

L'important n'est pas de gagner, c'est de gagner pour vrai.

꙲

La main de Louis

Extrait du journal intime de la reine Élisabeth :

Lundi, 14 octobre 2002
Je n'arrive pas à m'endormir. Je suis troublée. Bouleversée. Aujourd'hui, il m'est arrivé quelque chose de merveilleux. De *wonderful*. Une main d'homme m'a touchée. Une main d'homme s'est posée sur mon épaule. J'ai chaud juste d'y penser.

Ça fait 50 ans que je suis reine. Cinquante ans que les gens se tiennent loin de moi. Cinquante ans que je ne fais qu'envoyer des *tatas* à distance. Parfois, le peuple me serre le gant. Du bout des doigts. Mais jamais personne ne s'approche trop près. Jamais personne ne me colle. Comme si j'avais la lèpre. Même mon mari marche derrière moi. Et il n'en profite même pas pour me regarder l'arrière-train. Je suis seule. Trop seule.

Et voilà qu'au cours d'une réception donnée par les colons canadiens, quelqu'un enfin a osé. Quelqu'un a pété ma bulle. Le beau Louis. *What a man* !

Il est venu vers moi et m'a gentiment demandé, avec son charmant petit accent québécois, si j'acceptais de poser en sa compagnie. J'ai dit *yes*. Il s'est placé à mes côtés comme le font tous mes sujets. J'ai fait mon petit sourire de 20 dollars. Comme d'habitude. Et soudain, j'ai senti des doigts sur mon manteau vert. *My god*! Mon sourire s'est élargi. Comme sur les billets de 1000 dollars! J'aurais voulu que la photo dure des heures. Malheureusement, Louis m'a remerciée et il est retourné vers sa femme. Et moi, je suis restée seule. Comme toujours. Mais la sensation de sa main était encore là sur mon épaule. Sa belle main d'homme. Sa main d'athlète. Sa main de bûcheron.

Louis, si tu savais jusqu'où tu m'as touchée. En plein sur le cœur. Ce cœur si froid depuis tant d'années, tu l'as réchauffé. Pourquoi faut-il que je m'en aille demain? Pourquoi faut-il que notre rencontre ait eu lieu le dernier jour de cette longue et plate visite au Canada? Je me suis tellement ennuyée durant les parties de hockey et les parades de chevaux, assise à côté de l'hypocrite John Manley et du rustre Jean Chrétien. Il est gentil, mais il n'a pas grand classe. J'avais tellement hâte de m'en aller. Mais maintenant, j'ai le goût de rester. De partir à bicyclette avec toi, le long du canal de Lachine. De prendre plein de photos de nous deux. Ta main sur mon épaule. Ta main autour de ma taille. Ta main encore plus bas. Ta main sur mon trône! Ouf! J'en peux pus!

God save the Queen but Louis save the woman! Car je suis une femme. Pas juste un symbole. Ça fait 50 ans que je sers mon pays, il est temps maintenant qu'un homme me serre! Bien sûr, il y a Philip. Mais ce n'est pas le roi du matelas. Il n'aime pas ça. Tandis que moi, j'ai envie de vivre les folles passions que ma bru Diana a vécues. Tant qu'à être un symbole, je veux être un sex-symbol. Tu as compris tout ça toi, Louis. Tu as senti mon besoin de contacts humains. Et tu as eu cet élan vers mon corps. Tu n'as même pas pensé au protocole, tellement l'impulsion était forte en toi. Au risque de ta vie, tu m'as prise. Je ne l'oublierai jamais.

Je vais rentrer, demain. *I have to do it*. Car c'est mon devoir de souveraine. Je dois retourner régner sur l'Angleterre. J'ai des tabloïds à remplir. Il faut que tu le comprennes, mon beau Louis. Il faut que je le comprenne aussi. Ce n'était qu'une aventure. Le temps d'un *flash*. Mais quel beau *flash* !

Avant de prendre l'avion, je vais envoyer mes dames de compagnie faire quelques achats. Et cet hiver, dans mon palais, quand je m'ennuierai trop de toi, je vais m'habiller en Louis Garneau. De la tête aux pieds. Je vais mettre le maillot Fly Gurlz femme Louis Garneau, le cuissard Ergo Sensor femme Louis Garneau. Je vais remplacer mon chapeau bleu poudre par un casque T-Bone vert fluo Louis Garneau. Et je me caresserai l'épaule avec des gants LG-Spot Louis Garneau. *My gosh* ! J'en tremble juste d'y penser.

Ah mon beau cycliste, je voudrais tant être ton guidon et que ta main me serre pour aller plus haut !

So long Canada ! So long Louis ! I miss you déjà.

My heart will go on…

❧

Il faut tuer les fusils

On n'a pas d'allure. On n'est pas cohérents. On s'énerve contre la cigarette, la drogue, les gros chars qui polluent, les pommes cirées, le poulet aux hormones, mais les fusils, on n'en parle presque pas. Du moment que la vente est contrôlée, c'est tiguidou.

On s'est-tu déjà demandé à quoi ça sert, un fusil ? Ça sert à tuer. Rien d'autre. Une cigarette, au moins, ça peut servir à calmer. Vous allez me dire qu'un fusil aussi, ça calme. Ça calme surtout celui qui est atteint par la balle. Mais ça le calme trop ! Pourtant, on vend ça comme si c'était des petits pains au chocolat. Sur les paquets de cigarettes, on met des photos de dents pourries, de poumons calcinés, de gorges flétries ; sur les boîtes de fusil, on ne met rien. Pas de photos de cervelles éclatées, d'abdomens éventrés, de plaies repoussantes. Ben non ! On n'a pas besoin de donner mauvaise conscience à l'acheteur. Après tout, il veut seulement tuer. Le fumeur est montré du doigt dans la société. Pas le détenteur d'une arme. Pourtant, ça prend beaucoup de fumée secondaire d'une clope pour égaler les effets de la fumée secondaire d'un magnum.

Vous allez me dire que l'acheteur d'une arme ne veut pas nécessairement tuer. Ben non ! Il s'achète une carabine pour percer des trous dans ses murs pour accrocher ses cadres ! Je le sais, que la plupart du temps c'est pour aller à la chasse. Mais c'est quoi la chasse ? C'est tuer des animaux. Beau passe-temps ! Les chasseurs se disent des amants de la nature. Méchants amants ! Je ne voudrais pas me coucher avec ça. Je serais sûr de ne jamais me relever.

L'homme qui tire son plaisir en tirant sur une bête devrait se poser des questions. Y a quelque chose de pas réglé quelque part. Me semble qu'une bonne partie de tennis, ça défoule autant et ça empêche pas les oiseaux de chanter. Que demande-t-on à un ami qui revient de la chasse ? « As-tu tué ? » C'est sympathique comme tout. On dit : « As-tu tué ? » comme on dirait « As-tu nagé ? » ou « As-tu skié ? » Je m'excuse, c'est le verbe tuer. Faire mourir de mort violente. C'est écrit dans le *Robert*. Ça devrait pas vraiment être une activité de plaisance. Le curling, ça vous tente pas ?

Certains chasseurs se défendent en disant que, dans l'ancien temps, l'homme devait chasser pour se nourrir. Oui, pis ? On n'est plus dans l'ancien temps. Dans l'ancien temps, l'homme ne se lavait pas, il faisait ses besoins partout, et il tirait sa femme par les cheveux jusque dans sa grotte lorsqu'il voulait baiser. Maintenant, on n'agit plus comme ça. On a évolué. On s'est civilisés. Maintenant, on prend sa douche, on va au petit coin et on fait du *speed dating*. Et quand on a faim, on va chez Metro. Plus besoin d'aller éventrer un ours avec ses mains.

Au-dessus de tous les droits devrait primer le droit à la vie. Et si c'était ainsi, tout instrument dont la seule fonction est d'enlever la vie à un chevreuil, à une perdrix ou à un homme qui sort du Ponderosa devrait être interdit. Pas contrôlé. Interdit.

Le gouvernement a passé deux ans à se demander si tourner à droite au feu rouge était dangereux, mais il n'a pas encore réalisé qu'un fusil, c'est dangereux. Pas besoin de commander de grands rapports. Et de payer plein d'amis commissaires. Tout le monde sait qu'un fusil, c'est dangereux. C'est sa fonction. C'est fait pour ça. Alors si on vit dans un monde où il faut porter un bol à soupe sur la tête quand on fait du vélo parce que c'est risqué, comment peut-on laisser fabriquer une patente qui n'a d'autre utilité que d'enlever la vie ? C'est un non-sens ! Une bicyclette, c'est quand même moins dangereux qu'une mitraillette !

Les grands défenseurs de la vente des armes soutiennent qu'un fusil sert à se protéger. Ils en ont un juste au cas. Pour se sentir en sécurité, ils dorment avec une arme en dessous de leur oreiller. Belle sécurité ! Pourquoi pas une bombe en dessous du lit ? Si un bandit veut vous tuer, il ne vous réveillera pas avant. Alors si vous voulez vraiment être en sécurité, il ne faut plus que vous dormiez. Jamais. Ça risque d'être fatigant. Si, pour vous protéger, vous rangez un fusil dans la boîte à gants de votre bagnole, ça ne vous donnera pas grand-chose si vous vous faites abattre pendant que vous faites le plein. Pour qu'un fusil nous protège, il faut l'avoir à la main. Le problème, c'est que les fous prennent rarement rendez-vous avant de tirer sur quelqu'un. Et si vous vous promenez partout avec un fusil à la main, c'est la police qui va vous descendre. Pis vite à part ça. La meilleure façon de dormir tranquille, c'est que les armes soient interdites sur cette planète. Pas de dormir sur un calibre 12.

Je sais bien qu'avec une telle loi, tous les fabricants d'armes feront faillite. Pis ? On ne pleurerait pas si tous les *pushers* de crack faisaient faillite. On n'a pas à se sentir coupables de mettre un terme à l'industrie de la mort. Tant pis pour ceux qui ont des actions dans Mortel !

Bien sûr, il y aura toujours des fusils, ne serait-ce que pour faire respecter la loi antifusil. C'est ainsi. Pour faire respecter les limites de vitesse, les voitures de police doivent rouler plus vite que cela est permis.

C'est bien beau de vouloir bannir la violence dans les films et à la télévision. Mais c'est la violence dans la vraie vie qu'il faut bannir en premier. Et tant que la possession d'armes sera permise, on ne convaincra personne que l'on veut vraiment éliminer la violence.

En attendant de bannir les fusils, on va tuer certains détraqués qui s'en servent. Les tireurs fous de Washington risquent la peine de mort. Ça ne réglera pas le problème. Tant que nous vivrons dans un monde où la violence est une industrie, où il est permis d'acheter des instruments de mort, des déséquilibrés mettront en évidence les failles de notre supposée morale.

Si la vie est sacrée, il faut tuer les fusils.

Lettre à Oussama
pour sauver le Canada

B en ! Ben ! Ben ! Ben ! Qu'est-ce qui se passe avec toi, mon Ben ! ? Menacer le Canada ! Mais ça va pas la tête ! Jamais personne n'a menacé le Canada. Tu dois être très malade. Très, très faible ! Pense à ton plan de carrière. De quoi ça va avoir l'air dans ton CV de terroriste ? Après avoir pris New York, après avoir détruit les deux symboles de la puissance mondiale, après avoir réduit en cendres le World Trade Center, tu t'attaques à l'Orange Julep à Montréal. Quelle *drop* sociale ! Quelle déchéance !

Je le sais que tu vises la place Ville-Marie. Mais c'est pas mieux. Personne sur la Terre ne connaît ça, la place Ville-Marie. Penses-tu que CNN va s'énerver pour un endroit qu'ils ne sont même pas capables de prononcer ! Voyons donc, mon Oussama ! T'auras pas un gros impact international. Même que si tu détruis la place Ville-Marie un jour où Michel Therrien décide de faire garder les buts par Hackett plutôt que par Théo, ça va passer dans le beurre ici aussi ! Tu vas te retrouver à la page huit. Tous ces efforts, toute cette organisation, tous ces cours de pilotage pour absolument rien.

T'aurais plus de chances de te retrouver à la une si tu détruisais le Stade olympique. Pas parce que ça nous ferait de la peine. Non, parce que ça ferait plaisir à plusieurs. Surtout aux fumeurs ! D'ailleurs, les ruines du Stade olympique attireraient 1000 fois plus de personnes qu'un match des Expos ! Mais ne perds pas ton temps à détruire le Stade olympique, il se détruit très bien tout seul.

À part ça, ça ne se fait pas d'attaquer le Canada. Aucun pays ne l'a jamais fait. Parce qu'on n'est d'aucun intérêt. On est que quelques arpents de neige. Si ce n'était pas par erreur, on ne serait même pas découverts encore. Jacques Cartier voulait se rendre en Inde, mais comme sa femme n'était pas à bord pour le forcer à arrêter dans un garage pour demander son chemin, il s'est trompé de route. Puis, il a abouti ici. La France a été *pognée* avec nous autres. Mais elle nous a vite laissé tomber. Les Américains ont pensé pendant deux ou trois jours à annexer notre territoire au leur, mais ils ont trouvé que ça serait trop long à pelleter. Les Anglais ne nous ont pas conquis, ils nous ont ramassés. Et comme les Anglais sont incapables de se débarrasser de quelque chose, même de quelque chose d'inutile – la preuve est qu'ils ont encore la reine – bien, ils nous ont gardés. T'es pas pour attaquer un pays dont personne n'a jamais voulu. Même nous, les habitants du pays, on n'en veut pas. On fait des référendums à tous les 15 ans pour ne plus en faire partie. Si tu le veux, pas besoin de l'attaquer, prends-le ! C'est juste Paul Martin qui va être un peu déçu.

Tu nous menaces parce que nous sommes les alliés des Américains. Hello ! Gros alliés ! Notre armée est équipée chez Canadian Tire. Elle perdrait dans un conflit contre l'Armée du Salut. Notre flotte ne flotte pas. Nos avions, au lieu de lâcher des bombes, perdent des morceaux. C'est sûr que ça fait mal de recevoir une aile sur la tête, mais ça fait encore plus mal à celui qui l'a perdue. C'est la police montée à cheval qui nous protège. Ça paraît bien sur une carte postale, mais essaye d'arrêter un missile à cheval. Méchant *stampede*!

De plus, les Américains ne sont pas des alliés, ce sont des fous à lier. Ils bombardent nos soldats. Ils nous foutent en prison quand on va mettre de l'essence chez eux. J'te dirais que pour les USA, Al-Qaeda et Canada, c'est le même combat. Après le 11 septembre, George W. Bush a remercié tous les pays de la boule pour leur aide, sauf le Canada. Tu ne vas pas attaquer le seul pays dont Bush se contrefout. Il ne sait même pas qu'on est un pays. Il pense qu'on est une grosse compagnie de *Ginger Ale*!

Au fond, ton attaque ne rendrait service qu'à une seule personne : Bernard Landry. Il n'y a qu'un attentat terroriste d'Al-Qaeda en sol québécois pour faire remonter la popularité du PQ. Tous les soirs, le premier ministre Landry donnerait une conférence de presse pour rassurer la population. Ce serait comme un gros gros verglas. Mais ça ne vaut pas la peine. Mario Dumont est pas si pire que ça!

En passant, il faut que tu réalises une chose, mon petit Ben : la personne que tu aides le plus avec tes attaques, tes menaces et ton idéologie, c'est George W. Bush. Grâce à toi, il est un président puissant! Et les républicains se font élire. C'est sûrement ton deuxième plus grand crime contre l'humanité. Ta stratégie ne fonctionne pas. Elle rend plus forts tes ennemis.

Alors, t'es mieux de te calmer le pompon. Oublie tes plans contre le Canada, la France, l'Allemagne, l'Italie, l'Australie et tous les pays. Pis repose-toi donc. T'as pas l'air de filer fort. T'es pas mal vert. Et ta voix est faible. Au lieu de venir nous attaquer, viens donc dans un spa en Gaspésie. Ça va te faire du bien.

À pas bientôt, j'espère.

Stéphane Laporte

ॐॐॐ

Le 5 janvier 2003

Comment élever votre clone

L'ARRIVÉE du premier bébé clone ayant surpris l'humanité tout entière, il n'y a pas encore, en librairie, de bouquins pour aider les parents de clones à élever leurs enfants. Cela ne saurait tarder, car j'ai décidé d'écrire le premier manuel d'éducation de clones. Et comme c'est le seul ouvrage qui traite de la chose, ça devient, ipso facto, LA référence en la matière. Voici donc *Comment élever votre clone sans répéter les mêmes erreurs que l'on a faites avec vous.*

Introduction

Votre enfant est votre clone, c'est-à-dire une réplique identique de vous-même. Donc, si durant son existence il vous choque, vous blesse, vous enrage, n'oubliez jamais que ce n'est pas sa faute, c'est la vôtre. Ce n'est pas lui qui a voulu être votre double. Si vous vouliez un enfant plus intelligent, vous n'aviez qu'à demander un clone de prix Nobel. Vous avez voulu un clone de votre personne, vous allez être pris avec vos limites. Déjà que ça vous a coûté 10 000 $ en psychanalyse pour accepter les vôtres, ça risque de vous coûter le double pour accepter celles de votre double !

De 0 à 6 ans

De 0 à 6 ans, profitez-en ! C'est durant cette période que le clone ressemble le plus à un bébé normal. Il pleure, mange, fait caca, comme tous les bébés. Comme vous à son âge. Demandez donc à vos parents leurs trucs. Si pour vous endormir il fallait vous chanter *Il était un petit navire*, il suffit de chanter *Il était un petit navire* à votre clone et il va s'endormir. C'est le même modèle que vous ! Cependant, comme vous, vous n'êtes pas le clone de votre mère ou de votre père, vous chantez peut-être plus mal qu'eux. Il y a donc un risque que votre interprétation d'*Il était un petit navire* n'endorme pas votre enfant.

Le plus simple serait de confier votre clone à vos parents. Comme ça, il sera élevé exactement comme vous avez été élevé. Vous aurez ainsi une copie conforme de vous-même. Bien sûr, ce ne sont pas tous les grands-parents qui accepteront cette proposition. Ils vous ont enduré durant 18 ans, pas sûr qu'ils veulent se taper un autre vous-même une seconde fois.

De 6 à 13 ans

À l'école, votre clone va être bon dans les matières où vous étiez bon, et poche dans les matières où vous étiez poche. Ce qui cause problème. Car comment l'aider avec ses maths puisque vous êtes aussi nul que lui ? Il en sera ainsi durant tout son développement. S'il est impatient, vous n'aurez pas la patience de le rendre patient. S'il est impoli, c'est que vous l'êtes vous aussi. Ce n'est pas en lui criant : « Sois poli, gros épais ! » que vous allez lui apprendre la politesse. Vous serez donc toujours en train d'essayer de corriger chez lui les défauts que vous n'avez su corriger chez vous. Bonne chance !

Vous me direz que les enfants non clonés héritent aussi des défauts de leurs parents. Oui, mais au moins, ils ont droit à un mélange. Un peu de leur père, beaucoup de leur mère. Ça compense.

L'adolescence

À côté de la crise d'adolescence d'un clone, le 11 septembre 2001 est une journée paisible. C'est facile à comprendre. L'adolescence est la période où l'enfant se détache de ses parents pour se bâtir une personnalité propre. Pour l'enfant clone, c'est une tâche impossible. Il est VOUS. Il aura beau se teindre les cheveux en rose, avoir des boucles d'oreilles dans le front, s'habiller en tout-nu, il sera toujours vous. Impossible de se démarquer.

Il en sera frustré au cube. Il ne sera plus capable d'entendre cette phrase que tout le monde lui répète depuis sa naissance : « Eh ! que tu ressembles à ta mère ! » (ou à ton père, selon le cas). Il va agresser tous ceux qui vont lui dire ça.

Sa seule issue, pour prendre sa place, sera de vous éliminer. Pour vrai. Physiquement. Voilà pourquoi je vous conseille, chers parents de clone, de partir en voyage durant toute l'adolescence de votre enfant.

L'âge adulte

Ce n'est pas parce que l'éducation de votre clone est terminée que les problèmes cessent. Au contraire ! Votre enfant a 20 ans. Il est beau, jeune, actif et en santé. Vous avez 50 ans. Vous êtes gros, vieux, passif et vos organes commencent à lâcher. Votre enfant a exactement les morceaux qu'il vous manque. La greffe est un succès assuré. Aucun risque de rejet. C'est votre cœur, votre foie, votre prostate qu'il a. C'est donc à votre tour de vouloir l'éliminer. Petit bout par petit bout. Votre enfant aura cependant de la misère à accepter que vous vous serviez de lui pour vous régénérer. Surtout qu'en vieillissant, c'est lui qui aura un œil sur vos organes encore fonctionnels. La chicane va poigner. Chacun voudra les petits bouts de l'autre. Ça va être laid. Le combat n'aura pas de fin, car vous êtes tous les deux de la même force !

C'est alors que vous vous demanderez pourquoi vous avez eu l'idée de créer un autre vous-même. Après tout, jamais, dans l'histoire du monde, une copie n'a eu plus de valeur que l'original. À part les rapports de Groupaction !

Le seul avantage à avoir un clone, c'est quand tu regardes la télé. Peu importe lequel a la zapette, que ce soit le clone ou soi-même, on est toujours d'accord sur les postes choisis ! Ce qui est impossible avec tout autre être humain.

Conclusion

À la lumière de tous les problèmes que vous risquez de rencontrer en élevant votre clone, on en vient à la conclusion que ce que la science devrait créer, c'est un anti-clone. Le négatif de vous-même. Votre contraire. L'ADN opposé au vôtre. Là, ça serait le fun ! À l'école, il sera poche dans les matières où vous aviez de la facilité, vous pourrez donc l'aider. Toutes vos forces permettraient de compenser pour ses faiblesses, et toutes ses forces compenseront vos faiblesses.

Savants du monde, lâchez les études sur le clonage, et mettez au point l'anticlonage. Car la similarité n'est d'aucun intérêt. Seule la complémentarité permettra à l'espèce humaine d'évoluer.

Me semble qu'un anticlone de Raël, ça ferait une personne très équilibrée.

❧

Le 23 février 2003

Le ski

S amedi matin. Toute la famille déjeune dans la cuisine.
Je mange mon gruau avec de la cassonade. C'est chaud.
Dehors, le monde est blanc. Tout blanc. Mon grand frère,
Bertrand, termine ses rôties au beurre d'arachides en
vitesse. Il s'en va skier avec ses amis à Jay Peek. Comme
tous les samedis matins d'hiver.

Il vide son verre de lait d'une seule gorgée et se lève de
table. Tout excité. Il ramasse ses skis, qui touchent presque
le plafond, et me passe la main dans les cheveux en me
disant : « T'es sûr que tu veux pas venir ? » Je lui réponds :
« Merci, ça ne me tente pas ». J'entends la porte d'entrée
se refermer. Et je reste là. Tout seul. Mes parents sont
partis faire les courses. Ma sœur est à son cours de ballet.
Je vais m'asseoir dans le salon. Et je regarde la neige
tomber, comme moi.

J'ai un gros *down*. C'est pas vrai que ça ne me tente pas
d'aller skier avec Bertrand. C'est ce qui me tente le plus au
monde. Mon frère m'a souvent dit que malgré mes jambes
croches, j'arriverais quand même à descendre les pentes.

Il ne comprend pas que je ne prenne pas au moins la peine d'essayer. C'est pour ça que, tous les samedis, il me relance son invitation. Mais je la décline chaque fois. En jouant le gars qui n'aime pas le ski. Et pourtant, j'en rêve. À 10 ans, quel enfant ne veut pas jouer dans la neige ? Je n'oserais jamais lui dire la vraie raison. Pourquoi je ne suis pas avec lui au Vermont. C'est à cause des autres. Oui, des autres. Je ne veux pas que les autres me voient skier avec mes pattes croches. Je ne veux pas que les autres s'attardent sur ma différence. Je sais ce que c'est. Quand je marche dans la rue, tout le monde prolonge son regard sur moi. Le pire, ce sont les enfants plus jeunes que moi. Dès qu'ils m'ont vu, ils me fixent de leurs grands yeux. L'air de ne pas comprendre. L'air de ne pas aimer. L'air de se moquer.

Dans la rue, je n'ai pas le choix. Il faut que j'y aille. Mais je n'ai pas besoin d'aller skier. Alors je m'en prive. Et je reste assis sur le divan du salon. À m'ennuyer. À attendre que Bertrand revienne.

18 h. Je regarde les nouvelles avec papa. Il y a du bruit dans le portique. Ce sont les skis de mon frère qui cognent les murs. Il a la bouche fendue jusqu'aux oreilles. Les joues toutes rouges. Il me lance sa tuque : « T'aurais dû venir, le frère, c'était fantastique ! » Je réponds, au-dessus de mes affaires : « Une autre fois... » Au fond de moi, je meurs d'envie. J'aimerais être Bertrand. J'aimerais ne plus être moi.

Une semaine passe. Le vendredi soir, mon frère se couche vers 23 h dans notre chambre. Soudain, il entend ma voix chuchoter :

« Bertrand... Bertrand...

— Quoi, tu dors pas ?

— Je veux y aller...

— Tu veux aller où ?

— Je veux aller skier avec toi, demain !

— *ALL RIGHT !* »

Ma mère nous interpelle : « Les garçons, vous êtes censés dormir ! »

On ne dort pas. Mon frère me prend dans les airs et me met debout sur le lit. Il va chercher deux vadrouilles dans la cuisine et me les tend comme si c'était des cannes. Puis il me donne mon premier cours de ski. Je suis au-dessus de mon lit. Je suis au-dessus de la plus haute montagne du monde. Je suis Jean-Claude Killy.

Samedi matin. Tout la famille déjeune dans la cuisine. J'essaie de manger mon gruau. Mais je n'y parviens pas. J'ai l'estomac noué. Hier, c'était facile de dire à mon frère que j'allais skier. Aujourd'hui, il faut que je le fasse. C'est une autre paire de... skis ! Ma mère est un peu inquiète : « Bertrand, tu vas faire attention à Stéphane... » Mon père est contre : « C'est trop dangereux. Tu ne devrais pas y aller. Si jamais tu te casses une jambe... » Mon père ne me fait pas peur. Je ne crains pas les chutes qui cassent les jambes, je crains les regards qui cassent le cœur. Ma mère dit à papa : « Laisse-le y aller, tu sais bien que Bertrand va s'en occuper... »

Les amis de mon frère klaxonnent. C'est l'heure de partir. Je suis emmitouflé comme si j'allais au Pôle Nord. On ne voit que mes yeux. Je suis un tas de vêtements avec deux yeux. Nous filons vers Jay Peek. J'ai comme une boule de neige dans la gorge, mais elle ne fond pas. Au contraire, elle grossit. On arrive à la montagne. Mon frère m'amène au kiosque de locations de skis. Le type me regarde drôlement. Bertrand choisit mes skis. Tous les amis de mon frère sont prêts. Mon frère m'aide à mettre les bottes. Puis on se rend sur la pente des débutants. Mon frère me tient par la taille et m'aide à avancer. Les autres gamins me dévisagent. Je ne vois que leurs deux grands yeux, entre leur tuque et leur foulard. Mon style est vraiment spécial. Mais je descends. Mon frère m'encourage. Il est content. J'entends des enfants rire. C'est trop. Je dis à Bertrand que je veux arrêter. Il ne comprend pas : « Décourage-toi pas si vite, ça prend du temps. Je te trouve très bon. Tu vas y arriver c'est sûr. » Je lui réponds : « Je veux m'en aller ». Mon frère voit des larmes dans mes yeux. Il pense que ça me fait mal aux jambes. Il m'enlève mes skis, me prend par la main et me reconduit au chalet.

Je m'installe au coin du feu. Et je supplie Bert d'aller rejoindre ses amis. Je vais l'attendre en lisant les journaux. Mon frère retourne skier avec sa gang. Je ne suis pas fier de moi. J'y étais. Encore quelques minutes d'apprentissage et j'allais descendre la pente. Et j'allais skier, enfin. Mais c'était au-delà de mes forces. Pas à cause de mes jambes. À cause de mon orgueil. À cause de mon incapacité à supporter le regard perplexe des autres. Il m'aurait fallu une montagne à moi tout seul. Une montagne à mon frère et moi. J'y ai souvent rêvé, à cette montagne.

Dans la vie, notre plus grand handicap, ce n'est pas celui que le destin nous donne. C'est celui que l'on se donne soi-même. C'est la peur d'être jugé.

J'aurais dû aller skier. J'aurais donc dû. Aujourd'hui, j'ai trop mal au dos pour le faire. Mais je pense que j'aurais la force intérieure pour ne pas être atteint par les regards des curieux.

Je le pense. Mais je n'en suis pas certain...

∫∿∫

La beauté d'un parc

J'habite en face d'un parc. C'est l'un de mes plus grands bonheurs. L'hiver, c'est comme une peinture. Comme un décor de film québécois. L'automne, il est beau et triste comme une chanson de Cabrel. Mais c'est au printemps, c'est l'été que le parc est à son mieux. Il s'anime et resplendit pour n'importe qui.

Il n'y a rien de plus beau qu'un parc. Pas d'autre endroit comme ça. Quand on est dans un parc, on est à Paris, Londres, New York ou Rio. On est là où on a envie d'être. Dans sa tête. Parmi les arbres et les oiseaux. Quand on est dans un parc, on est toujours en voyage. On est toujours ailleurs. On n'est plus dans son pays. On n'est plus dans son époque.

Chaque fois que je le vois, je me rappelle quand j'étais petit : ma mère préparait le panier en osier, elle y mettait un thermos de jus, des sandwiches à la confiture, des biscuits, des pommes, des poires, des pêches, des oranges, du raisin, des fraises et une nappe rouge et blanche. Je prenais mon ballon sous le bras et l'on partait main dans la main vers le parc du quartier. Ce n'était qu'à un quart d'heure de marche. Mais je ne suis jamais allé aussi loin.

Ma mère étendait la nappe près d'un arbre et on commençait le pique-nique. Et c'était toujours un festin. Une demi-heure avant, j'aurais mangé le même sandwich à la confiture, la même pomme, la même orange dans la cuisine chez moi, cela aurait été d'un banal ! Sans aucun intérêt. Mais là, c'était l'aventure. Je mangeais dehors. Loin de la table et du réfrigérateur. C'était le seul sandwich à la confiture que nous avions, la seule pomme, la seule orange. Ils étaient rares. Ils étaient précieux. Je les mangeais comme si je n'en avais pas mangé depuis des mois. Comme si j'étais Robinson Crusoé. Et que ce parc était mon île. Et que j'y vivais depuis des années. C'était bon.

Ma mère prenait son livre, et moi je tapais sur mon ballon, et j'allais là où le ballon allait. On n'a jamais inventé de meilleur jeu. Des fois, le ballon me menait vers la fontaine ou vers les rosiers. Des fois, le ballon dévalait la petite pente, et je m'enfargeais en voulant le rattraper. Je tombais sur le gazon. Ça ne faisait pas mal. Le gazon est bon. Le gazon ne blesse pas.

J'espérais toujours que ce soit la plus belle fille de l'école qui me ramène mon ballon. Elle m'aurait aidé à me relever. Puis on serait partis marcher. Comme dans les films. Il y aurait eu une belle chanson. Et on aurait ri. Et on aurait couru. Au ralenti. Et on se serait mariés. Et on aurait pris nos photos de mariage dans ce parc. Moi en habit. Elle en robe blanche. À côté de la fontaine. Mais ce n'était jamais la plus belle fille de l'école qui me ramenait mon ballon. C'était toujours un vieux monsieur gentil. Il me disait de faire attention. Et je retournais vers maman. En chantant la chanson du film de mon rêve.

Je me remettais de ma chute en buvant un jus de raisin. Avec des biscuits au gingembre. Le grand air donne faim. Puis, dans le sac en toile, j'allais chercher une BD. Et je lisais Achille Talon, le dos appuyé contre un arbre. Peinard. Soudain, ma mère poussait un cri. Il y avait une abeille autour de nos fruits. Elle sautait partout en me disant de ne pas bouger. J'avais un peu peur, mais ma mère me faisait tellement rire que j'en oubliais l'abeille.

Maman voulant s'éloigner de l'insecte, elle m'invitait à jouer au frisbee. Ah! le frisbee! Il n'y a que dans un parc ou sur une plage qu'on peut y jouer. Je le sais, j'ai essayé dans la maison et dans la ruelle. Trois verres, un vase et deux vitres n'existent plus. Le frisbee, c'est vraiment les vacances. On se l'envoyait sans relâche. Toujours plus haut, toujours plus loin. Et chaque fois que je l'attrapais, maman criait bravo. Parfois un chien l'interceptait et partait au galop dans le parc. C'est encore le vieux monsieur gentil qui me le ramenait. La plus belle fille de l'école devait préférer la piscine au parc.

Quand le parc se remplissait d'ombre, ma mère disait qu'il fallait rentrer. J'étais pas d'accord. Je disais : « Pas tout de suite, j'ai pas fini... » Pas fini quoi ? Je ne faisais rien. Justement, je n'avais pas fini de ne rien faire. C'est important. Quand on ne fait rien, il faut toujours finir de ne pas le faire. Ma mère me laissait encore 10 minutes. Je donnais mes derniers coups de pied sur le ballon. Puis on rentrait à la maison.

J'avais l'impression d'être parti depuis deux semaines. La maison semblait toute nouvelle. Plus vieux, je suis allé loin. En Europe, en Asie, en Australie. Mais je ne suis jamais allé aussi loin que les après-midi dans le parc avec maman quand j'avais 7 ans.

Aujourd'hui encore, quand je traverse la rue et que je marche dans le parc, j'ai l'impression d'être à des centaines de milles de chez moi. Il y a des enfants qui jouent. Des mères qui lisent, des pères qui jouent au frisbee. Des filles qui se font bronzer. Des chiens qui dorment. De gentils vieux messieurs qui attendent de ramasser le ballon. Et des ados, cachés dans un coin, qui fument du Harmonium. Plein de gens qui ne font rien. Et qui le font bien. Ils ont tous l'air de touristes. Et ils le sont. Il ne sont pas chez eux. Ils sont chez personne. Ils sont chez le parc. C'est ce qu'il y a de génial avec un parc. C'est à tout le monde et à personne. C'est pour ça que c'est beau. Si paisible. Un territoire sans chef, sans régent. Un terrain libre. Bien sûr, c'est à la Ville. Mais la Ville n'y va pas souvent. Elle est trop occupée. Elle est prise dans le trafic. Elle essaie de virer à droite.

Je suis dans mon bureau. En train d'écrire cette chronique. Je ne vois qu'un petit bout du parc. Mais je l'entends beaucoup. J'entends son silence et ses cris de joie. Et j'entends le vent dans les arbres. Je suis bien. Je sais que tout à côté, il y a le plus bel endroit du monde. Il y a le parc.

❧

Dans les bras de papa

M arjo, la petite à mon frère, n'arrête pas de pleurer. Elle hurle. Ça fait à peine un mois qu'elle est sur la Terre, il y a de quoi ! Mon père la sort de son parc et la prend dans ses bras. Le bébé bien installé sur son épaule, il parcourt la maison. De la cuisine jusqu'au salon. Il se promène dans chacune des pièces. En berçant Marjo. Pour lui faire passer son chagrin. Inlassablement. Papa marche. Sans dire un mot. Sans chanter. Parfois quand l'enfant se lamente trop fort, il murmure : « T ûtte... tûtte ! » En ralentissant le pas. Marjo se calme. Après une heure de ce tendre marathon, papa remet le bébé à sa mère. Qui retourne la coucher dans sa chambre.

Mais 15 minutes plus tard, Marjolaine se réveille. Et se remet à pleurer. Sans que l'on sache pourquoi. Mon père revient la voir. Il la reprend dans ses bras. Et refait son trajet sans fin. Il s'arrête devant chaque objet à la hauteur du bébé perché sur son épaule. Il lui montre les tableaux. Les assiettes. Les photos encadrées. Tout ce qui attire le regard de Marjo. Puis, dans la salle de bains, il s'arrête longtemps devant le miroir. Papa montre Marjo à Marjo. Qui ne semble pas trop comprendre ce qu'elle voit devant elle. Une jumelle ? Un clone ? En tout cas, cette vision est apaisante. Elle cesse de pleurer. Et commence à fermer les yeux. Papa poursuit sa visite du propriétaire. Ma chambre, la chambre de ma sœur, la cuisine, la salle à manger, le corridor, la chambre des parents, le salon. Ça fait deux heures qu'il tourne en rond. Et je ne l'ai jamais vu aussi heureux d'aller nulle part. Je n'en reviens pas !

Habituellement, le samedi après-midi, mon père était allongé sur son sofa vert. En train de regarder *L'Heure des quilles* à la télé. En ronflant avant le premier abat. Mais depuis que Bertrand et Marie-Andrée ont eu un enfant, il ne dort plus le jour. Il passe son temps à essayer d'endormir bébé. Et ça fonctionne. C'est lui qui a le tour. C'est toujours dans les bras de grand-papa que Marjo cesse de pleurer. Que Marjo rejoint Morphée.

Étant le plus jeune chez moi, je n'avais jamais vu mon père avec un nouveau-né. Je n'avais jamais vu mon père pouponner. C'est touchant. J'ai toujours vu mon père dans son coin. Seul sur son île. Mais là, il s'est trouvé une amie dans la maison. Quelqu'un qui a besoin de lui. Tout le temps. Le patriarche et la nouvelle recrue sont inséparables. Aussitôt que mon frère franchit le seuil de la porte avec sa fille, il s'empare d'elle. Et passe la journée à la bercer. Inséparables.

Jusqu'au jour où Marjo court partout. Jusqu'au jour où Marjo parle sans s'arrêter. Jusqu'au jour où Marjo n'est plus un bébé. Elle a 3, 4 ans. Plus l'âge de passer ses journées collée sur grand-papa. Elle a l'âge de jouer. De s'énerver, de se tirailler. Alors mon père retourne s'étendre sur son sofa vert. Et il laisse aux autres membres de la famille le soin de s'occuper de la tornade. Sa relation privilégiée avec sa petite-fille est terminée. Jouer au hockey dans la cave, dessiner des tigres et des pingouins, chanter le thème de *Passe-Partout* à tue-tête, ce n'est pas pour lui. Lui, c'était l'époque où seule sa présence était nécessaire. Où seul le silence rendait bien. Rendait heureux. Quand il faut plus d'action, il n'est plus volontaire. C'est au tour de grand-maman, de ma tante et de mon oncle de se faire aller. De faire les fous. Mon père ne sait pas comment être comme ça.

Heureusement, mon frère et ma belle-sœur sont très prolifiques. Ils ont eu quatre rejetons. Ou plutôt quatre rejetonnes ! Quand une de ses petites-filles se détachait de lui, mon père pouvait recommencer ses marches paisibles avec la nouvelle arrivée. Ainsi, tour à tour, Valérie, Gabrielle et Geneviève ont, comme leur sœur aînée, séché leurs premières larmes dans les bras de leur grand-papa. Et redonné la joie à un vieil homme discret.

Je n'avais jamais vu mon père aussi heureux qu'avec un bébé près de lui. C'est drôle, lui qui était si sévère, si impassible, retrouvait le sourire, aussitôt qu'un petit bout lui jouait avec les oreilles ou le nez. Mais mon frère a eu beau faire sa part pour peupler le pays, vint un jour où ses quatre filles n'ont plus eu l'âge de passer leurs journées à se faire endormir par grand-père. Mon père a donc perdu ses complices. Et retrouvé son petit coin. En retrait. Sans personne pour partager son silence. Jusqu'au soir où il s'est éteint.

En ce jour de la fête des Pères, je me souviens de tous les beaux moments que j'ai passés avec mon papa, mais malheureusement je sais que les plus beaux, les plus chauds, les plus spéciaux, je ne m'en rappelle plus. Car ce que mon père a fait avec ses petites-filles, il l'avait fait

20 ans plus tôt avec moi. J'ai passé les premières années de ma vie dans les bras de mon papa. Collé contre lui à me faire consoler. J'ai parcouru la maison des milliers de fois, en me faisant frotter le dos par lui, pour que je cesse d'avoir peur. J'ai découvert les tableaux, les assiettes, les photos encadrées, et ma bouille dans le miroir, perché sur son épaule. J'ai apprivoisé la vie dans le doux silence de mon père. Mais je ne m'en souviens pas. Je me rappelle plutôt d'un homme en retrait. Qui ne me collait pas souvent. Pas un seul *flash*, pas une seule image de tous ces instants où l'on était si proches, si bien, dans ses bras. Rien que je puisse rejouer dans ma tête.

Pourtant, de ces années-là, il reste en moi quelque chose d'encore plus fort que des souvenirs. Il reste un sentiment. Une émotion. À jamais ancrée dans ma personne. Une rassurante tranquillité que possèdent les gens qui se savent aimés. Dès le début du grand drame de la vie. Papa et maman ont mis ça en moi. Chacun à leur façon. Merci.

Où que tu sois, papa, je te prends dans mes bras...
Bonne fête des Pères à tous les papas !

D'où venons-nous ?

Dans un café bondé de Paris, seul à sa table, un touriste déguste une crème caramel. Soudain, un autre touriste s'approche de lui :

« Est-ce que pouvoir m'asseoir ici ?

— Pas de problème...

— Merci, vous être gentil...

— Vous êtes en vacances ?

— Oui, moi arrivé hier...

— Vous venez de quel pays ?

— De Norvège. Et vous ?

— Du Québec.

— Québec ? Moi pas connaître...

— Ben, je viens du Canada...

— Ah ! Canada ! Ça connaître ! Mais pourquoi avoir dit que vous venez du Québec ?

— Parce que je viens d'abord du Québec !

— Ah, vous être né au Québec et avoir immigré au Canada...

— Non, moi être né au Québec pis être resté Québec...

— Ah, votre père vient du Canada ?

— Non, mon père, ma mère, ma femme, tout le monde vient du Québec...

— Alors pourquoi avoir dit Canada ?

— Parce que vous saviez pas c'était quoi le Québec ! ?

— Mais si vous pas avoir su c'était quoi Norvège, moi pas vous avoir dit que mon pays être le Japon.

— Le Canada, c'est pas le Japon. Le Canada, c'est mon pays.

— Ah, votre pays plus être Québec...

— Mon pays, c'est le Québec. Mais mon pays, ça peut aussi être le Canada, si la personne ne sait pas c'est quoi le Québec...

— Moi pas comprendre...

— Regarde, c'est simple, je viens de la province du Québec dans le pays du Canada.

— Aah. Mais moi pas avoir demandé de quelle province vous venez, mais de quel pays... Moi venir de région Lofoten en Norvège, mais avoir répondu Norvège quand vous demandiez de quel pays je venais...

— Je sais, je suis pas cave ! Mais moi, quand on me demande de quel pays je viens, je réponds le Québec ! Même si c'est le nom de ma province, pour moi c'est mon pays.

— Oh ! Moi comprendre. Vous être séparatiste. Vouloir que votre province Québec devienne votre pays...

— Es-tu fou ? Je veux rien savoir de ça !

— Moi pus comprendre.

— C'est simple ! Tu m'as demandé de quel pays je viens, j'ai répondu le Québec, parce que le Québec c'est mon pays, mais je veux pas que ce le soit vraiment, parce que ce serait trop de trouble. Je veux juste pouvoir le dire.

Faque je peux-tu le dire ! ?

— Moi tout mêlé. Toi avoir passeport de quel pays : Québec ou Canada ?

— CANADA !

— Alors pourquoi toi pas avoir répondu tout de suite Canada ?

— Parce que ça me tente pas. Pour moi, le Canada, c'est Anne Murray, le *Stampede*, la police à cheval, Toronto, le SRAS, c'est pas chez nous. Chez nous, c'est Séraphin, *La P'tite Vie*, Paul Piché. Tu comprends ? ? ?

— De moins en moins...

— Regarde, on va oublier ça. Pose-moi une autre question.

— De quelle ville tu viens ?

— Euh... Ben là, je ne sais plus...

— Toi pas savoir c'est quoi ta ville ?

— Oui, je sais c'est quoi ma ville. Mais ma ville, c'était une ville qui a fusionné avec une autre ville mais qui, là, va peut-être défusionner avec la ville qui serait censée être devenue ma ville...

— Toi pas évident ! Quand toi écrire ton adresse, toi écrire quoi ?

— Je le sais pus. Parce qu'avant, j'écrivais Outremont, mais Outremont est devenu Montréal, mais y ont dit d'attendre trois ans avant de ne plus écrire Outremont pour pas mêler la Poste. Mais là, les libéraux ont passé une loi qui permet à Outremont de redevenir Outremont, mais je sais pas s'il va falloir attendre encore trois ans avant de pouvoir l'écrire. Ou si lorsque les trois premières années vont être finies, il va falloir écrire Montréal durant trois ans et après écrire Outremont. À moins que le PQ soit revenu au pouvoir et que là, on ait refusionné avec

Montréal et là on pourrait écrire Montréal, trois ans plus tard.

— Je pense que moi y aller, avoir mal de tête…

— Pourtant, c'est simple : ma ville, c'est Outremont, mon pays, c'est le Québec. Mais si t'aimes mieux, ma ville, c'est Montréal, pis mon pays, c'est le Canada.

— OK, là, je comprends !

— Y était temps. En tout cas, ça été ben l'fun de jaser avec toi, pis si jamais tu viens dans mon coin, tu viendras me voir.

— OK. Mais tu vas être où ? À Montréal, à Outremont, à Québec ou à Canada ? »

Le 29 juin 2003

Le petit prince du Rest Area

Ça fait trois heures qu'on roule vers Cape Cod. Papa au volant, maman le doigt sur la carte, Bertrand, Dominique et moi assis en arrière. Ma sœur dort, mon frère est sage, et moi, je me demande ce qui se passe.

C'est mon premier grand voyage. J'ai 4 ans. On habite en face de l'école. Le plus loin que je suis allé, c'est l'autre côté de la rue. Je suis sous le choc. Je ne savais pas qu'on pouvait rouler durant trois heures et n'être toujours pas rendu quelque part. Je ne savais pas qu'il y avait autant de terrain autour de chez moi. Je ne savais pas que la planète était aussi grande. Nous sommes au Vermont, mais dans ma tête nous sommes en Chine, tellement je me sens loin. D'ailleurs, puisque la Terre est ronde, je ne serais pas étonné que l'on repasse bientôt devant notre maison. On va sûrement avoir fait le tour du monde d'ici quelques minutes. Si ce n'est pas déjà fait. Papa a peut-être passé tout droit. Surtout que, toutes les 10 minutes, maman lui dit de prendre la sortie de l'autoroute, et mon père lui répond : « Trop tard, on sortira à la prochaine... » J'ai peur de passer le reste de ma vie dans la voiture.

Soudain, mon père met son clignotant et prend à droite. Ça y est, on est arrivés ! On n'est pas les seuls. D'autres sont arrivés avant nous. Il y a quatre voitures et un gros camion. C'est beau ! Des arbres, trois tables à pique-nique, une grosse poubelle. Mais je ne vois ni le chalet ni la mer. La marée doit être très basse. Et on va peut-être vivre dans la voiture. Ça m'intrigue. Je demande à ma mère : « Maman, où on va dormir ? » Elle me répond : « On ne dort pas ici, c'est une halte routière, on fait juste s'arrêter cinq minutes pour se délier les jambes. On n'est pas rendus encore, il nous reste au moins quatre heures de route. » Je fais comme si je le savais. Mais en dedans, je me sens nono. Comme Jacques Grisé dans le sketch de Paul et Paul, j'étais prêt à passer mes vacances au *Rest Area* !

Maman sort le panier d'osier et distribue les sandwiches à la confiture. Mon père marche en fumant une cigarette. Mon frère lit les plaques d'immatriculation des voitures garées à côté de la nôtre. Des noms bizarres : « New York, Ontario, Massett... Machettechou... Massetsusu... en tout cas. » Ma sœur a envie mais elle n'ose pas aller aux toilettes. Un gros camionneur vient de sortir de la *bécosse*. Ma mère lui dit d'attendre un peu. Je regarde autour de moi. Et je trouve que c'est vraiment un drôle d'endroit. D'un côté, les autos qui filent à vive allure ; de l'autre, un petit bois, des rochers et des gens de passage. Nous sommes au beau milieu de nulle part. C'est ça, un *Rest Area*: le milieu de nulle part. Il n'y a pas d'adresses, pas de rues, pas de ville. Sur la carte, c'est jamais marqué *Rest Area*. Personne ne vit là. Les Restaréens n'existent pas. Personne ne songe à y aller. Personne ne se dit : « Et si on allait faire un tour au *Rest Area* ? » On découvre cet endroit par nécessité : l'envie de faire pipi, de manger ou de fumer était trop forte. Personne ne prend de photos du *Rest Area*. Ça ne fait pas vraiment partie des vacances. On ne visite pas un *Rest Area*. C'est à peine si on le regarde. Sauf si on a 4 ans et qu'on en voit un pour la première fois. Je suis fasciné. Pour moi, c'est comme une île déserte. Je veux être le Robinson Crusoé du *Rest Area*.

J'ai mon ballon, un jus de raisin, des biscuits. Je m'installe ici. Je suis bien. Mon père démarre la voiture. Faut y aller. Je ne veux pas. J'ai mal au cœur, dans l'auto. J'ai pas envie de rembarquer là-dedans. Et pourquoi faire encore de la route, quand on a tout ici, au *Rest Area* ? Je vais aller explorer le petit sous-bois. Mon frère me rattrape par le collet : « On s'en va ! » Je pleure. Maman vient me parler :

« Stéphane, qu'est-ce que t'as ?

— Je veux rester ici.

— Mais on ne peut pas rester ici, il n'y a pas de maison...

— C'est pas grave, on peut dormir dans le bois.

— Oui, mais y a pas le bord de mer, ici.

— C'est pas grave, y a le bord de l'autoroute.

— Tu peux pas te baigner dans l'autoroute !

— S'il pleut, on peut se baigner debout.

— Tu vas voir, la mer, c'est beaucoup plus beau que l'autoroute. »

Il n'y a rien à faire. Je n'en démords pas. Je veux rester au *Rest Area*. Mon père s'impatiente : « On part ! » Je lui tiens tête : « Non ! » Ma mère use de psychologie : « OK, ben d'abord, on va y aller... » Bertrand, Dodo et maman montent dans l'auto. Je suis seul, assis à la table à pique-nique. J'essuie mes larmes. L'Impala de papa avance lentement. Pas de problème ! Ils viendront me chercher à leur retour de Cape Cod. Moi, je vais passer les plus belles vacances de ma vie ici. Je vais me bâtir une cabane dans un arbre. Et j'accueillerai tous les visiteurs. Je les convaincrai de rester ici. Et un jour mon *Rest Area* sera plus gros que Montréal. L'auto de papa avance encore. Je regarde à ma droite. Le gros camionneur a enlevé sa chemise. Il crache à terre. Je pars à la course. Maman sort de la voiture. Je lui saute dans les bras. Mes vacances au *Rest Area* sont terminées. Je rejoins mon frère et ma sœur sur le siège arrière. On est partis. Je boude. Pourquoi on est pas restés tous là-bas ? On était bien. On était au bout du monde.

Quatre heures de *char*. Cette fois, ma mère et moi avons beau insister pour qu'on arrête encore à une halte routière, mon père ne veut rien savoir. Il a peur que je fasse une autre crise. Alors, il fume en conduisant. Ankylosés, on finit par arriver à Cape Cod. Et je vois pour la première fois la mer. Maman avait raison. C'est plus beau qu'une autoroute. Dix jours à me baigner. Dix jours à jouer. Dix jours à *tripper*. Le bonheur.

Sur le chemin du retour, on arrête à nouveau au même *Rest Area*. Mais je ne le vois plus comme avant. J'ai hâte de rentrer chez nous. J'ai hâte de retrouver ma chambre. Le *Rest Area* n'est plus qu'un endroit en attendant, comme il l'est pour tout le monde. Un endroit où l'on se dépêche de manger, de pisser, de décompresser, pour repartir. Vers une vraie place.

Et l'année suivante, quand nous y ferons escale sur le chemin de la mer, je saurai c'est quoi, la mer, et j'aurai tellement envie d'y être que le *Rest Area* ne sera d'aucun intérêt. Il fallait n'être jamais allé nulle part pour vouloir y rester. J'aurai pu être le Petit Prince du *Rest Area*. Mais je suis maintenant trop grand. Je sais qu'il y a des ailleurs plus beaux.

Aujourd'hui, chaque fois que je passe devant une halte routière, je pense à la fois où, pour moi, c'était l'endroit le plus exotique de la Terre. Mon premier voyage loin de chez nous. Ma Lune. Et je me dis que c'est merveilleux, des yeux d'enfants.

J'ai fait le tour du monde, mais jamais je n'ai été aussi dépaysé que ma première fois au *Rest Area*.

తుం

Papa et les chats

Il est midi, le 21 juillet 1969. Tout le monde dort dans la maison. C'est qu'on a passé la nuit debout à regarder l'Homme marcher sur la Lune. Et on s'est couché la tête pleine de rêves. Le téléphone sonne. Une fois, deux fois, dix fois. Ma mère répond. C'est ma tante Louise, de Ville d'Anjou. Elle a une grande nouvelle à annoncer : hier, sa chatte a eu des petits. Huit petits. Et elle voudrait bien que ma mère lui en place quelques-uns.

Maman nous apprend ça au déjeuner. Nos yeux s'allument. Mon frère, ma sœur et moi lâchons le même cri du cœur : « On en veut un ! On en veut un ! » On décolle de joie. On est sur la Lune. Entre deux bouchées de Corn Flakes, mon père nous ramène sur Terre : « Y aura pas de chat ici. Ça laisse des poils partout. Ça défait tout le mobilier ».

« Mais papa...
— Oubliez ça. »

Ma mère intervient : « Bertrand, ça serait peut-être une bonne idée...

— Ça fait. »

Quand mon père disait « Ça fait », valait mieux que ça fasse. Parce qu'un mot de plus, et ça n'aurait pas fait. Alors on se taisait. Maman s'est donc mise à la recherche de foyers d'accueil pour les chatons.

Une semaine plus tard, elle avait trouvé deux preneuses : cousine Huguette et tante Irène. Les chanceuses. Il y a juste un petit problème : ma tante Louise et toute sa famille partent dans le Sud cet après-midi, cousine Huguette a un mariage en ce beau samedi, et tante Irène ne revient du Nord que dimanche. Il faut donc aller chercher les chats à Ville d'Anjou, et leurs nouvelles maîtresses viendront les récupérer chez nous demain. Mon père est contrarié. Nous, on est emballés : « On va les voir ! On va les voir ! »

Mon père grogne :

« Faut vraiment que les chats passent une journée dans la maison ?

— On n'a pas le choix, Bertrand, c'est pour rendre service... »

On embarque tous dans l'Impala de papa, direction Ville d'Anjou. Nos petites cousines Johanne et Danièle nous accueillent avec les petits chatons dans les mains. Ils sont tellement petits ! Ils sont tellement beaux ! Il en reste seulement trois: un tout noir, un caramel et un tigré gris et noir. Il nous faut choisir les deux que nous ramènerons. Pas évident, ils sont si mignons ! Ma sœur a la solution :

« On prend les trois, et on en garde un pour nous. Dis oui, papa ! Dis oui !

— Non. »

Il n'y a rien à faire. On prend le caramel. Parce qu'il est caramel. Et le tigré gris et noir. Parce qu'il n'arrête pas de nous regarder. Je devrais dire qu'elle n'arrête pas de nous regarder, car le gris et noir est une femelle. Mon oncle André nous l'a montré. Mais je n'ai rien vu.

On rentre à la maison. Mon frère, ma sœur et moi, on n'a jamais été aussi excités. On n'en a que pour quelques heures à avoir des chats chez nous, on va en profiter comme si c'était toute une vie. On ne les lâche pas d'une patte. On leur lance la balle. On les fait courir après une ficelle. On les épuise tellement qu'après trois heures, ils ne font que dormir. On leur a fait chacun un panier, avec une petite couverture et un petit oreiller. Et on les regarde dormir toute la veillée. Maman nous oblige à aller nous coucher. Mais durant la nuit, avec une petite lampe de poche, on continue à les regarder.

Et au matin, on se lève tôt. Pour leur courir après. Cousine Huguette et tante Irène sont censées passer vers 15 h. Il ne nous reste pas grand temps. Pendant qu'on s'extasie sur les minous, mon père reste à l'écart, allongé sur son sofa. Ma sœur s'est bien risquée à s'approcher en lui tendant le petit caramel pour le faire craquer. Il a juste dit : « J'aime pas les chats. » Ma sœur est repartie.

Plus le temps passe, plus notre joie se transforme en peine. En fin de compte, ce n'était pas une si bonne idée d'héberger les chatons pour la nuit. Ça va être encore pire quand ils vont partir. C'est tellement beau de les voir mettre de la vie dans notre demeure.

Ça sonne. Pas déjà ? La cousine de ma mère est en avance. Elle est venue avec sa fille Sylvie. Elles se pâment toutes les deux devant le caramel. Elles le prennent et partent avec lui. Ma sœur sanglote un peu. Heureusement, il nous reste la chatte tigrée gris et noir. Pour une heure. On veut la serrer fort dans nos bras. Pour qu'elle se souvienne de nous. Mais on ne la trouve pas. Où s'est-elle cachée ? On fouille partout. La chambre de Dodo, celle de Bert et moi, dans le bain, en dessous des calorifères, dans la cave. Elle n'est nulle part. On angoisse. Serait-elle sortie en même temps qu'Huguette et Sylvie ? On regarde sous la galerie. Chez le voisin. Rien. Il va falloir prendre l'auto et explorer le quartier.

On s'en va réveiller papa. Et qu'est-ce qu'on voit ? La chatte couchée sur son cœur ! C'est le seul endroit où on n'avait pas regardé. On ne dit pas un mot. Et on s'en va tous se coucher autour de papa, mon frère, ma sœur et moi. Papa n'a jamais été aussi peu seul dans son coin. La chatte ronronne. Mon père ronfle. On est bien. Soudain, mon père ronfle si fort que ça le réveille lui-même. Il nous voit :

« Qu'est-ce que vous faites là ?

— On cherchait la chatte, et elle était couchée avec toi, alors on s'est couchés avec vous.

— Ben oui, elle est là...

— Papa, est-ce qu'on pourrait la garder, juste un mois ? À l'essai ? Tout d'un coup qu'elle laisse pas ses poils partout, tout d'un coup qu'elle défait pas tout le mobilier, tout d'un coup qu'elle est juste fine comme là.

— OK, mais après un mois, si ça fait pas, on la donne à quelqu'un ! »

On embrasse papa très fort. On est heureux comme on ne le sera pas souvent durant notre vie. Ma tante Irène a hérité du tout noir au retour des vacances de ma tante Louise. Et nous, on a gardé la tigrée, qu'on a appelée Fétiche. Durant son mois d'essai, Fétiche a laissé ses poils partout et a fait ses griffes sur le mobilier. Mais il était trop tard. Mon père n'aimait pas les chats, mais il aimait encore moins nous faire de la peine.

Il a boudé Fétiche pendant un bon bout de temps. Ne voulait pas la prendre. Nous disait de nous en occuper. L'appelait « votre chat ». Mais au fil des ans, elle a réussi à le conquérir. Ils étaient faits pour s'entendre. Ils avaient le même caractère : solitaires, grognons, mais tendres au fond.

Vingt-trois ans plus tard, quand Fétiche nous a quittés, c'est sûrement mon père qui a eu le plus de peine. C'est sûrement mon père qui a le plus pleuré. Seul. Dans son coin.

ঔঌ

La dalaï-Sheila

Mesdames et messieurs, un nouveau Dalaï-Lama est né : Sheila Copps. Cette semaine, cette femme a, par son exemple, tracé un nouveau chemin, une nouvelle voie vers le bonheur total, le nirvana. Le week-end dernier, Paul Martin l'a complètement écrasée.

À la course au leadership du parti libéral, 90 % des délégués choisis sont pro-Martin, seulement 10 % sont pro-Copps. Un massacre. Tout le monde aurait compris le message. Tout le monde se serait élégamment retiré. C'est fini, c'est fini. Pas Sheila. Sheila est apparue le sourire aux lèvres, comme si de rien n'était. Et même si elle a déjà perdu, elle continue. Incroyable.

Yogi Berra a dit : « Ce n'est pas fini tant que ce n'est pas fini ». Sheila va plus loin : « Ce n'est pas fini même quand c'est fini ».

Comprenons-nous bien, Sheila n'est pas héroïque parce qu'elle ne lâche pas. Elle ne peut pas ne pas lâcher, elle a été lâchée. Elle n'a plus rien pour s'agripper. Les jeux sont faits. Elle est au fond du trou.

Si les Expos perdent 9 à 1 en neuvième, ils peuvent ne pas lâcher et toujours espérer gagner le match. Mais dans le cas de Sheila, le match est fini. Le score final est 9 à 1 pour Martin. Ça ne changera pas. C'est réglé. C'est officiel. Même si Sheila offrait son corps à chacun des délégués, ils n'ont pas le droit de changer d'idée. C'est 9 à 1, et ça va le rester. *The game is over.* Les joueurs sont dans leur douche. Youppi est sorti de son costume. Mais Sheila reste là avec son bâton sur l'épaule. Sheila se fout du résultat. Sheila reste là. C'est ça, l'innovation philosophique. Continuer même quand c'est fini. C'est fort.

La pensée occidentale, c'est de ne pas lâcher tant que l'on a une chance. Et si on finit par perdre, eh bien, on accepte la défaite. La pensée sheilaïque, c'est de ne pas tenir compte de la défaite.

Tous les conseillers libéraux lui ont dit cette semaine : « Sheila, retire-toi, c'est fini, t'as perdu ». Sheila leur a répondu qu'elle s'en fout. Génial !

Nous qui avions toujours pensé que tout était basé sur le résultat, Sheila nous montre qu'on peut s'en balancer. C'est le chemin qui compte, pas le but. Et Sheila continue le chemin vers le congrès. Quelle leçon de bonheur !

Notre vie, basée sur le rendement, la performance, les bonis, les objectifs à atteindre, est complètement remise en question par cette nouvelle doctrine. Le bonheur n'est pas dans le résultat. Le bonheur, c'est de rester là.

Imaginez si, à la fin d'un match, l'équipe qui a perdu était aussi contente que celle qui a gagné. Si elle sautait dans les airs et se tapait les fesses et qu'elle continuait à jouer pour le plaisir. Imaginez combien ça déstabiliserait l'équipe gagnante. Elle se demanderait si elle n'a pas gagné pour rien.

Cette semaine, Paul Martin a beau être devenu le nouveau premier ministre du Canada, on n'a parlé que de Sheila. Pas folle, notre nouvelle bouddha.

Si vous êtes partisan du Canadien de Montréal, je vous conjure d'adopter la philosophie Sheila au plus vite. Le Canadien va en arracher, cette année. Ça, c'est sûr. José va s'ennuyer de ses vieilles connaissances à moto lorsque l'équipe adverse va prendre d'assaut son filet. Le tricolore va subir quelques raclées.

Mais si vous êtes dans la secte Sheila, c'est pas grave, ce n'est plus le résultat qui importe : 8 à 4, 5 à 0, 3 à 1, qu'est-ce que ça fait ? Vous ne regarderez même plus le tableau. *Go Habs, Go !* Qu'ils gagnent ou qu'ils perdent, on s'en fout. George Gillett va être content.

Sheila vient de nous débarrasser du malheur. Le malheur existe à cause de notre peur de perdre. Si on peut être aussi content de la défaite que de la victoire, on va être content tout le temps. Plus de pression.

De toute façon, les gagnants se font croire qu'ils sont heureux parce qu'ils ont gagné, mais au fond ils ne sont pas plus heureux que les perdants. Ce n'est que l'illusion de la victoire qui les drogue un peu. Tous les grands *winners*, les grosses vedettes, sont aussi malheureux que les inconnus. C'est écrit dans *Échos-Vedettes*. Parce que quand on perd, on perd, mais quand on gagne, on a peur de perdre ce qu'on vient de gagner. Donc, comme on dit en latin, la vie est une *no-win situation*. Il faut arrêter de vouloir gagner. Il faut arrêter de ne plus vouloir perdre. Il faut continuer.

Sheila a refusé d'être atteinte par la défaite. Sheila vient de tout changer.

Peu importe ce que vous perdez – une cause, une job,

une blonde – continuez. Et ce sera comme si vous aviez gagné. Car dans la vie, rien ne se perd, rien ne se gagne, tout est là.

Sur ce, je m'en vais de ce pas m'acheter un tailleur blanc et une blouse rouge pour entrer dans la secte de Sheila. Vous me verrez bientôt devant le parlement, avec mon ti-drapeau du Canada, en train de distribuer des tracts vantant les mérites du nouveau prophète.

D'ailleurs, pour vous inspirer sur le chemin du bonheur, je vous laisse avec quelques maximes sheilaïques :

Rien ne sert de courir, il faut rester là.

•

Tant qu'il y a de la vie ou de la mort, il y a de l'espoir.

•

L'important n'est pas de gagner,
c'est de continuer de faire ch... le gagnant.

•

Il ne faut pas vendre la peau de l'ours,
même après l'avoir tué.

•

Les derniers seront contents.

•

Après la pluie, c'est mouillé.

•

La fin justifie rien.

•

La foi peut déplacer des montagnes,
mais c'est bien plus simple de juste faire du ski dessus.

•

Mieux vaut être pauvre et malade que riche et mort.

•

Qui sème le vent récolte avec un cerf-volant.

•

Quand on veut, on veut.

•

Les jeux sont faits. Mais moi, chus pas faite !

❧

L'exercice de hockey

L undi matin, grosse journée pour mon ami André. C'est aujourd'hui, à 17 h, la première séance d'entraînement de hockey de son gars, Jules. Le beau Jules, 5 ans, bâti comme une armoire à glace, déjà plus grand que Saku Koivu, la fierté de son papa. Le Gretzky des années 2020, c'est sûr. Tout l'été, le père et le fils se sont parlé de ce moment-là : « Tu vas voir, tu vas jouer dans une vraie équipe, avec des petits gars comme toi, dans un bel aréna, comme Mario Lemieux, ça va être *cool.* »

Samedi dernier, ils sont allés ensemble au magasin de sports, et ils ont mis la main sur tout l'équipement : le casque, les jambières, les épaulettes, les gants, les bas, les patins, la coquille, et surtout le hockey. Jules les a tous essayés, pour être sûr de choisir celui avec lequel il va marquer plein de buts. Papa n'a pas voulu qu'il le prenne trop courbé, pour qu'il puisse avoir un bon lancer du revers. Papa connaît ça, le hockey.

Jules est sorti du magasin tout habillé, pour « casser son stock », comme on dit en latin. André lui tenait la main, le sourire fendu jusqu'aux oreilles. Il n'avait jamais été aussi heureux après avoir dépensé autant d'argent dans un magasin. Un équipement de hockey, ce n'est pas une dépense, c'est un besoin essentiel.

André laisse son gars à l'école : « Oublie pas, papa va venir te chercher à 16 h 30, pis on va aller ensemble à la pratique. » Jules lui donne un gros bec : « À tantôt, papa. »

La journée est longue. Trop longue. André passe son temps à regarder sa montre. Il ne veut pas être en retard. Peu importe toutes les affaires à régler, un père qui ne va pas à la première séance d'entraînement de hockey de son gars, ce n'est pas un père.

16 h 30. André est là, devant l'école. Jules arrive en courant. Il saute dans l'auto. Destination Les 4 glaces. Sur la route, André a un flash : « L'appareil photo, j'ai oublié l'appareil photo ! » Pas question que ce moment charnière de la vie de Jules ne soit pas immortalisé. Il arrête dans une pharmacie et achète trois appareils jetables.

À 17 h précises, le père et le fils arrivent. Avant de descendre, André, la voix pleine d'émotion, parle à son gars : « Jules, tu peux pas savoir comment papa est content d'être avec toi. Y a rien qui m'aurait fait manquer ça. Je sais comment t'aimes le hockey, je sais comment tu vas *tripper*, et je voulais être là. Oublie pas: amuse-toi, l'important, c'est pas de compter des buts ou de gagner. L'important, c'est que tu t'amuses... » Jules est perplexe : « Oui, mais quand le Canadien perd, tu dis que c'est des pas bons... » André sourit :

« Eux autres, c'est pas pareil...
— Pourquoi ?
— Parce qu'ils sont grands...
— Tu dis toujours qu'ils sont trop petits !

— Oui, c'est des grands mais petits... Euh... Pis on continuera ça une autre fois, on est en retard... »

André et Jules descendent de l'auto. Le père tient la grosse poche de hockey d'une main et son fils de l'autre. Ils se dirigent vers l'aréna. Vive le Canada !

Ils entrent dans le vestiaire. Il y a déjà plein de petits gars en train de revêtir leur attirail. Les pères sont là pour attacher les patins. Il faut se dépêcher. L'exercice commence dans cinq minutes. André dépose la poche devant le casier de Jules. Il sort l'appareil photo. Jules lui fait signe : « Papa, viens à la toilette avec moi. » André le suit. Ils entrent ensemble dans les douches : « Tiens, vas-y, c'est juste là ». Jules regarde par terre :

« Je veux pas faire pipi...

— Mais qu'est-ce que tu veux, un numéro deux ?

— Non, je veux rentrer chez nous...

— Mais pourquoi ?

— Moi, je veux jouer au hockey avec toi.

— On va continuer à jouer au hockey ensemble, mais tu peux aussi jouer avec d'autres petits gars...

— Ça ne me tente pas. »

André a compris. Il n'insiste pas. Ils sortent du vestiaire. Ils vont se chercher des hot-dogs et des frites et ils regardent l'exercice dans les estrades. André est un peu débiné. Mais il ne le montre pas à Jules. Si ça ne le tente pas, ça ne le tente pas. Il ne va pas forcer son gars à s'amuser. Des plans pour le dégoûter du hockey.

Après une demi-heure, Jules dit : « J'ai le goût de faire du *rollerblades* ». Ils rentrent à la maison. Et papa et fiston font du patin à roulettes ensemble.

L'appareil photo n'a pas servi. Le premier exercice de hockey de Jules, ce sera pour une autre fois. Avant de se coucher, Jules dit à son père :

« Je m'excuse pour cet après-midi. Je ne t'ai pas fait trop de peine ?

— Ben non voyons. C'est pas grave. Je t'aime. »

Ils se donnent un gros bec. André ferme la lumière. Et Jules s'endort en paix.

Sans savoir à quel point il est chanceux d'avoir un papa comme ça. Un papa qui ne le forcera jamais à faire quelque chose qu'il n'a pas envie de faire. Un papa qui l'écoute. Un papa qui ne vit pas à travers lui, mais qui le laisse vivre sa vie.

Dans deux semaines, un mois, un an, Jules aura peut-être le goût de se joindre à une ligue organisée de hockey, mais là, c'était trop tôt. Quelque chose ne lui a pas plu. Peut-être parce qu'il ne connaissait personne. Peut-être parce que c'était trop sérieux. Peut-être simplement parce qu'il ne *filait* pas.

Les enfants ont autant le droit de choisir leur destin que nous. Et c'est quand on les force que souvent on les blesse. Jules n'a rien fait de mal. Il a juste écouté son cœur. Sans avoir peur de déplaire. Comme on devrait le faire plus souvent.

André est revenu dans la chambre pendant que Jules dormait, et il a pris une photo. Il avait de quoi être fier.

❧

La victoire de la fiction

Arnold a gagné ! Ça n'a surpris personne. Tout le monde savait qu'il gagnerait. Arnold gagne tout le temps dans ses films. Arnold Schwarzenegger est gouverneur de la Californie. Et on fait comme si c'était normal. On l'avait prédit, c'est ça qui est ça.

Wô, minute ! Réveillez-vous ! C'est pas un film ! Arnold Schoiszebigger est vraiment gouverneur de la Californie. Le *big boss* de l'un des plus importants États des États-Unis. C'est pas normal !

Le gars est un ancien culturiste qui a passé la première partie de sa vie à essayer d'avoir un *six-pack* sur le ventre. Il n'a pas étudié la constitution ni œuvré dans des projets sociaux. Non : il s'est piqué au Ben Johnson pour que son mollet devienne plus gros que son cerveau.

Quand il a réussi, il est parti à Hollywood faire des films de gros bras. Il n'a pas joué dans *Z* ou *Sacco et Vanzetti*. Non. *Hercule*, *Terminator*, des films où l'on tue du monde. Aucun film politique ou engagé.

Il a amassé plein d'argent. Puis, un jour, les gens se sont

tannés. *Terminator*, faut que ça se termine à un moment donné, le nom le dit. Quand ça fait 20 films que tu tues du monde, il finit par n'y avoir plus personne à tuer. Mais Arnold Sorslesaltandpepper ne voulait pas que les gens arrêtent de le regarder. Quand t'as travaillé pendant 30 ans pour te bâtir un corps, tu ne veux pas que ce soit juste ton chien qui le voie. Alors il s'est demandé dans quel autre domaine, à part le culturisme et le cinéma, on pouvait gagner sa vie seulement en se montrant. Et il a trouvé. La politique.

Pendant quelques secondes, il a hésité. Il a réfléchi. Oui, ça lui arrive parfois, quand le mollet laisse passer un peu de sang au cerveau. Il s'est dit : « Suis-je assez intelligent pour devenir politicien ? » Puis il a vu Bush à la télé et il s'est mis à rire. Bush est une belle inspiration pour tous les *morons*.

Arnold Saskatchewanner s'est donc présenté au poste de gouverneur. Le monde a ri. Pas longtemps. On a eu beau trouver tous les scandales les plus scabreux, Arnold se dirigeait indubitablement vers la victoire.

Arnold s'est drogué. Arnold a participé à des orgies. Arnold a admiré Hitler. Arnold a harcelé sexuellement des dizaines de femmes. Aucun de ces scandales ne l'a atteint. Aucun de ces scandales n'a arrêté sa course. Comme les balles dans *Terminator*, les scandales ont rebondi sur lui.

Imaginez, Denis Coderre a failli perdre son ministère parce qu'il a passé un week-end dans le chalet d'un ami. Arnold commet toutes les écœuranteries de la Terre et il gagne quand même. Pensez-y deux minutes. Si Denis Coderre s'était drogué pour sculpter son corps, s'il avait participé à de nombreuses partouzes, s'il avait été membre du parti nazi et s'il avait harcelé Sheila Copps et Lucienne

Robillard à plusieurs reprises, pensez-vous qu'il serait encore là ? Non. Parce que Denis Coderre existe. Arnold n'existe pas.

Les Californiens n'ont pas voté pour le programme d'Arnold. Arnold n'a pas de programme. Et même s'il en avait un, on ne le saurait pas. Après deux mots, on ne comprend plus rien de ce qu'il dit. Ça fait 15 ans que, dans tous ses films, il ne dit que des phrases de deux mots... Rendu au troisième, sa mâchoire se bloque. Les Californiens n'ont donc pas voté pour Arnold le politicien. Les Californiens ont voté pour Arnold le héros. Arnold le *Terminator*.

Mesdames et messieurs, il se passe en ce moment quelque chose d'étrange. La réalité est en train d'envahir la télé, et la fiction est en train d'envahir la vraie vie. Il se passe comme un échange d'énergie. Avant, la fiction était dans la télé et la réalité était dans la vraie vie. Maintenant, c'est le contraire. Les Américains ont eu peur le 11 septembre, alors ils élisent Arnold Shupasschumaccher pour les défendre. Si Sylvester Stallone se présentait dans l'État de New York, Jean-Claude Van Damme dans l'État de la Floride et Jackie Chan dans l'État du Rhode Island, ils seraient élus aussi.

À force de voir la réalité à la télé et des mensonges dans la vraie vie, les gens ne savent plus la différence entre la réalité et la fiction. Tout est rendu vrai. Ou faux. C'est selon. Ont-ils des armes de destruction massive ou pas ? On ne le sait plus. Au moins, on a Arnold.

Aux débuts de la télé, les gens allaient porter des boîtes de conserve devant la maison d'Andrée Champagne parce qu'ils voulaient qu'elle mange. Ils avaient vu au petit écran Séraphin interdire à Donalda de souper, alors le lendemain, ils allaient arranger ça.

Après quelques années, les gens ont compris que ce qui se passait dans le téléviseur n'était pas vrai. Qu'il y avait deux mondes. Les gens l'ont compris mais ils n'en ont jamais été convaincus. C'était plus fort qu'eux. Quand ils voyaient Jean-Paul Belleau au dépanneur, ils le traitaient de courailleux. En riant, bien sûr. Mais pas tant que ça. Aujourd'hui, on leur dit que ce qu'ils voient à la télé est vrai. Ils le croient, car ils ont toujours voulu le croire. Ils le croient tellement qu'ils élisent *Terminator*.

Dans la vraie vie, c'est un triple *moron*, mais au grand écran, c'est le seul homme capable de sauver le monde, alors c'est évident que c'est lui que ça prend. Ben Laden et Saddam ne resteront pas libres longtemps ! Arnold Shashpeuxtucomysonsuckers va s'en occuper.

La réalité et la fiction ont changé de place. Désormais, la vie est une fiction. Si le médecin de *La Grande Séduction* se présentait aux élections, il deviendrait ministre de la Santé avec une grande majorité. Virginie obtiendrait facilement le ministère de l'Éducation. Et Jack Carter prendrait en main celui de la Justice. Même s'il est sorti avec toutes les danseuses nues du Québec. Bernard Landry l'a compris : pour avoir la sympathie des gens, il faut être vedette de cinéma. Il paraît que Pauline Marois et François Legault se font actuellement filmer par une équipe nuit et jour. Que Paul Martin se dépêche de prendre le pouvoir, car le prochain premier ministre du Canada risque d'être Ben Mulroney, la *Canadian Idol* !

« Tout est dans tout », a dit le grand Raoul Duguay. Il a tellement raison ! On vient de traverser le miroir. La victoire d'Arnold Squeezelastagiaire, c'est la victoire de la fiction. Les gens croient n'importe quoi, car ils ne croient plus en rien. Le pire, c'est qu'on ne verra même pas la différence. Le vrai Bush ou le faux Arnold Shaschpeuxtukechoiswinner ? C'est la même différence.

La vérité est partie il y a bien longtemps.

Le miracle

«Stéphane, t'as du courrier ! »
Wow ! À 8 ans, recevoir du courrier, c'est encore plus excitant que de recevoir un cadeau à Noël. Ma mère me remet la lettre, et je vais m'étendre sur mon lit pour la lire. Je l'ouvre. Il y a une médaille du Précieux-Sang à l'intérieur. Ça vient de la tante de mon père, sœur Yvonne, qui est cloîtrée au couvent du Précieux-Sang à Trois-Rivières.

Il y a un mois, nous sommes allés la voir. C'était bizarre. On lui a parlé à travers un grillage, comme à une prisonnière. Elle n'a pas le droit d'avoir de contacts avec l'extérieur. Elle passe ses journées à prier Dieu. Maman nous a dit que c'était admirable. Moi, j'admire surtout Dieu, qui doit passer ses journées à l'écouter. Surtout qu'elle n'est pas la seule. Il y a une cinquantaine de religieuses qui le prient toute la journée. Et ça, c'est juste à Trois-Rivières. Imaginez toutes les prières en provenance de partout dans le monde. Dieu est infiniment patient. Cela dit, tante Yvonne m'avait impressionné. C'était presque une extraterrestre. Pas de télé, pas de radio, pas de journaux, rien. Toute une vie à se recueillir. Moi, quand ma mère me demande d'aller réfléchir dans ma chambre pendant une heure, après 15 minutes, je grimpe aux murs. Elle, ça faisait 50 ans qu'elle réfléchissait dans sa chambre. Faut dire qu'il y a tellement de problèmes dans le monde, la guerre, la famine, la pauvreté, en 50 ans, elle n'a même pas dû avoir le temps de prier pour le centième d'entre eux.

Je dépose la médaille, et je commence la lecture de sa lettre. Elle écrit qu'elle est très contente de notre visite. Que ça lui a fait plaisir de nous voir. Surtout moi, parce que la dernière fois qu'elle m'avait vue, je n'étais qu'un petit bébé de quelque mois. Et elle ajoute :

« Je vais prier Dieu pour qu'un miracle s'accomplisse et qu'il guérisse le handicap que tu as aux jambes. Je sais que ta vie ne doit pas être facile mais, avec la foi, tout est possible. Garde la médaille du Précieux-Sang précieusement. Il faut croire aux miracles. Toutes les sœurs du couvent vont prier avec moi. Prie toi aussi, très fort, et le miracle se produira. »

Je fige. Je ne m'attendais pas à ça. C'est sûr que je marche croche, et ça me décourage parfois, mais je ne pensais pas que c'était si grave que ça. Pour qu'une sœur cloîtrée prie pour moi, ça doit l'être beaucoup. Je déprime. Je reste couché sur mon lit. Un miracle. Je n'avais jamais pensé demander à Dieu un miracle pour qu'il me guérisse. Je n'aurais jamais osé le déranger pour ça. Mais si sœur Yvonne prenait la peine d'intercéder pour moi, je devrais m'y mettre moi aussi. Aide-toi et le ciel t'aidera. Mais que doit-on faire pour être miraculé ? Je ne le sais pas. Je regarde le crucifix sur le mur de ma chambre. Je le fixe intensément, les mains jointes, et je dis :

« Bon Dieu, je t'en prie, fais un miracle, fais en sorte que je marche comme tout le monde. S'il te plaît. » J'ajoute un *Notre Père* et je fais mon signe de croix. Puis j'attends. Pas d'éclair. Pas de foudre. Pas de fumée céleste dans ma chambre. Personne n'apparaît. Peut-être que Dieu agit maintenant sans effets spéciaux. Qu'il fait ses miracles sobrement. Par en dedans. Je suis peut-être déjà guéri.

Je me lève. Et je marche. Du mieux que je peux. J'ai l'impression de marcher plus droit. Je m'en vais voir dans le miroir de la salle à manger, le cœur plein d'espoir. Je traverse la salle à manger deux, trois fois, pour être bien certain. Non, le miracle n'a pas eu lieu, je sautille toujours autant. Je retourne dans ma chambre, débiné. J'ai dû mal procéder. Je n'ai pas mis assez de foi. Faut mettre plus de foi. Je me recouche sur mon lit. Je fixe à nouveau le crucifix, mais plus intensément. La médaille du Précieux-Sang serrée sur mon cœur, je parle à Dieu, plus solennellement :

« Dieu, je t'en prie, accomplis un miracle et guéris mes jambes pour que je marche droit. S'il te plaît. S'il te plaît. » Et je récite trois *Notre Père*. Et je fais trois signes de croix. Puis j'attends avant de me lever. Une bonne demi-heure. On ne sait jamais, Dieu est peut-être occupé ailleurs. Toujours pas d'éclair ni de foudre. Mais il me semble avoir senti comme une chaleur en moi. Ça doit être la foi. Je me lève lentement. Cette fois, on dirait vraiment que je marche mieux. Vraiment. Je m'en vais devant le miroir de la salle à manger. Ben non ! Ma jambe droite rentre toujours par en dedans. Je refais trois autres demandes de miracle avant de démissionner. Je pleure. J'aurais bien aimé, comme ça, en un claquement de doigts, marcher comme tout le monde. Ne plus être regardé, montré du doigt, et ne plus avoir besoin que quelqu'un prie pour moi.

Je prends mon gant et ma balle et je m'en vais jouer dehors, me changer les idées.

Durant un mois, j'attends que le miracle se produise en me disant que peut-être que moi, je n'ai pas le tour, mais que les sœurs y arriveront. Après tout, tout un couvent prie pour moi.

Chaque matin en me levant, j'espère que le miracle s'est opéré durant la nuit. Le jour, Dieu est occupé avec les gros problèmes ; la nuit, il a plus de temps pour régler les petits ennuis. Je mets un pied hors du lit et, rendu dans la salle à manger, je me rends compte que rien n'a changé. Et je commence ma journée, déçu. Pourtant, avant, je me levais toujours heureux, en courant, tout croche, mais heureux.

Je me rends compte que l'espoir, c'est bien beau, mais que l'acceptation de ce qu'on est, c'est encore mieux. Je décide donc d'écrire à sœur Yvonne :

« Chère sœur,

Merci pour votre lettre et la médaille du Précieux-Sang. Je suis vraiment touché que toute votre communauté prie pour mes jambes. Mais vous savez, elles vont très bien. C'est vrai que je ne peux pas faire tout ce que je veux et que j'ai souvent besoin d'aide, mais c'est pas si pire que ça. Dieu a déjà fait pour moi plusieurs miracles ; j'ai des parents merveilleux qui m'aiment beaucoup, mon grand frère et ma grande sœur sont très gentils, à l'école, je suis le premier de ma classe, bref je crois que Dieu m'a assez gâté. Je vous demande donc de prier tout simplement pour que cela continue, et demandez des miracles pour des enfants qui en ont plus besoin que moi. Il y en a tellement.

Merci encore. J'espère que nous irons vous voir bientôt.

Stéphane. »

Voilà. Aussitôt que j'ai eu terminé d'écrire cette lettre, je me suis senti mieux. J'ai cessé d'attendre un miracle. Et j'ai foncé. Et je n'ai plus pleuré sur mon sort.

C'était peut-être ça, le miracle qui devait se produire en moi.

Merci, sœur Yvonne.

❧❧

Table des chroniques